国家社科基金
GUOJIA SHEKE JIJIN HOUQI ZIZHU XIANGMU
后期资助项目

民族复兴视域下人民主体性研究

Study on People's Subjectivity from the Perspective of National Rejuvenation

潘志良　著

社会科学文献出版社
SOCIAL SCIENCES ACADEMIC PRESS (CHINA)

国家社科基金后期资助项目
出版说明

后期资助项目是国家社科基金设立的一类重要项目，旨在鼓励广大社科研究者潜心治学，支持基础研究多出优秀成果。它是经过严格评审，从接近完成的科研成果中遴选立项的。为扩大后期资助项目的影响，更好地推动学术发展，促进成果转化，全国哲学社会科学工作办公室按照“统一设计、统一标识、统一版式、形成系列”的总体要求，组织出版国家社科基金后期资助项目成果。

全国哲学社会科学工作办公室

目　录

导　言

一

中华民族从延绵5000多年的历史深处走来，历经种种磨难，始终以自强不息的精神状态续写着中华文明的新篇章。百年屈辱，百年复兴。鸦片战争使中华民族掉进灾难的深渊，经过一代代人一百八十余年的接力奋斗与抗争，特别是在中国共产党领导人民进行的一以贯之的“伟大社会革命”中，“中华民族迎来了从站起来、富起来到强起来的伟大飞跃，迎来了实现中华民族伟大复兴的光明前景”①。只有铭记历史，不忘初心，牢记使命，方可继续前进，开创新的历史功绩。

一百多年来，海内外中华儿女最深沉、最迫切的梦想就是实现中华民族伟大复兴。从鸦片战争、洋务运动、戊戌变法到辛亥革命，从广州三元里抗英斗争、杨靖宇领导的东北抗日联军再到全国人民的抗日战争，从解放战争、抗美援朝到香港、澳门先后回归祖国的怀抱……每一步都见证了中华儿女不畏牺牲、勇于反抗的不屈意志，敢于颠覆、解构与建构的创造精神，见证了无数先烈探求国家强盛、民族复兴的铁血之旅。

中国共产党成立之后，逐步接过实现中华民族伟大复兴的历史接力棒，中国革命的面貌从此焕然一新。新中国成立后，毛泽东领导党和全国人民不畏艰险大胆探索社会主义建设道路，积累了丰富的经验，也获得了

---

① 习近平：《决胜全面建成小康社会 夺取新时代中国特色社会主义伟大胜利——在中国共产党第十九次全国代表大会上的报告》，人民出版社，2017，第10页。

深刻的教训，这些是实现中华民族伟大复兴的过程中不可割裂的重要实践。邓小平开启的改革开放伟大实践，极大地解放与发展了社会生产力，促使我国经济迅速腾飞，跻身世界经济大国之列，为实现中华民族伟大复兴夯实了重要的物质基础。历史进入 21 世纪，“实现中华民族伟大复兴”的奋斗目标被明确提上党和国家的议事日程。党的十八大更加明确地强调，“建设中国特色社会主义，总依据是社会主义初级阶段，总布局是五位一体，总任务是实现社会主义现代化和中华民族伟大复兴”①，并且将“实现社会主义现代化和中华民族伟大复兴”确立为“建设中国特色社会主义”的总任务，表明中国共产党在带领中国人民经历了艰苦奋斗、自力更生和韬光养晦的峥嵘岁月之后，面向全世界、面向未来，自觉地吹响了“实现中华民族伟大复兴”的“集结号”，发出中华民族进入全面复兴时代最强劲的呐喊。党的十九大又将“实现社会主义现代化和中华民族伟大复兴”确立为新时代坚持和发展中国特色社会主义的“总任务”，并将这一“总任务”确立为习近平新时代中国特色社会主义思想的“八个明确”之一，足以见得，这一“总任务”既是我们党和国家正在做的事情，也是引领我们党和国家继续前进的“明确的积极的纲领”。

实现中华民族伟大复兴是一场与时间赛跑的“接力赛”。当代中国共产党人接过沉甸甸的历史责任和使命，夜以继日朝着既定目标奋进。中国社会发展迎来新面貌，以习近平同志为核心的党中央接过历史的接力棒，带领中国人民在全面建成小康社会的基础上踏上全面建设社会主义现代化国家的新征程，实现中华民族伟大复兴迎来更加光明的前景。我们深知“行百里者半九十”，在新的历史节点上，实现中华民族伟大复兴的宏伟任务变得越发紧迫。空谈误国，实干兴邦。面对如此紧迫的历史任务，唯有风雨兼程、不懈努力。以习近平同志为核心的党中央深入贯彻落实党的十八大、十九大等制定的各项战略部署，为新时代中国的长远发展做出新的顶层设计，以保障新时代中国特色社会主义行稳致远。

“实现中华民族伟大复兴”是全体中华儿女共同的事业，需要全中国

---

① 胡锦涛：《坚定不移沿着中国特色社会主义道路前进 为全面建成小康社会而奋斗》，人民出版社，2012，第 13 页。

14 亿人共同参与、共同努力，这就需要我们党在优化和完善顶层设计的同时，大力推进实现中华民族伟大复兴中国梦的时代化与大众化。习近平在 2012 年 11 月 29 日参观“复兴之路”展览时指出：“每个人都有理想和追求，都有自己的梦想。现在，大家都在讨论中国梦，我以为，实现中华民族伟大复兴，就是中华民族近代以来最伟大的梦想。”① 从中可以看出，“实现中国梦”实际上就是“实现中华民族伟大复兴”，这一话语在国内外、党内外各界人士之间激起强烈共鸣。此后，“中国梦”的大众化便迅速展开，激起无数党员干部和群众埋藏在内心深处的爱国情愫和责任感。

2013 年 3 月，习近平同志当选国家主席后，不失时机地向世界阐释“中国梦”的基本内涵，他指出：“实现全面建成小康社会、建成富强民主文明和谐的社会主义现代化国家的奋斗目标，实现中华民族伟大复兴的中国梦，就是要实现国家富强、民族振兴、人民幸福，既深深体现了今天中国人的理想，也深深反映了我们先人们不懈追求进步的光荣传统。”② 同时，他还强调，“中国梦归根到底是人民的梦，必须紧紧依靠人民来实现，必须不断为人民造福”③。习近平总书记的讲话，重申了实现中华民族伟大复兴中国梦的人民主体性原则。其实，作为理论形态的“中国梦”，只有具有人民性，才能激活人民群众的行动自觉，才能激发人民群众实现奋斗目标的主体性力量。正如马克思所言：“批判的武器当然不能代替武器的批判，物质力量只能用物质力量来摧毁；但是理论一经掌握群众，也会变成物质力量。理论只要说服人［ad hominem］，就能掌握群众；而理论只要彻底，就能说服人［ad hominem］。所谓彻底，就是抓住事物的根本。而人的根本就是人本身。”④ 什么是我们实现中华民族伟大复兴的“批判的武器”？笔者认为，坚持“人民主体性”就是这个关键的批判

---

① 习近平：《承前启后 继往开来 继续朝着中华民族伟大复兴目标奋勇前进》，《人民日报》2012 年 11 月 30 日，第 1 版。

② 习近平：《在第十二届全国人民代表大会第一次会议上的讲话》，《人民日报》2013 年 3 月 18 日，第 1 版。

③ 习近平：《在第十二届全国人民代表大会第一次会议上的讲话》，《人民日报》2013 年 3 月 18 日，第 1 版。

④ 《马克思恩格斯选集》第 1 卷，人民出版社，2012，第 9~10 页。

武器，或者是所有“批判的武器”中的关键“武器”。因为只有坚持“人民主体性”才能抓住“人的根本”，才能实现理论“掌握群众”的目的，坚持人民立场是马克思主义理论最鲜明的立场，是马克思主义哲学之所以能成为“革命的哲学”的关键所在。

早在1945年，黄炎培在参观延安时曾与毛泽东在窑洞中进行了著名的“历史周期率谈话”。黄炎培说：“我生60多年，耳闻的不说，所亲眼看到的，真所谓‘其兴也勃焉，其亡也忽焉’。一人、一家、一团体、一地方乃至一国，不少单位都没能跳出这周期率的支配力。一部历史，‘政怠宦成’的也有，‘人亡政息’的也有，‘求荣取辱’的也有。总之，没有能跳出这个周期率。”① 对此，毛泽东立即答道：“我们已经找到新路，我们能跳出这周期率。这条新路，就是民主。只有让人民来监督政府，政府才不敢松懈；只有人人起来负责，才不会人亡政息。”② 其实，毛泽东这里所说的“新路”就是坚持和凸显“人民主体性”的道路，这是中国共产党自成立以来始终坚持的道路的逻辑延伸。因为多年的斗争经验告诉中国共产党，坚持“人民主体性”是团结最广大人民群众并凝聚力量夺取胜利的重要法宝，什么时候与人民群众团结起来，革命事业就会取得胜利、迎来光明；什么时候与人民群众分离，革命事业就会遭受挫折。所以，在毛泽东看来，坚持“人民主体性”的民主发展道路，才是不断超越“历史周期率”的制胜法宝。

二

方向决定道路，道路决定命运。中国特色社会主义道路既是实现中华民族伟大复兴的必由之路，也是持续调动人民主体性的必由之路。我们回顾新中国成立以来的社会主义建设史与改革开放史就会发现，坚持“人民主体性”是党和国家事业繁荣昌盛的坚实基础与可靠保障，什么时候坚持“人民主体性”，社会主义事业就繁荣昌盛，欣欣向荣；什么时候偏离“人民主体性”，社会主义事业就遭受严重挫折，甚至会走向封闭僵化

---

① 黄炎培：《延安归来》，重庆国讯书店，1945，第64页。

② 黄炎培：《延安归来》，重庆国讯书店，1945，第65页。

的“死胡同”。

历史和人民选择了中国共产党作为自己的领导核心，这个领导核心在带领中华民族实现伟大复兴的过程中扮演着“历史火车头”的角色。党的十九大强调：“中国特色社会主义最本质的特征是中国共产党领导，中国特色社会主义制度的最大优势是中国共产党领导，党是最高政治领导力量。”① 这个领导核心的胸怀和远见，深深地影响着这个民族实现复兴的历史进程。在实现中华民族伟大复兴的历史过程中，出现过许多“领导核心”，包括士大夫阶层、农民阶层、改良派、资产阶级，但中国人民通过历史的比较，逐渐选择了中国共产党作为自己的领导核心，这与中国共产党的远见和胸怀是分不开的。可以说，在带领中国人民实现民族伟大复兴的所有领导阶级中，没有哪个阶级或领导集体具备中国共产党那样的远见卓识和宽广胸怀。这种胸怀，来源于中国共产党安身立命的哲学根基——唯物史观，以及对人民的信仰；这种远见卓识，来源于中国共产党人的远大理想——实现共产主义。

中国共产党从成立开始，就始终以马克思列宁主义为指导，在艰苦的革命斗争中，自觉地把马克思列宁主义与中国的具体实际相结合，不断推动马克思列宁主义的中国化、民族化、大众化和时代化。以毛泽东同志为核心的中国共产党领导集体创造性地开辟了“一切为了群众，一切依靠群众，从群众中来，到群众中去”的群众路线，发展了以为人民服务为核心的人民主体性思想。改革开放以来，中国共产党再次把马克思主义与中国实际相结合，深化对马克思主义人民主体性思想的认识，以邓小平同志为核心的第二代领导集体提炼出社会主义的本质理论，提出“三个有利于”的判断标准，作为判断改革开放成败得失的价值依据；“三个代表”重要思想是以江泽民同志为核心的第三代领导集体创造性提出的，这一重要思想推动中国共产党吐故纳新，增强了中国特色社会主义事业的开放性和包容性；以胡锦涛同志为代表的党中央提出“以人为本”的科学发展观，力图对片面化的发展理念和发展逻辑进行

---

① 习近平：《决胜全面建成小康社会 夺取新时代中国特色社会主义伟大胜利——在中国共产党第十九次全国代表大会上的报告》，人民出版社，2017，第20页。

拨乱反正。党的十七大提出“尊重人民主体地位，发挥人民首创精神”的要求；党的十八大则明确提出“坚持人民主体地位”的命题，并把它确立为夺取全面建成小康社会新胜利的首要要求和根本要求。围绕“人民主体地位”，从党的十七大的“尊重”到党的十八大的“坚持”，标志着“人民主体地位”在党的政策话语中真正确立，标志着党对人民群众的历史作用和历史地位的认识达到了新境界，也表明中国共产党始终坚持以人民为中心的初心使命。人民群众是中国梦的享有主体、实践奋斗主体，也是中国梦的传承主体和开创主体，总之，中国人民是中华灿烂文明的缔造者，也必将是中华民族伟大复兴历史荣光的创造者和享有者。习近平强调：“我们党来自人民、植根人民、服务人民，党的根基在人民、血脉在人民、力量在人民。失去了人民拥护和支持，党的事业和工作就无从谈起。党要继续经受住执政考验、改革开放考验、市场经济考验、外部环境考验，就必须始终密切联系群众。在任何时候任何情况下，与人民同呼吸共命运的立场不能变，全心全意为人民服务的宗旨不能忘，群众是真正英雄的历史唯物主义观点不能丢，始终坚持立党为公、执政为民。”① 党的十九大又将“坚持人民主体地位”提升到“坚持以人民为中心”的理论高度，并将它确立为新时代坚持和发展中国特色社会主义的“十四条基本方略”之一，贯彻到“治国理政全部活动之中”，足以见得，坚持“人民主体性”的价值理念与实践原则蕴藏着我们党领导人民实现中华民族伟大复兴的初心与使命。在中国特色社会主义进入新时代的历史方位上，破解妨碍人民主体地位提升的各种难题，更好地保障和强化人民主体地位，进一步提升“人民主体”的发展境界，凝聚中国发展的价值共识，汇聚实现中华民族伟大复兴的历史伟力，就成为摆在中国共产党面前的重要任务，也成为理论界不可回避的重大研究课题。

三

中国理论界对“人民主体性”的相关研究兴起于 20 世纪 80 年代中

① 《习近平在党的群众路线教育实践活动工作会议上的讲话》，群众路线网，http：//qzlx. people. com. cn/n/2013/0726/c365007-22344078. html。

后期。通过统计中国知网等的相关数据，2012 年以前，这个领域的相关研究长期处于相对平稳的状态。直到党的十八大明确提出“坚持人民主体地位”的重要命题，理论界才把“人民主体”及相关研究推向高潮。通过梳理，我们可以将它们归为五个主要方面。

一是对“人民主体性”概念之内涵的界定。目前，理论界尚未就“人的主体性”概念达成共识。李德顺认为：“主体性，实际是指人在自己对象性行为中的权利和责任特征。”① 崔利宾认为：“所谓人民主体，首先，它是一个基本层次上的哲学范畴。它所表示的是人民在认识和改造客体对象的过程中表现出来的自主地位和性质。这种自主性突出地表现为人民群众的主动性、积极性和创造性；其次，由于在不同历史阶段‘人民’具有不同的内容，这种主体性的实现在不同历史阶段有不同的条件；因此，人民主体又是一个历史观范畴。”② 蒋菊琴、董显堂认为：“所谓人民主体，就是指人民群众在国家和社会中具有主人地位。”③ 许小主认为：“人的主体性是指作为主体的人由自己的本质力量所决定，在他与客体的相互作用中表现出来的一种自觉能动性，即目的性、积极性、主动性、创造性和自主性等等的总和。”④ 高岸起从利益的维度来界定主体性，认为“主体性可以看作是人在活动中表现出的一种自觉、自为、自主、创造性的状态”⑤。“主体性”问题也是贯穿马克思主义理论的重要因素，马克思恩格斯在《德意志意识形态》中已经从人们现实的物质生产活动出发系统阐述了人民主体性思想，“在这些条件下，生存于一定关系中的一定的个人独力生产自己的物质生活以及与这种物质生活有关的东西，因而这些条件是个人的自主活动的条件，并且是由这种自主活动产生出来的”⑥。

---

① 李德顺：《价值论——一种主体性的研究》（第 3 版），中国人民大学出版社，2020，第 38 页。

② 崔利宾：《马克思主义人民主体思想中国化发展研究》，《西北农林科技大学学报》（社会科学版）2012 年第 1 期。

③ 蒋菊琴、董显堂：《中国特色社会主义理论体系的人民主体思想研究》，《当代世界与社会主义》2009 年第 5 期。

④ 许小主：《从人民公社到经济特区——毛泽东、邓小平关于人的主体性思想之比较》，《湖南师范大学社会科学学报》2009 年第 1 期。

⑤ 高岸起：《利益的主体性》，人民出版社，2008，第 33 页。

⑥ 《马克思恩格斯选集》第 1 卷，人民出版社，2012，第 203~204 页。

基于物质生产的“自主活动”被经典作家提升到前所未有的高度，“主体性”的“天恩”不可能由“批判的上帝”来施舍，它的实质是“现实的个人”在创造历史过程中开展的“自主活动”。主体性必须以“人是历史的主体”为基础，人如果不是历史主体，谈论主体性就没有任何现实意义。在马克思看来，作为历史主体的“人”并不是蛰居于天国的人，而是现实的人，是活生生的人，是广大人民群众。主体性是在一定的相互关系中形成的，离开了主体与客体的相互关系，主体性就会失去社会基础。主体性不是基于人的自然属性而言，而是基于人的社会属性而言的，离开了人的社会关系，就无所谓主体性。笔者认为，人民主体性的实质就是作为人类历史主体的“人民大众”创造历史的“自主活动”。当然，这种“自主活动”不是无条件的，而是有条件的，它具有社会历史性，任何人的主体性都不能超越其所处的时代为其提供的现实条件，否则，就是空想。

关于“人民主体性”概念的内涵研究。目前，理论界对“人民主体性”概念的内涵界定不一，但差别不大。高峰认为：“首先，人民是创造历史的主体。其次，人民是社会物质财富和精神财富的创造者。再次，人民认识世界和改造世界的活动是能动的与执政党目标一致的实践活动。”① 郑雁雄认为：“从现实和历史、实践与理论相结合的层面来看，人民主体地位具有法理性、尊严性和普遍性，中国特色社会主义的人民主体地位必须是核心的、宪政的、实践的和文化的。”② 秦晋芳认为：“在人类历史发展的进程中，人民群众始终是物质生产的主体和物质财富的创造者，是精神生产的主体和精神财富的创造者，是推动社会变革和历史前进的决定力量。人民群众是历史主体，也是价值主体。人民是价值的创造者，同时也是自己创造价值的享有者和评价者。”③ 笔者认为，历史唯物主义的人民主体性应该是事实性与价值性的统一，也即人民的实践主体地位、价值主

① 高峰：《人民主体地位的确立是对马克思主义唯物史观的丰富和发展》，《西藏民族学院学报》（哲学社会科学版）2013 年第 1 期。

② 郑雁雄：《发展中国特色社会主义必须坚持人民主体地位》，《学术研究》2013 年第 2 期。

③ 秦晋芳：《试论马克思“人民主体”内涵的丰富和发展》，《中北大学学报》（社会科学版）2011 年第 2 期。

体地位、权利主体地位和利益主体地位应该实现具体的、历史的统一，但由于历史发展的差异性，这种主体性的发展往往又是不平衡的，甚至会出现实践主体与利益主体、价值主体相对立的情况。从不全面、不平衡的历史主体向全面的、自由的历史主体发展，这是人类历史发展的必然趋势。超越必然，方能获得自由。

二是对经典作家人民主体性思想的学习研究。经典文本是开展人民主体性相关研究的理论依托。有学者研究马克思的人民主体性思想，比如刘真金的博士学位论文《马克思人民主体思想研究》① 和李包庚的《马克思“人民主体性”思想解读》②，这两篇文章把人民主体性的实质归结为基于物质生产的“自主活动”。有的学者研究中国共产党历代领导人的人民主体性思想，比如李德顺③、章越松④、郭广银⑤、肖贵清等⑥从不同的角度研究党的领导人的人民主体性思想，从而把握时代变革下人民主体地位的历史变迁。也有一些学者，将毛泽东与邓小平人民主体性思想进行比较研究，比如叶启绩⑦、隋保禄⑧、郑谦⑨等人从不同角度对毛泽东和邓小平人民主体性思想进行了比较。这些研究成果，让我们对马克思主义人民主体性思想有了一个基本的认识和了解，也让我们从时代变迁中把握理论的发展动向，彰显马克思主义与时俱进的理论品格。

三是坚持人民主体地位与坚持党的领导研究。如果说历史唯物主义的人民主体性思想是中国共产党最重要的价值观，那么群众路线则是中国共产党最根本的方法论。坚持人民主体地位与坚持党的领导相统一，这是中

① 刘真金：《马克思人民主体思想研究》，中南大学博士学位论文，2012。

② 李包庚：《马克思“人民主体性”思想解读》，《马克思主义研究》2014 年第 10 期。

③ 李德顺：《毛泽东的价值观——人民主体论初探——纪念毛泽东同志诞辰 100 周年》，《哲学研究》1993 年第 6 期。

④ 章越松：《邓小平人民主体思想的价值特征》，《探索》2007 年第 4 期。

⑤ 郭广银：《习近平关于人民主体地位的思想》，《中共中央党校学报》2014 年第 5 期。

⑥ 肖贵清、田桥：《人民主体地位：习近平治国理政思想的核心理念》，《思想理论教育》2016 年第 12 期。

⑦ 叶启绩：《为了中国人民的“站起来”和“富起来”——毛泽东、邓小平人民主体思想比较》，《学术研究》1998 年第 11 期。

⑧ 隋保禄：《毛泽东邓小平人民主体思想之比较》，《石油大学学报》（社会科学版）2000 年第 4 期。

⑨ 郑谦：《毛泽东与邓小平人民主体观比较研究》，《中共党史研究》1995 年第 2 期。

国共产党与其他政党的本质区别所在。王伟光认为，“尊重人民的主体地位和首创精神，必须继承和发扬我们党的优良传统；尊重人民的主体地位和首创精神，必须坚持以人为本、执政为民；尊重人民的主体地位和首创精神，必须不断推进实践创新和理论创新”。① 他还指出：“坚持人民主体地位既是中国共产党90多年历史的经验总结，更是发展中国特色社会主义事业的根本要求。”② 田心铭认为：“人民的主体地位，是历史主体、实践—认识主体、价值主体的统一。坚持人民的历史主体地位，就是坚持一切相信群众、一切依靠群众、一切为了群众的群众观点，就要坚持党章明确规定的一切为了群众、一切依靠群众、从群众中来、到群众中去的群众路线。”③ 黄刚认为：“人民主体指的是人民群众是中国特色社会主义事业的主体性依靠力量。人民群众是党的力量源泉和胜利之本，党的领导是人民利益得以实现的根本保证。”④ 邱仁富认为：“人民是国家的主体、是社会价值判断的主体；政府必须以维护人民利益而作为获得合法性唯一标准，侵害人民利益（精神利益和具体利益）和忽视人民的心声将是政府公信力消解的根源；重视人民的主体地位是解决社会一切弊病的根本出路。”⑤ 张书林认为：“正因为人民群众是历史前进的主体、在国家和社会中居于主体地位，所以我们党才要竭力保持密切联系群众的政治优势，努力规避脱离群众的最大政治危险。”⑥ 陈红太认为：“‘人民主体观’在科学发展中的贯彻落实，最为根本的是要突出强调中国的市场经济建设、民主政治建设、先进文化建设、和谐社会建设和绿色生态建设的‘社会主义’性质。其中最重要的，是要把共产党人矢志坚持的社会主义理念贯彻到市场经济实践中去，建成名副其实的符合‘公平正义、共同富裕’

① 王伟光：《切实尊重人民的主体地位和首创精神》，《求是》2011年第24期。

② 王伟光：《论坚持人民主体地位》，《求是》2013年第3期。

③ 田心铭：《为什么“必须坚持人民主体地位”是首要的基本要求?》，《红旗文稿》2012年第24期。

④ 黄刚：《中国特色社会主义之路：尊重人民主体地位与坚持党的领导相结合》，《实事求是》2011年第5期。

⑤ 邱仁富：《强化人民主体性，克服核心价值体系“边缘化危机”》，《广西大学学报》(哲学社会科学版) 2011年第4期。

⑥ 张书林：《中国共产党价值视阈中的人民主体论》，《中共南京市委党校学报》2013年第3期。

要求的‘社会主义市场经济’；同时按社会主义市场经济的人权和法治要求，健全协商民主制度，调整党的领导方式和执政重点，依靠人民的力量坚决克服和解决权力腐败和分配不公等问题。”① 任新民认为，要“始终不渝地坚持‘把人民放在心中最高的位置’，牢牢把握人民主体性的价值取向，树立权力意识、服务意识、忧患意识，集中、引导、整合并充分代表人民群众的最根本利益，不断满足群众利益需要，把党的工作自觉置于群众监督之下”。② 陈新汉认为：“社会主义既然把人民作为‘为我而存在’的价值主体，那么其价值体系就应始终围绕着‘人民要怎么样’来建构，这就是要体现人民主体的价值追求和价值取向，其中尤其要体现人民主体对利益的追求。提高社会主义核心价值体系的人民主体性或人民主体的利益意识，是克服其‘边缘化危机’的根本途径。”③ 罗文东、瞿会宁认为：“人民主体性既是社会历史发展的结果，也是衡量社会历史进步的尺度。然而，在私有制占主体地位的阶级社会，人民主体性与社会进步并不是一致的，因为只有那些掌握和控制生产资料和生活条件的少数人，才能享有主体性，但那些失去生存和发展条件支配权的人民群众，则丧失了主体性以及自由和全面发展其能力和个性的权利。”④ 言外之意，人民群众要居于主体地位，就必须占有生产资料。坚持人民主体性是我们党革命、建设和改革取得成功的基本经验总结，新形势下的全面从严治党则是实现中华民族伟大复兴中国梦的根本组织保障。在全面从严治党的背景下，如何调动党员主体性以提升人民主体性？如何将坚持人民主体地位与保证党员主体地位统一起来？中国共产党如何面对变革时代下的坚守与创新？这些问题是理论工作者需要进一步思考并做出解答的。

四是坚持人民主体地位与全面推进依法治国研究。社会主义的人民主体地位需要以法制的形式确立下来，并在法治的逻辑中实现。把依法治国

① 陈红太：《人民主体观将开辟中国特色社会主义新境界》，《中国党政干部论坛》2013年第3期。

② 任新民：《提高党建工作科学化水平研究——以人民主体性价值准则为视角》，《社会主义研究》2012年第1期。

③ 陈新汉：《论社会主义核心价值体系的人民主体性》，《哲学研究》2011年第1期。

④ 罗文东、瞿会宁：《人民主体思想的历史演进及其在科学发展观中的运用》，《重庆社会科学》2012年第9期。

与坚持人民主体地位结合起来研究，是一个前沿的理论探索。金民卿从法理的角度论证了中国特色社会主义法制“为人民立法”的本质，因而“坚持人民主体地位必须贯彻到全面推进依法治国的实践当中”①。何海根认为：“‘人民’是理解社会主义法治的关键词。”② 许晓平通过古今法治文化底蕴的比较，认为“中国封建专制制度的长期存在，使得法治文化缺少了成长的土壤。中国以‘德治、人治’为主导的文化传统，限制了法治文化的生长，扼杀了民众的主体诉求，民众只有客体身份，无主体地位可言”③。因而，要培育以“人民主体”为核心的中国特色法治文化底蕴。周康林等认为，要切实保障人民群众的改革主体地位，就要“加强法治的顶层设计与鼓励底层探索相结合”。④ 全面推进依法治国战略作为全面深化改革背景下提升人民主体性的顶层设计，它势必为“全面释放”人民主体性提供新的导向，必将为引导群众向“自尊自信、理性平和”的现代公民转变注入新动力。如何树立法律在现实生活中的权威，如何让法治成为人们社会生活的信仰，如何用法制来保护和捍卫“至尊的神”——人民主体⑤，也是理论工作者需要进一步探索的重要问题。

五是坚持人民主体地位与实现中华民族伟大复兴中国梦的研究。就目前来看，理论界把中国梦与人民主体性结合起来研究的成果依然不多。高峰认为，“能否坚持人民主体地位关乎社会前进本质力量的实现；能否坚持人民主体地位关乎人民幸福的实现”⑥。田心铭进一步指出，“坚持人民主体地位揭示了实现中华民族伟大复兴的力量源泉”。⑦ 杨静认为：“中国梦建立在马克思主义的人民观之上。实现中国梦，就是要回到实事求是上

① 金民卿：《全面推进依法治国与坚持人民主体地位》，《江西社会科学》2015 年第 1 期。

② 何海根：《坚持人民主体地位与全面推进依法治国》，《科学社会主义》2014 年第 6 期。

③ 许晓平：《人民主体地位的法治文化底蕴培育》，《中共天津市委党校学报》2014 年第 1 期。

④ 周康林等：《论依法治国背景下人民改革主体地位的基本问题》，《毛泽东思想研究》2015 年第 2 期。

⑤ 陈新汉：《关于“人民主体”的一些思考》，《哲学研究》2014 年第 2 期。

⑥ 高峰：《人民主体地位的确立是对马克思主义唯物史观的丰富和发展》，《西藏民族学院学报》（哲学社会科学版）2013 年第 1 期。

⑦ 田心铭：《为什么“必须坚持人民主体地位”是首要的基本要求?》，《红旗文稿》2012 年第 24 期。

去，回到人民的立场上去。我们国家和民族的振兴都是以人民为基点的，中国梦是人民的梦，是与人民的利益息息相关的。"① 原魁社认为，"人民作为实现'中国梦'的实践主体，不仅体现在人民在改造自然和改造社会中的主体性地位上，更应该体现在人民对改造自然、改造社会的成果的享有之上。"② 李包庚、周康林认为：在实现"中国梦"的新时期，坚持人民主体地位面临着"官僚主义扩张、工具理性主义膨胀、社会分化加剧和公共理性欠缺"③ 四重挑战。研究虽然涉及妨碍人民主体地位提升的一些现实问题，但未能从实现中华民族伟大复兴中国梦的奋斗历程来考察人民主体性的历史变迁，从整体上看，依然缺乏历史感。历史感不强，理论对话就会显得突兀，也不利于总结历史经验和教训。因而，继续从实现中华民族伟大复兴"中国梦"这个语境下研究人民主体性的基本问题，意义重大而任务艰巨。

理论界对人民主体性的相关研究主要集中在学理层面，有高度也有厚度，但对现实问题的回应尚显得不足，相反，甚至有一种回避现实问题的倾向，在回应与回避之间，拷问着理论工作者的治学态度。搞好理论基础是理论工作者的分内之事，但积极回应现实问题则是理论工作者的天职所在。正如习近平所说："马克思列宁主义、毛泽东思想一定不能丢，丢了就丧失根本。同时，我们一定要以我国改革开放和现代化建设的实际问题、以我们正在做的事情为中心，着眼于新的实践和新的发展。"④ 因而，我们继续研究人民主体性的基本问题，一方面需要从经典作家的著作中去寻求解释；另一方面需要从我们党和国家正在做的事情入手，从实现中华民族伟大复兴中国梦的奋斗历程来考察人民主体性的历史变迁，从人民群众的现实生活境遇出发深入分析人民主体性提升面临的主要瓶颈和挑战，探索提升人民主体性的路径策略，进而思考实现中华民族伟大复兴超越历史周期率何以可能这一重大问题。

---

① 杨静：《中国梦的内涵和实现途径浅析》，《中国科技投资》2013 年第 Z4 期。

② 原魁社：《人民主体性："中国梦"的现实基础与价值指向》，《中国特色社会主义研究》2013 年第 3 期。

③ 李包庚、周康林：《论"中国梦"视域下的人民主体地位》，《中国矿业大学学报》（社会科学版）2014 年第 2 期。

④ 《习近平谈治国理政》第 1 卷，外文出版社，2018，第 9 页。

综上，在实现中华民族伟大复兴的新征程上，本书基于“逻辑与历史”相统一的研究方法，从历史与现实相统一的高度，遵循“以人民为中心”与“以问题为导向”相统一的基本原则，力图对人民主体性的基本问题做出更深入的探索，以期回应当前提升人民主体性面临的若干新问题。

第一章 人民主体性的思想溯源

科学思想是人类智慧的结晶，是对人类实践活动的提炼和总结。我们探讨人民主体性的基本问题，离不开对人民主体性思想的追溯，尽管思想理论与实践发展不一定同步，但人民主体性思想的形成和发展总是与人民主体性实践不可分离。当下的中国，之所以能够与世界接轨而又保持民族特色，从根本上说就是因为人民群众在历史的比较中，选择了中国共产党作为自己的领路人和领导核心。中国共产党人创造性地提出“坚持人民主体地位”“坚持以人民为中心”等重要命题，并将其确立为新时代坚持和发展中国特色社会主义的“基本方略”的重要内容，这实际上就是把历史唯物主义的人民主体性思想确立为治国理政的重要理念，它既是对中国古代民本思想和西方民主民权思想的超越，也是对马克思主义人民主体性思想的新发展。我们要全面地把握作为治国理政根本价值精髓的人民主体性思想，就很有必要追溯它的理论脉络，以正本清源。

第一节 中国古代民本思想的主要观点及其根本缺陷

民本思想是中国古代内生性的政治思想，作为一种具有普遍共识意义的“统治术”，它在中华民族延续和发展过程中，发挥了不可替代的作用。可以说，民本思想是中国内生性的政治文化基因，它在潜移默化中影响着人们的政治思维和政治行为。这一延续了几千年的统治思想，在现代工业文明中沉静下去，逐渐被民主思想取代。这说明，中国古代民本思想是特定历史背景和社会生产方式下的产物，随着生产方式发生变革，它的不适应性就会凸显。因而，梳理和回顾中国古代民本思想的主要观点，有利于我们认识它的根本缺陷，从而找出它不适应现代工业文明的历史必然性。

一　中国古代民本思想的主要观点

在很多人看来，中国古代民本思想是儒家的核心思想。其实，中国古代民本思想并非一家之言，而是中国众多政治思想流派的共识。诚如张分田教授所言，“以民为本”是大众政治意识，这表明民本理念不属于某一个阶级或阶层，而为全社会所共有。[①] 无论哪一派获得皇权，都会或多或少地推行民本方略，只是“保民”“重民”“爱民”的实际策略会有所差别。比如，道家主张无为而治，是谓“官无为而民自善”；法家主张严刑峻法，以规范社会行为；儒家则主张礼教，君使臣以礼，臣事君以忠。中国古代民本思想是政治哲学的精华，是众多政治思想流派的价值观汇聚点，它的主要观点可以概括为3个方面。

1. 以民为本是中国古代民本思想的核心理念

以民为本最初不是与以君为本相对应的，而是与以神为本相对应的。早在殷商时期，殷人极为迷信，无论农耕狩猎还是节庆祭祀，都要占卜求神。《礼记·表记》中有记载，“殷人尊神，率民以事神”，这就是说，神在人们日常生活中居于至高无上的地位，神圣不可冒犯。直到武王伐纣胜利之后，周公辅政，感悟“天命靡常”，唯有修德保民，方可顺应天命。《尚书·周书·泰誓中》中说：“天视自我民视，天听自我民听”，“民之所欲，天必从之”。虽然周朝统治者未能摆脱神的束缚，但已经意识到“天从民愿”的历史法则，因而，在周朝之后，可以看出国家的统治逻辑已经开始从“以神为本”向“以民为本”转变了。

先秦时期，统治者在神与民的对立中，变得更加务实，做出以民为本的价值选择。据《左传·文公十三年》记载，邾文公要把都城由邾迁于绎，史者占卜的结果却是“利于民而不利于君”。邾文公说：“苟利于民，孤之利也，天生民而树之君，以利之也。民既利矣，孤必与焉。”实际

---

① 张分田：《关于深化民本思想研究的若干思考》，《江西社会科学》2004年第1期。

上，邾文公将“利民”与“利君”辩证统一起来，以神为本的统治逻辑逐渐被剔除了。国君要想得福于神，就得取信于神；而要取信于神，就得先“忠于民”。“忠于民”恰好是“信于神”的不可或缺的前提。这样，在君与民的张力关系中，神作为仲裁者也就侧重于民的一面，于是，《左传》中的神竟然也有了“民本”倾向。① 但需要清醒认识到，统治者在人神矛盾中转向了人民一边，这是以不涉及统治者地位的丝毫动摇为前提的，但这并不能真正解决统治者与被统治者之间的矛盾。先贤遂从天人关系转向君民关系，去探讨君与民孰主孰次的问题。孟子最先明确提出“民贵君轻”的思想。《孟子·尽心下》有记载：“民为贵，社稷次之，君为轻。是故得乎丘民而为天子，得乎天子为诸侯，得乎诸侯为大夫。诸侯危社稷，则变置。牺牲既成，粢盛既洁，祭祀以时，然而旱乾水溢，则变置社稷。”孟子强调的“民贵君轻”，实际上是强调“得民心者得天下”的逻辑，不是得诸侯者得天下，也不是得大夫者得天下，指出人民在君主“王天下”过程中的决定性作用，因而号召统治者施行仁政，吸引人民的归附。

战国另一位思想家荀子曾说：“天之生民，非为君也，天之立君以为民也。故古者列地建国，非以贵诸侯而已；列官职，差爵禄，非以尊大夫而已。”（《荀子·大略》）荀子的话，其实凸显了“立君为民”的思想，把人民作为君王和群臣的服务对象，服务好人民，方显示出帝王、贤臣的尊贵，而不是帝王、贤臣把人民当作奴隶使唤。

唐代君臣李世民与魏征吸取隋末农民大起义的历史教训，将“民水君舟说”推到一个新的高度。贤臣魏征引前隋倾亡之事，以谏太宗，“昔在有隋，统一寰宇，甲兵强锐，三十余年，风行万里，威动殊俗。一旦举而弃之，尽为他人之有。彼炀帝岂恶天下之治安，不欲社稷之长久，故行桀虐，以就灭亡哉？恃其富强，不虞后患，驱天下以从欲，罄万物而自奉”。“怨不在大，可畏惟人，载舟覆舟，所宜深慎，奔车朽索，其可忽乎？”（《贞观政要·君道》）唐太宗深谙其道，对侍臣说：“为君之道，必须先存百姓，若损百姓以奉其身，犹割股以啖腹，腹饱而身毙。”其实，唐太宗与魏征已经看到人类历史改朝换代的历史规律，一个朝代持续

① 参见刘家和《〈左传〉中的人本思想与民本思想》，《历史研究》1995年第6期。

时间的长短关键就在于水与舟如何运动，如果顺水行舟，水会将舟带到更加遥远的理想彼岸；如果逆水行舟，则有可能过早舟毁人亡。

明清之际是中国古代民本思想发展的顶峰。这一时期，以黄宗羲、顾炎武、王夫之等人为代表。明末清初的黄宗羲将中国古代民本思想推向了顶峰，提出“民为主，君为客”的思想。他认为：“此无他，古者以天下为主，君为客，凡君之所毕世而经营者，为天下也。今也以君为主，天下为客，凡天下之无地而得安宁者，为君也。”（《明夷待访录·原君》）黄宗羲以一种否定的态度评价当时的君民关系，认为当时的君民关系被充满私欲的君王颠倒了，因而要回到三皇五帝时期，去寻找最正常的君民关系。虽然黄宗羲对当时的君臣关系表示不满，但他仍然希望通过回归原始的“自然状态”去重建“天下为主，君为客”的君民关系。可以说，黄宗羲的民本思想已经站到封建社会政治思想的顶端，离现代的民主思想仅一步之遥，可惜，由于历史的原因，他最终未能完成这个历史任务。后来，“民主”是作为“舶来品”从西方引进中国的。

总之，以民为本是中国古代民本思想的核心价值，它体现了中国古代思想家对下层人民的人文关怀，也体现了中国古代士大夫阶层的责任担当。中国古代士大夫阶层的思想家尽管无法否定皇权，无法动摇君主的权威，但在践行民本思想、发展“以民为本”的民本思想方面进行了不懈的努力探索，不失为“为万世开太平”的一种曲线抗争。从某种意义上说，正是因为拥有“以民为本”的民本思想的文化基因和文化底色，它的进化出路必然是人民民主，中华民族才能按照自己的独特方式走进现代文明，实现伟大复兴。

2. 立君为民是中国古代民本思想的实质内容

无论中国古代民本思想如何强调或拔高人民在国家政权中的基础性地位，它始终没有走向否定君权的边缘，可以说，君权是中国古代“民本”思想家不敢逾越也不可逾越的雷池。从本质上讲，强调“以民为本”只是一种价值指向，强调“立君为民”则是中国古代民本思想的实质内容。中国古代帝王之所以接受或者容忍“以民为本”，前提条件是“立君”，而不是以民本来否定君权、君威。“立君为民”属于立君之道，它是“以民为本”的最终依据，离开了“立君”，就不可能谈“民本”，可以说，在古代政治的实际操作当中，谈论“民本”，或者实施“民本”的仁政，都是以立君、尊君为前提的。从统治者的角度来考量，实施以民为本的政策，无非是为了使人民死心塌地地臣服，从而树立君威。正如张分田教授所言，在中国古代，“立君为民”属于“设君之道”，它还有“立君为公”“立君为天下”等不同的表述形式。它从政治本体论的角度论证了民在政治生活中的地位，即国家、社稷、君主皆为民而设。一般说来，只要认同“立君为民”，势必认同“以民为本”。①“立君为民”这个命题将民本（为民立君）与君本（立君治民）紧密联系在一起。除个别无君论者之外，中国古代政治思想家普遍认同“立君为民”的价值取向。他们的基本思路是：为了养育民众、天下安定，国家必须由一位贤明的君王来掌管，君主乃政治之本，然而立君并不是为了君王个人的私利，而是为了天下，为了民众，天下为公，民众是国家之本。因而，中国古代民本思想的深层逻辑是“立君为民”，其丰富和发展都围绕这个中心议题而展开，所以说，“立君为民”是中国古代民本思想的实质内容。

3. 政在养民是中国古代民本思想的逻辑延伸

如果说从老百姓的角度而言，“立君为民”是一个天命法则，那么，从君王的角度来看，“政在养民”则是君王的道德义务。“政在养民”是在“以民为本”与“立君为民”的基础上发展起来的。“政在养民”也是中国古代各流派思想的共识，只是所谓的“养”的方式有所区别而已。在道家看来，“养”就是休养生息，无为而治。国家的统治，不能使用统治工具来横征暴敛。人民的饥饿和苦难，大多是由统治者“食税之多”造成的。人民本身已经衣食不足，而统治者仍“损之”“夺之”，统治者尚有余剩，却要强取豪夺，这样，人民就会越发贫困。人为财死，鸟为食亡，为求生存，天下必然大乱。正如老子所言：“民之难治，以其上之有为，是以难治。”（《道德经》第七十五章）只要统治者不干涉，使民不受过多的侵扰，人民就不会疲于应付繁重的徭役赋税，积极耕种，天下安有不治之理。

---

① 张分田、张鸿：《中国古代“民本思想”内涵与外延刍议》，《西北大学学报》（哲学社会科学版）2005年第1期。

儒家则强调入世之道，突出为政者应该有所作为。“德惟善政，政在养民”，这里的“善政”，与儒家所主张的“德政”“仁政”是同一个意思。宋代名臣范仲淹由此引申，在《答手诏条陈十事》中说：“此言圣人之德，惟在善政，善政之要，惟在养民。养民之政，民先务农。农政既修，则衣食足，衣食足，则爱体肤，爱体肤，则畏刑罚，畏刑罚，则盗寇自息，祸乱不兴。是圣人之德，发于善政，天下之化，起于农亩。”简言之，“善政”就是给人民带来好处或造福于民的政治。而“善政”应该满足两个条件。

第一，富民为先。儒家非常重视人民的物质生活，孔子强调使民“足食”（《论语·颜渊》）是善政的重要内容之一，主张对民要先“富之”（《论语·子路》），“生民之本，足食为先”。孟子则认为，恒心与恒产统一，“有恒产者有恒心，无恒产者无恒心”，以“制民之产”为基础，使人民的物质生活得到基本的保障，以达到“仰足以事父母，俯足以畜妻子，乐岁终身饱，凶年免于死亡”的理想状态。他反对统治者胡乱作为、营私谋利、不顾百姓死活的“独乐乐”；强调统治者必须勤政爱民，“与民同乐”。在论述“富民”和道德教化的关系时，儒家强调为政要把“富民”和道德的教化相结合，同时重教化而轻政令，“善政得民财，善教得民心”（《孟子·尽心上》）。

程颐指出：“百姓安业，衣食足而有恒心，知孝悌忠信之教，率之易从，劳之不怨，心附于上，固而不可摇也。”“彼庶民者，饥寒既切于内，父子不相保，尚能顾忠义哉?”他把“富民”与封建道德规范联系起来，强调民富才是国富的基础和前提。“君子无小人则饥，小人无君子则乱。以此相易，正犹农夫、陶冶，以粟与械器相易，乃所以相济，而非所以相病也。治天下者，岂必耕且为哉?”所以“民富，则君不至独贫；民贫，则君不能独富”。（《论语集注》）既然“君民一体”，民富即国富，富国与富民具有一致性，那么最高统治者就会将“富民”作为励精图治的基本道德准则之一。

第二，轻徭薄赋。民本思想家一贯主张取民有度，反对使民无度，劳民伤财，横征暴敛。儒家薄赋思想具有极为浓厚的伦理色彩，因为其不仅把薄赋看作减轻百姓负担以利于生产发展的重要政策措施，而且把它同“仁”“仁政”等伦理思想联系在一起，从而把能否“爱惜民力”、是否施行薄赋政策当作判断君王是否贤明的标准。理学家朱熹曾说："省刑罚，薄税敛，此二者仁政之大目也。""文王治岐，耕者九一，仕者世禄，二者王政之本也。"理学家普遍认为在统治阶层、地主阶级和庶民百姓这三大利益主体分层中，最没有保障的是庶民百姓的利益，他们常常会受到君主横征暴敛、豪强侵夺兼并的威胁。因此，理学家尤其强调实行一些恤贫、赈穷和救荒政策，以便对社会最下层庶民百姓的基本衣食生活资料给予必要的保障。王子坤等认为："作为一种道德戒律，民本思想劝告统治者要爱民重民，在经济政策上要富民足民，在统治方式上施行德治、礼教、仁政，劝勉统治者体察民情、爱惜民力，这些主张对于滥用君权起到了一定的制约作用。民本思想在道德取向上以民心向背作为裁量政教得失的标准，迫使统治者在实践层面制定并推行一系列薄赋敛、轻徭役、省刑罚、重教化的政策，客观上减轻了对人民的剥削和压迫，在一定程度上表达了广大民众的意愿和呼声。在漫长的专制时代，民本思想熏陶了一代又一代志士仁人，站在民众的立场，对君主专制展开批评，矫正君主的政治过失，遏制君欲的无限膨胀，从而在一定程度上对维护民众的利益起到了积极作用。"①

总而言之，中国古代民本思想包含"以民为本""立君为民""政在养民"三个维度，它们是相互联系的有机整体，一方面为君主制延续几千年做出合理化的论证，另一方面具体的施政策略又为古代民众过上相对美好的生活做出不懈的努力。可以说，中国古代民本思想既要迎合君王的口味，也要调和群众的心态，它走的是一条折中主义路线，由此它的不彻底性便暴露无遗。因而，在民本思想指导下的封建王朝最终未能跳出历史周期率，从根本上说，它存在致命的缺陷，当然，这种致命的缺陷是与中国古代的生产方式相适应的。需要指出的是，民本思想的发展与民本思想的实践并非同一过程，民本思想家的观点不见得能够进入历史的实践场域，统治阶级在实际统治中也不见得采纳民本观点。我们不能苛求古人为我们创造一套亘古不变的治理国家的法则，深刻揭示和认识中国古代民本思想的缺陷，无疑有利于我们更好地完成实现中华民族伟大复兴的历史任务。

---

① 王子坤、杨兴昌：《中国传统民本思想的历史缺陷与现代超越》，《理论导刊》2011 年第 5 期。

二　中国古代民本思想的根本缺陷

中国古代民本思想的根本缺陷在于它是英雄史观的产物，不是群众史观的产物，它的哲学根基是历史唯心主义，不是历史唯物主义。民本思想中的“民”并非现实的人民，而是一个抽象的概念。民本思想是一种单向度的信念伦理，它没有把人民当作创造历史的主体来看待，不是把人民当作真正的英雄来敬畏，因而在实际的政治实践中，人民就出现了“空场”，整个政治场上就只剩下君王及其官僚体系，人民就被阻挡在政治体制的大门之外。民本思想虽然强调“政在养民”，但是，这些政策往往只是官僚体系的单向输出，没有考量人民“自我”的意愿，长此以往，人民群众就习惯了逆来顺受，而反抗和抗争的斗志被日渐消磨，最终“主体性”被降到历史的最低点。归结起来，中国古代民本思想最根本的缺陷就在于它历史唯心主义的哲学根基，这进而导致它在实际政治运行中存在以下三个缺陷。

1. “民本”而非“民主”

中国古代君王和民本思想家虽然经常把人民提到国家根本的高度，却不为人民群众实现主人翁地位搭建现实的舞台。正如张分田教授所言，中国古代的民本思想基本上不具备“人民的统治”“自治的人民”的理念。不看到这一点，就会导致对“民本”的本质属性的错误解读，乃至将其误解为“民主思想”。① 作为国家之本的人民，不能享受应有的主人翁地位，往往被帝王将相视为草芥，可以说，这就是中国古代民本思想的虚伪性所在。

2. “民本”而非“民治”

中国古代帝王和民本思想家一方面强调以民为本，另一方面又高举“治权在君”的旗帜，因而，国家治理的大小事务都由君王及其官僚机构所垄断，人民群众参与国家治理的大门实际上已经被关得严严实实，密不透风。所谓的“大唐子民”“大宋子民”等，实际上沦为被统治者，任由

① 张分田：《论“立君为民”在民本思想体系中的理论地位》，《天津师范大学学报》（社会科学版）2005 年第 2 期。

"天子"鞭挞，从伦理上来说，这是伦常的倒置。那些官僚阶层则一跃成为"至尊的神"，受人民歌功颂德而"流芳百世"，人民群众则"一相成名万骨枯"。人民群众不能参与现实的社会治理，就会逐步丧失公共意识，逐渐强化私有的观念，帝王将相越发高贵，人民群众则越发卑贱。

3. "民本"但无"民权"

人民的政治参与权被中国古代帝王及官僚剥夺了之后，就无法制约君王及官僚的私欲，随着君王及官僚的私欲的扩张，人民便沦落到如同草芥般的地步。随着中央集权制的强化，普天之下莫非王土、普天之下莫非王臣的主仆关系也日益深入人民的日常生活。君要臣死，臣不得不死，"不得不死"的又何止君臣关系中的大臣？手无寸铁的普通老百姓更是没有丝毫讨价还价的余地，不然"草民"就会被视为"暴民"，皆以欺君之罪、以下犯上论处。言论、集会这些现代民主概念更是无从谈起，天下人敢怒而不敢言，唯一的办法就是揭竿而起，推翻暴君，取而代之的又是另一位君王，社会关系依然是君臣关系、奴仆关系。因而，整个中国古代民本思想中，并没有为人民预留"政治权利"以制约君王权力及官僚权力，民本之"本"，其实早就被封建帝王及其官僚体制阉割了。

总之，中国古代民本思想存在固有的缺陷，这就决定了它在中华民族生死存亡之际，不能指引中华民族实现伟大复兴。归根结底，中国古代民本思想最大的缺陷是对人民主体性的阉割，民本思想坚持的是英雄人物创造历史的唯心史观，把人民视为任由历史摆布的"群氓"。历史已经深刻地证明，任何漠视人民群众主体力量的王朝都必然化为尘土，没有一个漠视人民群众的力量的王朝能够跳出历史周期率。在马克思主义的指导下，中国共产党对中国古代民本思想进行了历史唯物主义的彻底改造，它才以全新的理论形态——历史唯物主义的人民主体性思想重新"出场"，为中华民族伟大复兴提供正确的思想武器。

第二节　西方人本主义视野下的主体性思想管窥

发源于古代中国的民本思想最终没能自然进化到现代民主思想的高度，而发端于古希腊的民主思想则在经历了漫长黑暗的中世纪孕育之后，进化成现代民主思想，为欧洲的复兴乃至整个资本主义世界的崛起和发展提供了强大的精神动力。是什么让古希腊的民主实践和民主思想进化成现代民主呢？

一　西方宗教改革与民众主体意识启蒙

经历了黑暗中世纪的西方为什么能够超越东方？当东方的中央集权发展到顶峰之时，西方却开启了一场决定社会走向的宗教改革运动——马丁·路德领导的宗教改革运动，它是促使西方超越东方的重要历史事件。从当时的生产力水平来看，东方依然领先于西方，如果说当时西方出现了资本主义萌芽，明末清初时期，中国同样出现了资本主义萌芽，只是东方的中央集权制度采取重农抑商的治国方略，东方的资本主义就夭折于萌芽状态了。因而，从生产力水平层面探讨东方落后于西方的问题，就更应该从生产关系及其背后的上层建筑方面寻找原因。马丁·路德领导的宗教改革顺应了资本主义萌芽的大趋势，极大地解放了欧洲民众的思想，提高了欧洲民众的主体意识。

虽然民主实践和民主思想发源于古希腊，但欧洲进入黑暗的中世纪之后，民主思想也随之沉寂，取而代之的是教会思想。这种基督教会思想宣扬人的原罪，带有原罪的人只有通过禁欲或虔诚才能获得上帝原谅，才能获得救赎。每一个人都是上帝的子民，每一个人都需要加入一个教会，连国王登基都需要教皇加冕，这样一来，中世纪的欧洲存在王权与教权的争斗，但总体说来，教权占据上风。王权有国界，而教权没有国界。在教会思想的统治之下，人们都虔诚地侍奉教会和教皇，思想逐步变得僵化迂腐，教会和教皇却日益变得腐朽不堪。教会的教义编织着人们的思想，消磨着人们的主体意识，人们沉浸在虔诚的忏悔之中，用已有的财产去讨好教会，以讨好上帝，无心从事现实的生产劳动，人变成“宗教的人”，这就严重阻碍了资本主义萌芽。

马丁·路德领导的宗教改革顺应了资本主义萌芽发展的历史潮流。他认为，人们可以直接通过世俗的成功来荣耀上帝，而不需要借助教会和教皇等“中介”，每个人都是上帝的直接选民，对上帝的虔诚完全可以通过现实生活的努力来表现。马丁·路德的观点，极大地促进了欧洲世俗宗教的发展，它迎合了王权扩张的需要，也迎合了处于萌芽、上升阶段的贵族资产阶级的需要。正所谓“基督行公正，上帝管结果”。人们开始逐渐摆脱教会和教皇的思想束缚，把对宗教的虔诚转化成荣耀上帝的现实手段，人们的交往日益扩大，人们的主体性也空前提高。马丁·路德领导的宗教改革突破了教权至上的权威，宣扬在上帝面前人人平等的价值观念，它为社会契约论和人民主权学说的创立提供了思想前提。

西方为什么能够超越东方？其实，答案不应该归结为它的民主思想和民主制度，而应该归结为整个欧洲的人民群众，他们与同期的东方民众相比，主体性是高扬的，至少它的精英阶层已经摆脱了愚昧，已经觉醒了。一个社会的进步程度，不应该只看它统治技艺如何高超，而应该看它统治对象的整体觉悟水平。从主体性而言，当时的欧洲民众与处于封建礼教统治之下的中国民众相比，已经走在历史的前沿了。君权与教权之间的斗争，最终将教权推下神坛，把贵族王权推上宝座。从社会阶级结构变迁上看，教徒变成平民或公民，贵族变成资本家或高利贷者。封建贵族利用推翻教权的有利时机，成功开启了生产方式的历史性变革。

二　两大哲学派别及其关于主体性问题的基本看法

哲学是时代精神的精华，主体性的问题需要上升到哲学的高度，才能获得根本性的阐释。主体性问题属于哲学范畴，主体性是基于人作为主体而言，离开了人的主体地位，就不存在主体性。探讨哲学范畴的主体问题，先要探讨哲学的本体问题，这里必须涉及哲学的基本问题，也即物质与精神，谁是第一性。唯物主义认为哲学的本体是物质，坚持物质第一性。唯心主义认为哲学的本体是绝对的精神，是绝对的理性，坚持思维第一性。对哲学本体的不同回答，可以引申出两大哲学派别的主体性思想，即唯物主义或唯心主义的主体性思想。

旧唯物主义泛指马克思主义新唯物主义诞生之前的唯物主义，它之所以旧，不是因为它产生于辩证唯物主义之前，而是因为其本身的不彻底性。但不可否认，它在批判唯心主义的斗争中发挥过积极的作用。

旧唯物主义者关于主体与主体性有许多深刻的见解。最早的唯物主义是朴素唯物主义，它的代表人物有泰勒斯、赫拉克利特、德谟克利特等。

朴素唯物主义认为世界的本原是物质的，不是精神的，但“物质”是具体形态的物质，比如金、木、水、火、土等，这些物质形态尚未发展到哲学的高度。从朴素唯物主义者的观点可以看出世界的本原和本体就是世界的主体，旧唯物主义者的主体实际上是以物为中心的主体，而人附属于物，人处于被动地位，缺乏主体性。

近代形而上学的唯物主义的代表人物有培根、霍布斯、狄德罗、费尔巴哈等，他们发展了朴素唯物主义的观点。近代形而上学的唯物主义坚持物质本体论，培根作为经验论的代表，认为“人是自然的奴仆和解释者”，人只能通过感觉去感知自然界，从而获得知识。霍布斯更是认为："人类的全部知识都是由感官提供的。”费尔巴哈曾在反对唯心主义的哲学斗争中树起一面革命的旗帜，他极力反对“绝对精神”的独立性，认为精神必须依赖物质，必须依赖人们对物质世界的直观反映。“直观是生活的原则，从而也是认识的原则。”正是费尔巴哈形而上学的直观反映论，断送了他通向唯物史观的道路，导致他的唯物主义在历史观面前彻底沦陷。从形而上学的唯物主义者的观点中可以发现，他们已经开始注意到哲学基本问题中“人”的问题，他们在人的存在状态上尚未达成一致。在他们看来，在与自然界的关系中，人是处于被动地位的，未能从“主体”方面去理解人的感性的实践活动。

唯心主义作为一个有着悠久历史的哲学派别，对人类历史的发展产生了重要影响，这个派别极其“重视”主体性思想。唯心主义包含主观唯心主义和客观唯心主义。主观唯心主义将人自身具有的某种精神比如感觉、心灵、意志、意识、观念等作为唯一真实的存在和世界的本原。主观唯心主义者对主体性思想进行了不同的阐述。

主观唯心主义的代表人物有普罗泰戈拉、康德等，他们从不同角度揭示了主体性思想。普罗泰戈拉认为：“人是万物的尺度，是存在事物存在的尺度，也是不存在事物不存在的尺度。”康德更加突出人的主体性，他曾说：“人的理性为自然立法。”康德的理性，将人的主体性扩展到无所不能的地步，过分突出理性的作用，然而，对于理性来源于何处康德似乎没有给出明确的答案。纵观主观唯心主义主体性思想，我们不难发现，主观唯心主义的主体性实际上是脱离实践的主体性，严格说起来，它不是主体性，而只是主观性。它更多强调人的主观随意性，所谓的理性一旦脱离了物质世界，就会变成空中楼阁。人的主体性一旦变成了主观随意性，势必导致自身过度膨胀。

客观唯心主义与主观唯心主义不同的是，它把某种脱离物质、脱离任何个人的精神变为独立的客观存在，并把它作为世界本原和万物创造者。客观唯心主义的代表人物有柏拉图、黑格尔等。柏拉图从“先验论”的角度出发，认为人的认识就是回忆，即认识的内容存在于过去的或者前世的某个角落，因此，他的先验论带有神秘主义的轮回色彩。黑格尔是将客观唯心主义推向高峰的集大成者，他认为，“绝对观念”作为万物的本原是能动的，它能通过实践分化为主体和客体，并使主体与客体发生转化。黑格尔承认了实践的作用，但是，他把实践理解为“绝对观念”的命令，这样，“绝对观念”就高于实践本身，成为万物之本。纵观客观唯心主义的主体性思想，我们同样不难发现，客观唯心主义的主体性思想实际上处于“主体缺失”的境地，原因就在于世界的本体和主体都是外在于人世的精神，或者是那些“知天命”的神的使者，或者是获取天机的英雄人物。客观唯心主义的主体不是“现实的人”，也不是普遍的人，最多只是戴上神秘面纱的人，他们背后有一只神秘的手在操控“历史主体”的主体性。

通过对旧唯物主义和唯心主义主体性思想的分析，不难发现它们的缺陷。旧唯物主义的主体性思想在自然观中坚持了物质本体论，然而进入历史观的时候，则把人看作被动的因素，忽视人的主体性，尤其是劳动人民的主体性。主观唯心主义的主体性思想与旧唯物主义主体性思想在承认人的主体性问题上，如出一辙，只是它的逻辑起点是精神，不是物质，同样夸大人的主体性，进而达到随意放纵之目的。客观唯心主义的出发点是“绝对观念”等外在于人的精神，它反映的是典型的英雄主义史观，抛弃了“现实的人”，找到抽象的精神作为本原和主体，可以说，客观唯心主义的主体性思想，实际上凸显的是个别英雄人物或者全能的上帝的主体性。无论是旧唯物主义的主体性思想，还是唯心主义的主体性思想，都带有不可克服的缺陷，而这种缺陷本身又是由人们在特定历史条件下的有限交往和固化分工决定的。

第三节　马克思开辟人民主体性思想的新视野

马克思之前的主体性思想，都是不彻底的，彻底的主体性思想，是马克思恩格斯在哲学领域的一大重要贡献，原因就是他们创立的唯物史观实现了主体性思想的彻底变革。马克思一方面从资本主义私有制已经成为生产力发展障碍的现实出发，论证了资本主义社会人的主体性异化的历史事实；另一方面从哲学的维度，对旧哲学反映的主体性思想进行改造和重构，站在黑格尔和费尔巴哈两位巨人的肩上，在批判青年黑格尔学派的论战中，提出具有哲学革命意义的历史唯物主义人民主体性思想。历史唯物主义的人民主体性思想是“革命的哲学”与“哲学的革命”的统一体。

一　马克思人民主体性思想的雏形

马克思的人民主体性思想是通过对“批判的批判”的批判建构的，这与唯心主义的“绝对精神”创造世界的主体性思想形成鲜明的对比，在《德意志意识形态》之前的一些著作中，马克思已经揭示出“人民主体性”的历史光芒，但是，这些光芒由于没有系统化，只能说是人民主体性思想的“雏形”。

早在1843年，马克思在《〈黑格尔法哲学批判〉导言》中就曾指出：“反宗教的批判的根据是：人创造了宗教，而不是宗教创造人。就是说，宗教是还没有获得自身或已经再度丧失自身的人的自我意识和自我感觉。但是，人不是抽象的蛰居于世界之外的存在物。人就是人的世界，就是国家，社会。”① 因此，需要对宗教、对神学统治进行批判，但是，仅仅对宗教、神学统治进行批判并不能到达真理的彼岸世界，还需要把对宗教和神学的批判引向现实世界（政治制度和法律体系）。于是，“对天国的批判变成对尘世的批判，对宗教的批判变成对法的批判，对神学的批判变成对政治的批判”②。从这里可以看出，马克思当时还未与唯心主义彻底划

① 《马克思恩格斯选集》第1卷，人民出版社，2012，第1页。
② 《马克思恩格斯选集》第1卷，人民出版社，2012，第2页。

清界限，虽然他已经意识到对宗教本身的批判不可能触及批判的根本，需要将批判引向“尘世”“法”“政治”，但是，对宗教的批判依然是必需的，因为“对宗教的批判是其他一切批判的前提”①。马克思对宗教的批判，不仅是对“上层建筑”的批判，而且将这一批判引向人们的现实生活。“废除作为人民的虚幻幸福的宗教，就是要求人民的现实幸福。”② 马克思在这里使用了“人民”这一概念，它是宗教统治的对象，尽管它还尚未被赋予特定的阶级内涵，但并不能否定马克思对黑格尔法哲学批判的作用，因为马克思已经用人民的“现实幸福”向“虚幻幸福”宣战。从这篇导言中可以看出，马克思已经确立了人优先于宗教的世界观，在宗教与人“谁是主体”这个问题上，已经做出回答：人是主体，宗教是人的反映，是人创造宗教，不是宗教创造人。

1844 年，马克思恩格斯合作完成了《神圣家族》一书，他们对鲍威尔及其伙伴在《文汇报》上鼓吹的“批判的批判”是历史前进的动力的唯心史观进行了深刻的揭露。《神圣家族》中大量使用了“群众”这一概念，但它依然没有被赋予特定的阶级属性，主要指不善于哲学思辨和“编织幻想”的从事世俗活动的普通人。相比《〈黑格尔法哲学批判〉导言》中的“人民”，“群众”不包括理论家、思考者，“群众”比“人民”的外延要窄一些，但内涵更具有针对性。马克思恩格斯指出：“处于绝对定在中的、布鲁诺先生所体现的批判的批判宣称，群众的人类，即本身不是批判的批判的全体人类，都是它的对立面，是它的本质的对象：其所以是本质的，是因为群众 ad majorem gloriam dei〔为了上帝的无上光荣〕，为了批判和精神的无上光荣而存在；其所以是对象，是因为群众不过是批判的批判的材料，批判的批判宣称，它同群众的关系是现代的具有全世界历史意义的关系。”③ 唯心主义的鲍威尔及其伙伴藐视群众，把群众当成创造历史的材料，而把他们自己圣化为历史材料的“编织者”，这样一来，编织历史的伟业就成了鲍威尔们的专利，历史活动就变成了“批判者”的理性活动，理论家、思考者就成为历史的创造者，群众则成为创

① 《马克思恩格斯选集》第 1 卷，人民出版社，2012，第 1 页。
② 《马克思恩格斯选集》第 1 卷，人民出版社，2012，第 2 页。
③ 《马克思恩格斯全集》第 2 卷，人民出版社，1957，第 183 页。

造历史的工具。马克思恩格斯非常尖锐地指出，鲍威尔们自以为是、引以为豪的批判其实是在自欺欺人，“当批判的天恩最后降临于群众的时候，中选者所失去的自然不是自己的愚蠢，而是自己愚蠢这种意识”①。从中已经可以看出他们对群众与理论家、思考者等英雄人物“谁是创造历史的主体”的问题做出回答：“主体不是人类中的个人所实现的批判，而是批判的非人类的个人。”②

马克思在确立了群众是“创造历史的主体”的世界观之后，便把自己的毕生追求确立为实现人民的主体地位。当然，马克思的高明之处不仅在于他跟持唯心史观的鲍威尔们进行了尖锐的论战，更在于他把批判引向了现实生活，并在现实生活中探索群众并没有成为历史的真正主体的原因。群众没有成为历史的真正主体表现为创造历史的事实性与价值性相分离，这一点可以从马克思《1844 年经济学哲学手稿》中的劳动异化得到说明。马克思在清楚了解了资本主义私有制的分工、竞争和交换规律之后，指出，资本家和地租所得者之间、农民和工人之间的区别必然消失，“而整个社会必然分化为两个阶级，即有产者阶级和没有财产的工人阶级”。③ 显然，《神圣家族》中的“群众”（从事世俗活动的人）必然分化为两大阶级，也即资本家阶级和工人阶级。随着资本家不断获取资本，资本家就从“群众”中分离出去，而“群众”的主体就变成了“靠资本家工资养活的工人”。资本家通过对资本的占有而享有“不劳而获”的主体地位，工人阶级失去对资本的占有权而成为“劳而不获”的被压迫者。“劳动生产了宫殿，但是给工人生产了棚舍。劳动生产了美，但是使工人变成畸形。”④工人是创造财富的主体，却不能享受劳动带来的成果，而资本家不参与任何劳动，却可以享受工人劳动的果实，这样劳动者就成了创造财富的工具，资本家却成了创造财富的主体。劳动异化使得工人劳动的事实性与价值性相对立，“异化劳动把这种关系颠倒过来，以致人正因为是有意识的

---

① 《马克思恩格斯全集》第 2 卷，人民出版社，1957，第 197 页。

② 《马克思恩格斯全集》第 2 卷，人民出版社，1957，第 204 页。

③ 《马克思恩格斯选集》第 1 卷，人民出版社，2012，第 49 页。

④ 《马克思恩格斯选集》第 1 卷，人民出版社，2012，第 53 页。

存在物，才把自己的生命活动，自己的本质变成仅仅维持自己生存的手段"①。在异化劳动之下，工人劳动的本质意义已经失去，劳动被迫降格为谋生的手段。在异化劳动面前，工人的主体性降到了历史的最低点，如果工人的主体性还保留着最后一点，那就是工人为了"生存"的主体性，而不是工人为了"生活"的主体性。由此可见，马克思对"人民主体性"问题的关注已经从理论层面走向现实层面。

在《德意志意识形态》（以下简称《形态》）之前，马克思的人民主体性思想主要表现在三个方面：一是在人与宗教的关系中，是人创造宗教，不是宗教创造人，人与宗教等社会意识相比具有优先性，人处于主体地位；二是群众与哲学家、批判者、思考者等"英雄人物"在创造人类历史的关系中，群众是历史的创造者，是历史的主体；三是从现实层面来看，资本家享有"不劳而获"的主体地位，作为"群众"主体的工人阶级却是"劳而不获"。但这三个方面都尚未系统全面地论证作为主体的"人民"、"群众"或"工人阶级"实现自身主体地位的姿态问题，即主体性的问题，其只能算是马克思人民主体性思想的雏形。

二 马克思人民主体性思想的集中体现

马克思恩格斯在《形态》开篇便指出："德国的批判，直至它最近所作的种种努力，都没有离开过哲学的基地。"② 这预示着马克思需要做出的努力就是离开"哲学的基地"，对德国乃至世界进行一种全新的批判。在《形态》中，对"人民主体性"的认识已经从"思辨的批判"发展到"物质的批判"。

（一）马克思人民主体性思想的基本内涵

尽管《形态》没有直接提出"主体性"这一概念，甚至从一些表述中，还是可以看到马克思批判"主体"的印迹，比如，"清除实体、主体、自我意识和纯批判等无稽之谈"，③ 需要指出的是，马克思批判建立在主观臆想之上的"绝对主体"，也批判建立在直观反映基础上的感觉主

① 《马克思恩格斯选集》第1卷，人民出版社，2012，第56页。
② 《马克思恩格斯选集》第1卷，人民出版社，2012，第143页。
③ 《马克思恩格斯选集》第1卷，人民出版社，2012，第154页。

体，但不能就此认为马克思否定“主体”及“主体性”的范畴，相反，《形态》中深刻阐述了实践基础上“人民主体性”的基本内涵。

1. “现实的个人”是“人民主体性”的历史前提

人的存在问题是探讨主体性的基本问题。1842~1845年，德国兴起了一场瓦解“绝对精神”的哲学批判，但是，这些批判依然停留在宗教观上，它们都把宗教的统治当作前提，于是，“人”就被宣布为“宗教的人”。马克思针对“宗教的人”，提出“现实的个人”予以回应，首先，“现实的个人”是有生命的个人。他指出：“全部人类历史的第一个前提无疑是有生命的个人的存在。”① 当人的生命肉体消亡，其历史也就结束。“人们为了能够‘创造历史’，必须能够生活。”② 其次，“现实的个人”不是彼此孤立的人，而是生活在一定社会关系中的个人。“社会结构和国家总是从一定的个人的生活过程中产生的。但是，这里所说的个人不是他们自己或别人想象中的那种个人，而是现实中的个人，也就是说，这些个人是从事活动的，进行物质生产的，因而是在一定的物质的、不受他们任意支配的界限、前提和条件下活动着的。”③ 再次，“现实的个人”的出发点总是他们自己，他们在特定的环境下，按照自己的意图改造世界。他们自己“不过当然是处于既有的历史条件和关系范围之内的自己，而不是意识形态家们所理解的‘纯粹的’个人”。④ 如果不从“现实的个人”的角度去考察主体性的问题，就必然回归黑格尔或者费尔巴哈的哲学体系。最后，“现实的个人”的主体是人民大众即无产阶级，“这个阶级构成了全体社会成员中的大多数”⑤，马克思在这里实际上赋予了“人民大众”与“群众”相同的内涵，“人民大众”被赋予了鲜明的阶级色彩。“现实的个人”首先肯定了人民大众创造历史的主体地位，其次回答了作为主体的人民大众创造历史的姿态、条件等问题。

2. “有个性的个人”是“人民主体性”的价值指向

任何一套理论都必然有其特定的价值指向，马克思人民主体性思想的

① 《马克思恩格斯选集》第1卷，人民出版社，2012，第146页。
② 《马克思恩格斯选集》第1卷，人民出版社，2012，第158页。
③ 《马克思恩格斯选集》第1卷，人民出版社，2012，第151页。
④ 《马克思恩格斯选集》第1卷，人民出版社，2012，第199页。
⑤ 《马克思恩格斯选集》第1卷，人民出版社，2012，第170页。

价值指向就是实现人的彻底解放，在《形态》中，人的解放就是让人成为“有个性的个人”。当然，这并不是说过去或现在的人就没有个性，而是因为“他们的个性是由非常明确的阶级关系决定和规定的”，他们的个性只有在“与另一阶级的对立中才出现”①。也就是说，过去和现在的个人都只是以“阶级的个人”的姿态存在，而不是以“个人的个人”的姿态出现，个人隶属于一定阶级的现象，只有在真正的共同体中才能消灭，“在真正的共同体的条件下，各个人在自己的联合中并通过这种联合获得自己的自由”②，但是，无产者为了实现自己的个性和自由，“就应当消灭他们迄今面临的生存条件，消灭这个同时也是整个迄今为止的社会的生存条件，即消灭劳动”③。无产者之所以要消灭劳动才能实现自己的个性，是因为“单个无产者的个性和强加于他的生活条件即劳动之间的矛盾，对无产者本身是显而易见的，特别是因为他从早年起就成了牺牲品”④。“有个性的个人”是人类历史发展的必然趋势，“阶级的个人”则是人类历史发展在特定历史时期的偶然现象。“有个性的个人与偶然的个人之间的差别，不是概念上的差别，而是历史事实。”⑤ 因此，实现“人民主体性”的全面发展，无疑就是逐步实现由“阶级的个人”向“有个性的个人”的历史转变。

3. “自主活动”是“人民主体性”的实质内容

“人民主体性”的“天恩”不可能由上帝来施舍，也不可能由思想家来勾勒，它在实质上是人民大众的“自主活动”。马克思恩格斯在《形态》中，把“自主活动”提升到前所未有的高度，“在这些条件下，生存于一定关系中的一定的个人独力生产自己的物质生活以及与这种物质生活有关的东西，因而这些条件是个人的自主活动的条件，并且是由这种自主活动产生出来的”⑥。这些条件是指生产力与人的交往形式相一致的状态，不是二者相背离的状态。只有在生产力受到人们的交往形式的驾驭的时

① 《马克思恩格斯选集》第1卷，人民出版社，2012，第200页。
② 《马克思恩格斯选集》第1卷，人民出版社，2012，第199页。
③ 《马克思恩格斯选集》第1卷，人民出版社，2012，第201页。
④ 《马克思恩格斯选集》第1卷，人民出版社，2012，第201页。
⑤ 《马克思恩格斯选集》第1卷，人民出版社，2012，第203~204页。
⑥ 《马克思恩格斯选集》第1卷，人民出版社，2012，第203页。

候，个人的活动才是“自主活动”，否则人们的交往形式对个人来说，就是一种“异己”的力量。这种“自主活动”的价值目标只能通过人们的分工、分配和交往来实现，然而，现实的条件并不满足人们自愿分工、公平分配和自由交往，因为在生产力与大多数人相对立的情况下，“个人丧失了一切现实的生活内容，成了抽象的个人”①，这些人为了维持肉体的存在，不得不与生产力保持着唯一的联系：劳动。人们痛恨、厌倦、排斥劳动，但又不得不屈从于劳动，如果他们不劳动，就意味着他们必将饿死。在资本主义社会，人们虽然获得了“劳动自由”的机会，却没有获得“自由劳动”的事实。可见，实现“人民主体性”的实质就是实现人们“自主活动”。

（二）生产力不发达是“人民主体性”片面发展的根本原因

马克思看到了“人民主体性”片面发展的历史事实，但未把这种片面性归结为人们的“自我意识”尚未达到应有水平，而是把它归结到生产力即人类历史发展的根本因素不够发达之上。生产力的发展水平决定了人们的分工、分配和交往的发育程度，而分工、分配和交往就是“自主活动”的主要内容。自然形成的分工、私有制基础上的分配和局限性的交往等，都是生产力不发达的表现，而这些因素共同导致了“人民主体性”片面发展。

1. 自然形成的分工与“人民主体性”片面发展

人类生产力提高的重要标志是分工的出现，“一个民族的生产力发展的水平，最明显地表现于该民族分工的发展程度”②。“分工只是从物质劳动和精神劳动分离的时候起才真正成为分工。”③ 在物质劳动与精神劳动尚未分离之前，“人民主体性”处于普遍较低的状态，人们的差别往往仅限于体能的差别，而不是脑力劳动与体力劳动的差别。但是，当精神与体力的分工出现之后，就出现了“劳心者劳人，劳力者劳于人”的现象，并且，这种分工固化之后，就会出现主体性的阶级差别，在不同阶级间表现出形态迥异的主体性。通常情况下，脑力劳动阶层的主体性是建立在对

---

① 《马克思恩格斯选集》第 1 卷，人民出版社，2012，第 209 页。

② 《马克思恩格斯选集》第 1 卷，人民出版社，2012，第 147 页。

③ 《马克思恩格斯选集》第 1 卷，人民出版社，2012，第 162 页。

体力劳动的占有基础之上的，体力劳动者们需要解决最迫切的生计需要，而无暇顾及精神层面的提高，他们的主体性主要集中在生存的世俗追求层面；脑力劳动者因为长期“坐享其成”“不劳而获”而藐视人民大众，他们的主体性集中于编织各种幻想，最后发展成“从天而降的哲学”。“随着分工的发展也产生了单个人的利益或单个家庭的利益与所有互相交往的个人的共同利益之间的矛盾”①。由于人民大众的现实生活并没有像意识形态家们编织的幻想那样美好，个人的特殊利益与幻想的共同利益之间总是存在难以逾越的鸿沟。“只要特殊利益和共同利益之间还有分裂，也就是说，只要分工还不是出于自愿，而是自然形成的，那么人本身的活动对人来说就成为一种异己的、同他对立的力量，这种力量压迫着人，而不是人驾驭着这种力量。”② 由于自然形成的分工并不是自愿的分工，它使得人们的主体性被深深地打上了阶级烙印。

2. 私有制的分配方式与“人民主体性”片面发展

分配与分工是相伴相生的。如果说分工是对活动任务的安排，那么，分配就是对活动产品的归属进行量化，即所有制。马克思指出：“分工和私有制是相等的表达方式，对同一件事情，一个是就活动而言，另一个是就活动的产品而言。”③ 所有制的性质决定了分配的形式，“所有制是对他人劳动力的支配”④。私有制诞生之后，人们就告别了部落原始人的公平分配，产生不公平分配，“而且是劳动及其产品的不平等的分配（无论在数量上或质量上）”。⑤ 人们的劳动就与劳动产品出现了分离。劳动是人民大众的劳动，劳动产品却不属于人民大众，这就形成了劳动异化。劳动异化现象在资本主义社会发展到空前的地步，也即资本与劳动分离。在资本主义之前，分工还包含着劳动工具和劳动材料的分配，但是，进入资本主义社会之后，分工直接体现为劳动与资本的分裂，资本家占有资本，工人阶级除了本身的劳动力之外一无所有，连同最初的生产工具也不再属于

① 《马克思恩格斯选集》第 1 卷，人民出版社，2012，第 163 页。
② 《马克思恩格斯选集》第 1 卷，人民出版社，2012，第 165 页。
③ 《马克思恩格斯选集》第 1 卷，人民出版社，2012，第 163 页。
④ 《马克思恩格斯选集》第 1 卷，人民出版社，2012，第 163 页。
⑤ 《马克思恩格斯选集》第 1 卷，人民出版社，2012，第 163 页。

他们，因而，工人阶级的劳动“只能在这种分裂的前提下存在”。① 在资本的基础上进行分配，工人阶级拿到的工资只能勉强维持生命的存在，换句话说，就是“只能用摧残生命的方式来维持他们的生命”②。在私有制的分配机制下，日益窘迫的工人阶级不得不屈从于“世俗”的利益，因为他们深知，“当人们还不能使自己的吃喝住穿在质和量方面得到充分保证的时候，人们就根本不能获得解放”③。

3. 交往形式的局限性与“人民主体性”片面发展

“人民主体性”片面发展的重要原因是交往形式的局限性。生产力发展程度是通过交往形式来表达的，“生产力与交往形式的关系就是交往形式与个人的行动或活动的关系”④。也就是说，生产力的发达程度与交往形式的发育程度是一致的。在生产力不发达的时代，人们的分工、分配都很单一，人与人之间、家庭与家庭之间、民族与民族之间、国家与国家之间的交往形式也非常单一，这就使世界各地区的人们不能同时分享先进的生产力，从而在整体上形成差别，当一些民族已经进入文明时代，另一些民族依然停留在野蛮时代。当然，这种交往的局限性只有后代人才能察觉。人们的普遍交往不能随意地制造，“只有随着生产力的这种普遍发展，人们的普遍交往才能建立起来”⑤。马克思认为，北美的发展之所以能够赶上发达的历史时代，并且发展异常迅速，原因就在于“这些国家在开始发展的时候就拥有老的国家的最进步的个人，因而也就拥有与这些个人相适应的、在老的国家里还没有能够实行的最发达的交往形式”⑥。但是，历史上的交往并不像北美的交往那样，而大多是以暴力、战争、征服、掠夺、抢劫等形式出现，这种交往充分暴露出人们主体性的片面发展。“过去的一切革命的占有都是有限制的；各个人的自主活动受到有局限性的生产工具和有局限性的交往的束缚，他们所占有的是这种有局限性

① 《马克思恩格斯选集》第1卷，人民出版社，2012，第208页。
② 《马克思恩格斯选集》第1卷，人民出版社，2012，第209页。
③ 《马克思恩格斯选集》第1卷，人民出版社，2012，第154页。
④ 《马克思恩格斯选集》第1卷，人民出版社，2012，第203页。
⑤ 《马克思恩格斯选集》第1卷，人民出版社，2012，第166页。
⑥ 《马克思恩格斯选集》第1卷，人民出版社，2012，第205页。

的生产工具，因此他们只是达到了新的局限性。"① 正是因为交往的局限性，人类迄今为止的交往都是被迫的交往，而不是自愿的交往，也就是交往的形式违背人们的主体性的需要。只有消灭"在一定条件下个人的交往"，才能实现真正的"作为个人的个人的交往"②，从而摆脱"人民主体性"片面发展的局面。

（三）共产主义革命是实现"人民主体性"全面发展的必要手段

马克思以实现人的解放和全面发展为终身奋斗目标，然而，现实的世界却不可能通过改良而实现人类的彻底解放，唯有通过革命的手段才能实现。同样，"人民主体性"的片面发展不可能在当时的环境下得到自动纠正，必须推翻现存的世界，才能实现"人民主体性"的全面发展。"革命之所以必需，不仅是因为没有任何其他的办法能够推翻统治阶级，而且还因为推翻统治阶级的那个阶级，只有在革命中才能抛掉自己身上的一切陈旧的肮脏东西，才能胜任重建社会的工作。"③ 而要实现共产主义革命，就必须具备以下要素。

1. 以高度发达的生产力为共产主义革命的物质前提

在《形态》中，"人民主体性"的片面发展体现为人的"异化"，而要消灭这种异化，就必须具备两个条件：一是把人类的大多数变成完全没有财产的人，二是这些完全没有财产的人同"有钱有教养"的资产阶级产生深刻的对立。"而这两个条件都是以生产力的巨大增长和高度发展为前提的。"④ 如果生产力没有这种发展，"那就只会有贫穷、极端贫困的普遍化；而在极端贫困的情况下，必须重新开始争取必需品的斗争，全部陈腐污浊的东西又要死灰复燃"⑤。不仅如此，只有生产力高度发展，才能消除交往的局限性，才能摆脱交往的地域性限制，从而建立普遍交往。高度发达的生产力一方面创造了"反抗旧的'生活生产'本身、反抗旧社会所依据的'总和活动'的革命群众"⑥；另一方面促使这些革命群众摆

---

① 《马克思恩格斯选集》第1卷，人民出版社，2012，第209~210页。

② 《马克思恩格斯选集》第1卷，人民出版社，2012，第207页。

③ 《马克思恩格斯选集》第1卷，人民出版社，2012，第171页。

④ 《马克思恩格斯选集》第1卷，人民出版社，2012，第166页。

⑤ 《马克思恩格斯选集》第1卷，人民出版社，2012，第166页。

⑥ 《马克思恩格斯选集》第1卷，人民出版社，2012，第173页。

脱彼此孤立的状态，形成阶级的联合力量。

2. 以彻底的革命群众作为共产主义革命的现实动力

发达的生产力是共产主义革命的物质前提，但这并不意味着把一切交给生产力，那样就会陷入生产力决定论，生产力决定论的实质就是宿命论。高度发达的生产力创造了无产阶级，并使这个阶级成为全体社会成员中的大多数，“从这个阶级中产生出必须实行彻底革命的意识，即共产主义的意识”①，处于多重压迫之下的无产阶级才能产生彻底革命的需要。彻底革命的“意识［das Bewuβstein］在任何时候都只能是被意识到了的存在［das bewuβte Sein］，而人们的存在就是他们的现实生活过程”②。如果工人阶级对他们的现实存在感到“满意”，他们就不会萌生革命意识，相反，他们会改变自己的意识，以适应现实的存在。这正是意识形态家们所期望的状态，因为他们仅仅反对现存世界的“语句”，而不反对现存世界本身。无产阶级只有在共产主义的意识的武装下，才能成为彻底的革命群众，它正是进行共产主义革命必须依靠的现实力量。人民大众也会在共产主义革命中受到洗礼，从而全面提升自己的境界。

3. 以建立真正的共同体为共产主义革命的根本目标

推翻现存的世界是共产主义革命的手段，不是共产主义革命的根本目的，它的根本目的是实现社会的重建，即建立一个真正的共同体。人被物化的现象，“只能靠个人重新驾驭这些物的力量，靠消灭分工的办法来消灭。没有共同体，这是不可能实现的”③。人类历史上，曾出现过各种虚假的共同体，之所以说这些共同体虚假，是因为这些共同体在实质上是统治阶级的共同体，人民大众实际上被排除在它之外，成为“局外人”，却要为这个虚假的共同体承担义务。“而在控制了自己的生存条件和社会全体成员的生存条件的革命无产者的共同体中，情况就完全不同了。在这个共同体中各个人都是作为个人参加的。”④ 在虚假的共同体中，各个人都是作为“阶级的个人”参加的，阶级的地位决定了各个人的地位。真正

① 《马克思恩格斯选集》第1卷，人民出版社，2012，第170页。
② 《马克思恩格斯选集》第1卷，人民出版社，2012，第152页。
③ 《马克思恩格斯选集》第1卷，人民出版社，2012，第199页。
④ 《马克思恩格斯选集》第1卷，人民出版社，2012，第202页。

的共同体，“实质上具有经济的性质，这就是为这种联合创造各种物质条件，把现存的条件变成联合的条件”①。如果不实行这种联合，就不能消除人们生产、生活的自发性，就不能消除“偶然因素”对“人民主体性”的误导和诱惑。只有在真正的共同体中，人们才能摆脱阶级的个人的束缚，才能充分展现自己的个性，才能在“自主活动”中全面发展自己的天赋。

三　马克思人民主体性思想的运用和发展

《形态》系统全面地论证了“人民主体性”思想，是马克思主义人民主体性思想形成的标志。《形态》虽然在马克思恩格斯生前未能出版，但这并不妨碍经典作家在《形态》的基础上继续攀登新的理论高峰。人民主体性思想形成之后，马克思并没有固步自封，而是自觉地将这一思想当作“批判的武器”来发展自己的理论体系，与此同时，马克思也自觉地将这一理论运用到革命的“武器的批判”当中，使之接受革命实践的检验而不断得到丰富和完善。

（一）马克思人民主体性思想的理论运用

《形态》之后的许多著作渗透了人民主体性思想的精神实质。1847 年马克思在《“莱茵观察家”的共产主义》一文中重新界定了“人民”的内涵，他指出，“真正的人民即无产者、小农和城市贫民”②，这与之前的“人民大众即无产阶级”相比，具有历史进步性，它把“人民”范畴提升到“人民主体”的境界。1893 年，恩格斯在《致国际社会主义者大学生代表大会》的书信中又对此进行了补充：“脑力劳动无产阶级，他们负有使命同自己从事体力劳动的工人兄弟在一个队伍里肩并肩地在即将来临的革命中发挥巨大作用。”③ 脑力劳动无产阶级也属于人民范畴，人民并不排斥与其并肩作战的知识精英，关键在于知识精英要站在人民的立场上。在马克思主义的标志性著作《共产党宣言》中，经典作家运用人民主体性思想的基本原理，分析了资产主义本身的狭隘性。尽管马克思恩格斯承认资本主义在产生一百多年的历史中创造的生产力比以往任何历史的生产

---

① 《马克思恩格斯选集》第 1 卷，人民出版社，2012，第 202 页。
② 《马克思恩格斯全集》第 4 卷，人民出版社，1958，第 220 页。
③ 《马克思恩格斯全集》第 22 卷，人民出版社，1965，第 487 页。

力的总和还要多、还要大，但是周期性的经济危机使得整个资本主义社会陷入混乱，资产阶级却不能使唤自己创造出来的“魔鬼”，为了驱赶这个“魔鬼”，资产阶级“一方面不得不消灭大量生产力，另一方面夺取新的市场，更加彻底地利用旧的市场”①。资产阶级以消灭生产力和争夺旧市场的方式驱赶“魔鬼”，足以证明它已经成为生产力发展的阻碍。因此，“资产阶级除非对生产工具，从而对生产关系，从而对全部社会关系不断地进行革命，否则就不能生存下去”②。但是，资产阶级以消灭“人民主体性”全面发展的物质基础来维系自己的生存，这无疑使得资产阶级与无产阶级之间的对立更加尖锐。而对无产阶级来说，“只有废除自己的现存的占有方式，从而废除全部现存的占有方式，才能取得社会生产力”③，从而夺取实现自身全面发展的物质基础。无产者必须以阶级的形态存在，这就注定了“无产阶级的运动是绝大多数人的，为绝大多数人谋利益的独立的运动”④，是为“人民主体”谋利的运动。在无产阶级运动中，共产党作为整个运动的利益代表者，“一分钟也不忽略教育工人尽可能明确地意识到资产阶级和无产阶级的敌对的对立”⑤，以便使以无产者为代表的人民大众意识到他们自己“在这个革命中失去的只是锁链。他们获得的将是整个世界”⑥。只有无产阶级获得了整个世界，他们才能在自由联合体中通过“自主活动”实现自己的个性。恩格斯运用人民主体性思想的基本原理，提出历史合力论的思想。“历史是这样创造的：最终的结果总是从许多单个的意志的相互冲突中产生出来的，而其中每一个意志，又是由于许多特殊的生活条件，才成为它所成为的那样。这样就有无数互相交错的力量，有无数个力的平行四边形，由此就产生出一个合力，即历史结果，而这个结果又可以看做一个作为整体的、不自觉地和不自主地起着作用的力量的产物。因为任何一个人的愿望都会受到任何另一个人的妨

---

① 《马克思恩格斯选集》第1卷，人民出版社，2012，第406页。
② 《马克思恩格斯选集》第1卷，人民出版社，2012，第403页。
③ 《马克思恩格斯选集》第1卷，人民出版社，2012，第411页。
④ 《马克思恩格斯选集》第1卷，人民出版社，2012，第411页。
⑤ 《马克思恩格斯选集》第1卷，人民出版社，2012，第434页。
⑥ 《马克思恩格斯选集》第1卷，人民出版社，2012，第435页。

碍，而最后出现的结果就是谁都没有希望过的事物”①。恩格斯的历史合力论，实际上勾勒出“历史是怎样创造的”这一生动画卷，揭示了人类自然历史进程的规律。

（二）马克思人民主体性思想的实践运用

无产阶级政党虽然在1848年之后的许多革命实践中表达过“人民主体性”的诉求，但真正将这一诉求落实到实践层面的只有1871年的巴黎公社。马克思高度评价了巴黎公社，把它称作“是使工人阶级作为唯一具有社会首创能力的阶级得到公开承认的第一次革命”②。尽管巴黎公社只存在了短暂的两个月，但就是在这两个月的时间里，公社采取了一系列可能的措施提升“人民主体性”，保障人民主体地位。正如马克思所说：“公社的伟大社会措施就是它本身的存在和工作。它采取的各项具体措施，只能显示出走向属于人民、由人民掌权的政府的趋势。”③ 比如，废除压迫人民的国家暴力机器，“公社的第一个法令就是废除常备军而代之以武装的人民。”④ 实行免费开放式的教育，使得受教育不再是有钱、有教养的人的专利，“一切教育机构对人民免费开放，完全不受教会和国家的干涉。这样，不但人人都能受教育，而且科学也摆脱了阶级偏见和政府权力的桎梏”⑤。巴黎公社之所以能够采取这些以解放为目的的措施，从根本上说，是因为“它实质上是工人阶级的政府，是生产者阶级同占有者阶级斗争的产物，是终于发现的可以使劳动在经济上获得解放的政治形式”⑥。只有使劳动在经济上获得解放，劳动的阶级属性才会被消灭，劳动的社会属性才能彰显，人的个性才能实现。巴黎公社运动的失败使马克思意识到建立新型无产阶级政党的极端重要性，但马克思恩格斯的这一历史夙愿未能在他们有生之年完成，把马克思主义人民主体性思想同新型的无产阶级政党建设结合起来的历史任务是在马克思主义发展的列宁主义阶段被提上日程的。

---

① 《马克思恩格斯文集》第10卷，人民出版社，2009，第592~593页。

② 《马克思恩格斯选集》第3卷，人民出版社，2012，第104页。

③ 《马克思恩格斯选集》第3卷，人民出版社，2012，第107页。

④ 《马克思恩格斯选集》第3卷，人民出版社，2012，第98页。

⑤ 《马克思恩格斯选集》第3卷，人民出版社，2012，第99页。

⑥ 《马克思恩格斯选集》第3卷，人民出版社，2012，第102页。

（三）列宁在革命实践中发展了马克思的人民主体性思想

马克思恩格斯逝世之后，第二国际内部的理论家开始出现分化，他们对马克思主义的理解出现了分歧，有的将马克思主义曲解为“经济决定论”；有的甚至放弃科学社会主义理想，走向了改良主义的民主社会主义道路；有的理论家则继续坚定科学社会主义的理想，坚持马克思主义的基本原则，依然进行着艰苦卓绝的阶级斗争，列宁成为马克思主义继往开来的“重要枢纽”。如果说马克思人民主体性思想确立了一套崭新的世界观，那么，列宁则继承了这一世界观，并在实践中丰富了马克思主义人民主体性思想的方法论。

首先，列宁继承了马克思“人民群众创造历史”的世界观。人民群众是夺取政权、保持政权的源泉。列宁在《全俄中央执行委员会会议文献》中指出：“只有相信人民的人，只有投入生气勃勃的人民创造力泉源中去的人，才能获得胜利并保持政权。”① 夺取政权可能是一部分人的主张，但是，这部分人只有激发了广大人民的创造力，才能实现夺取政权并保持政权的目的。1918 年，列宁进一步指出：“社会主义不是少数人，不是一个党所能实施的。只有千百万人学会亲自做这件事的时候，他们才能实施社会主义。”② 对一个国家来说，社会主义不是一个政党的主义，它应该是整个国家的公民自己的事业。1919 年，列宁在批判官僚主义泛滥时，强调“正是劳动群众才应该是全部国家生活的基础”③。列宁的这些论述，无疑继承了马克思关于人民群众创造历史的世界观。

其次，列宁在如何引导人民群众实施社会主义方面，发展了马克思人民主体性思想的方法论。早在布尔什维克党建立之初，列宁就强调了科学的理论对提升革命群众，尤其是党员主体性的重要性。他认为：“只有革命马克思主义的理论，才能成为工人阶级运动的旗帜。”④ “只有以先进理论为指南的党，才能实现先进战士的作用。”⑤ 因而，列宁精辟地指出：

---

① 《列宁全集》第 33 卷，人民出版社，1985，第 57 页。

② 《列宁选集》第 3 卷，人民出版社，2012，第 464 页。

③ 《列宁全集》第 37 卷，人民出版社，1986，第 166 页。

④ 《列宁专题文集　论无产阶级政党》，人民出版社，2009，第 338 页。

⑤ 《列宁专题文集　论无产阶级政党》，人民出版社，2009，第 71 页。

“社会主义意识是一种从外面灌输（von auben Hineingetragenes）到无产阶级的阶级斗争中去的东西，而不是一种从这个斗争中自发地（urwüchsig）产生出来的东西。”① 在列宁看来，自发产生的意识只能是工联主义意识，而不是共产主义意识。十月革命胜利后，列宁认为，不但要依靠群众，而且要启迪群众的觉悟，只有群众具备了较高的觉悟，整个社会主义才会生机勃勃。“一个国家的力量在于群众的觉悟。只有当群众知道一切，能判断一切，并自觉地从事一切的时候，国家才有力量。”② 列宁不是把马克思的结论当作现成的答案，而是在马克思的基础上，进一步探讨人民群众创造历史的姿态问题。“觉悟的群众”才是一个国家真正的基础，“生气勃勃的创造性的社会主义是由人民群众自己创立的”③。“不吸引更多的人民阶层参加社会建设，不激发一直沉睡的广大群众的积极性，就谈不上什么革命的改革。”④ 如果只坚持人民群众创造历史的世界观，把它当作“圣令”，漠视广大人民群众一致处于“沉睡”状态的历史事实，不激发群众创造历史的积极性，那么，人民群众就只能沦为受历史摆布的“工具”。

列宁认为，共产党的任务就是把千百万劳动群众组织起来，让人民群众自己动手，建设社会主义。只可惜，列宁逝世后，苏联高度集中的政治经济体制下滋生出浓郁的官僚主义，严重违背了列宁的人民主体性思想。在实践层面，人民主体性受到日益膨胀的官僚主义的严重压制。列宁的人民主体性思想更加注重方法论层面，具有较强的革命实践性，列宁的人民主体性思想就成为中国共产党人民主体性思想的直接来源。

第四节 马克思主义人民主体性思想的中国化、大众化、时代化

中国共产党从成立开始，就自觉将马克思主义确立为指导思想，并结合中国革命、建设、改革的实践发展需要不断赋予马克思主义新的理论阐

① 《列宁专题文集 论无产阶级政党》，人民出版社，2009，第 85 页。
② 《列宁选集》第 3 卷，人民出版社，2012，第 347 页。
③ 《列宁全集》第 33 卷，人民出版社，1985，第 53 页。
④ 《列宁全集》第 34 卷，人民出版社，1985，第 141～142 页。

释。中国共产党成立百年来，自觉将马克思主义经典作家的人民主体性思想运用于中国的“伟大社会革命”，并吸取了传统民本思想的文化要素，吸收了人文主义的思想精华，不断开辟其中国化、大众化、时代化的新境界。

一　毛泽东与人民主体性思想的中国化、大众化

毛泽东人民主体性思想是马克思主义人民主体性思想“中国化”的第一次飞跃，是中国共产党人民主体性思想形成和发展史上不可磨灭的永远的丰碑。毛泽东运用矛盾分析方法将“人民群众是历史的创造者”的历史合力论提升到前所未有的高度，成功探索了人民主体性思想“化”大众的实现路径。毛泽东人民主体性思想有以下几个特点。

（一）以历史唯物主义为哲学根基

第一次国共合作破裂之后，毛泽东率领的起义部队在井冈山创立了革命根据地，面对数十倍的国民党军队的“围剿”，有人提出“红旗到底打得多久”的疑问，毛泽东提出“星星之火，可以燎原”予以回应。经过对国内各阶级状况的分析，毛泽东找到了中国革命的主要依靠力量——以广大农民为主体的中国人民，由此开辟了农村包围城市、武装夺取政权的道路。随着第五次反“围剿”的失败，中国共产党和中央红军被迫长征。到达陕北延安后，以毛泽东为代表的中国共产党人深入研究唯物史观，毛泽东高度评价唯物史观，称之为“吾党哲学的根据”①。把历史唯物主义当作“哲学的根据”，表明以毛泽东为代表的中国共产党彻底与封建主义划清界限，这与封建地主阶级把人民当成草芥的英雄主义史观形成鲜明的对比。毛泽东充分肯定人民在创造历史的革命实践中的决定性力量，提出一系列的重要论断。他指出：“人民，只有人民，才是创造世界历史的动力。”②“革命战争是群众的战争，只有动员群众才能进行战争，只有依靠群众才能进行战争”。③“依靠民众则一切困难能够克服，任何强敌能够战胜，离开民众则将一事无成。”④ 毛泽东在回答黄炎培提出的历史周期率

① 《毛泽东选集》第1卷，人民出版社，1991，第296页。
② 《毛泽东选集》第3卷，人民出版社，1991，第1031页。
③ 《毛泽东选集》第1卷，人民出版社，1991，第136页。
④ 《毛泽东军事文集》第2卷，军事科学出版社、中央文献出版社，1993，第381页。

问题时，指出："我们已经找到新路，我们能跳出这周期率。这条新路，就是民主。只有让人民来监督政府，政府才不敢松懈；只有人人起来负责，才不会人亡政息。"① 毛泽东的这些重要论述，无不释放着历史唯物主义的光芒，它指引着中国人民革命通向胜利的道路。

（二）以民本思想为重要素材

毛泽东不是对马克思、列宁人民主体性思想进行简单的重述，而是以历史唯物主义为哲学根基，扬弃中国古代的民本思想，创立了一套全新的具有民族特色和时代特色的人民主体性思想。首先，毛泽东批判了旧社会士大夫阶层民本思想的狭隘性。旧中国虽然素有民本思想的传统，但是，众多的民本思想流派实际上都流着"官本主义"的血液，民本思想的实质在于培育劳动人民的臣民心态和顺民心理。共产党的历史任务就是带领中国人民从"臣民"解放为"公民"。因此，"共产党员在政府工作中，应该是十分廉洁、不用私人、多做工作、少取报酬的模范。共产党员在民众运动中，应该是民众的朋友，而不是民众的上司，是诲人不倦的教师，而不是官僚主义的政客"②。"官僚主义的政客"道出旧社会士大夫阶层的狭隘本质，国民党的官员们"圆满"地保留了旧社会士大夫阶层的狭隘性，在毛泽东看来，中国共产党人绝不能成为官僚主义的政客。其次，毛泽东认为中国共产党应该占领民族精神的道德高地，成为中国人民的道德榜样，成为中华民族的道德核心。在《纪念白求恩》一文中，毛泽东号召全体共产党员向白求恩学习，他说："一个人能力有大小，但只要有这点精神，就是一个高尚的人，一个纯粹的人，一个有道德的人，一个脱离了低级趣味的人，一个有益于人民的人。"③ 毛泽东的讲话，实际上指出一个人道德的高低与能力的大小无关，只要具备了"这点精神"（毫无自私自利之心），就可以成为高尚的人，而不像旧社会士大夫阶层主导的道德观那样，只有在政治、经济、文化上占统治地位，在道德上才能占主导地位。毛泽东的这篇悼文，实际上是在号召广大共产党员自觉充当中华民族道德榜样，改造旧中国人民群众涣散无序、自私自利的劣根性。尽管

① 黄炎培：《延安归来》，重庆国讯书店，1945，第 65 页。
② 《毛泽东选集》第 2 卷，人民出版社，1991，第 522 页。
③ 《毛泽东选集》第 2 卷，人民出版社，1991，第 660 页。

旧中国不缺乏“诸葛亮”，但是，这些“诸葛亮”大多数打着自己的如意算盘，以不吃亏为原则，以损人利己为荣耀。最后，毛泽东注重发扬勤政爱民、清正廉洁的政治传统，彰显人民利益主体地位。“厉行廉洁政治，严惩公务人员之贪污行为，禁止任何公务人员假公济私之行为，共产党员有犯法者从重治罪。”① 这些论述，展现了毛泽东人民主体性思想鲜明的民族特色，是毛泽东对中国古代民本思想的扬弃和超越。

（三）以“为人民服务”为核心内容

毛泽东人民主体性思想的核心内容和落脚点是“为人民服务”。过去的一切统治都是为少数人服务的，以毛泽东同志为核心的中国共产党第一代领导集体在历史唯物主义的基础上，把“为人民服务”确立为中国共产党的根本宗旨，彻底颠覆了政治工具为少数人服务的统治逻辑。首先，毛泽东认为，要落实为人民服务的根本宗旨，首先要树立群众观点，把群众观点作为共产党员革命的出发点和归宿。“群众是从实践中来选择他们的领导工具、他们的领导者。”而中国共产党“要使人民胜利，就要当工具，自觉地当工具”。② 在《在延安文艺座谈会上的讲话》中毛泽东也强调：“如果把自己看作群众的主人，看作高踞于‘下等人’头上的贵族，那末，不管他们有多大的才能，也是群众所不需要的，他们的工作是没有前途的。”③ 毛泽东也指出，无论何时何地，共产党员都应该以普通劳动者的姿态出现在人民群众当中，而不是以官老爷的狰狞面孔出现在劳动人民面前。其次，落实“为人民服务”的根本宗旨，就要关心群众利益，带领群众为实现自身利益而奋斗。“为群众服务，这就是处处要想到群众，为群众打算，把群众的利益放在第一位。”④ 在毛泽东看来，关心人民利益与倡导艰苦奋斗并不矛盾，“我们历来提倡艰苦奋斗，反对把个人物质利益看得高于一切，同时我们也历来提倡关心群众生活，反对不关心群众痛痒的官僚主义”⑤。再次，落实“为人民服务”的根本宗旨，必须

---

① 《毛泽东选集》第 2 卷，人民出版社，1991，第 335 页。

② 《毛泽东文集》第 3 卷，人民出版社，1996，第 373~374 页。

③ 《毛泽东选集》第 3 卷，人民出版社，1991，第 864 页。

④ 《毛泽东著作专题摘编》（下），中央文献出版社，2003，第 1883 页。

⑤ 《毛泽东文集》第 7 卷，人民出版社，1999，第 28 页。

倾听群众意见，不是想当然地“为群众服务”。毛泽东指出：“要联系群众，就要按照群众的需要和自愿，一切为群众的工作都要从群众的需要出发，而不是从任何良好的个人愿望出发。……凡是需要群众参加的工作，如果没有群众的自觉和自愿，就会流于徒有形式而失败。”① 只有准确把握特定历史条件下群众的觉悟水平和迫切需要，中国共产党才能使自己的政策在群众中转化成推动社会发展的“物质力量”，在毛泽东看来，凡是高于或低于群众的觉悟水平的政策，凡是违背当前群众迫切需要的政策，都行不通，都要失败。最后，信仰人民是中国共产党区别于其他政党的重要标识，毛泽东在中共七大闭幕会上做的讲话中，把人民比作上帝，中国共产党的任务就是要感动这个上帝。他指出，“现在也有两座压在中国人民头上的大山，一座叫做帝国主义，一座叫做封建主义。中国共产党早就下了决心，要挖掉这两座山。我们一定要坚持下去，一定要不断地工作，我们也会感动上帝的。这个上帝不是别人，就是全中国的人民大众。全国人民大众一齐起来和我们一道挖这两座山，有什么挖不平呢？”② 信仰人民，把人民奉为上帝，是毛泽东为中国共产党人立下的“规矩”，也是中国共产党人对人民群众做出的庄严承诺。只有信仰人民，才能真正为人民服务。总体说来，毛泽东奠定了中国共产党人民主体性思想的总体框架，它为当代中国共产党继续深化对人民主体性思想的认识打造了一个“中国化”的现实平台。

二　改革开放与人民主体性思想的时代化

党的十一届三中全会前夕，关于真理标准问题的大讨论使人们逐步冲破“两个凡是”的思想藩篱，中国共产党重新确立了解放思想、实事求是的思想路线，中华大地迎来思想解放的新鲜空气。改革开放以来，中国共产党人继承了“为人民服务”的精神实质，丰富了“为人民服务”的内涵，发展了“为人民服务”的形式。中国共产党始终坚持问题导向，根据面临的紧迫任务，不断推动马克思主义人民主体性思想的时代化。

---

① 《毛泽东选集》第3卷，人民出版社，1991，第1012页。

② 《毛泽东选集》第3卷，人民出版社，1991，第1102页。

1. 邓小平开启马克思主义人民主体性思想的时代化

邓小平对中国共产党人民主体性思想的发展集中体现在他对社会主义本质的认识高度上。邓小平继承了为人民服务的精神实质，发展了为人民服务的形式，逐步使落实为人民服务的根本宗旨回归到实现人民群众的切身利益上来，将“人民”从抽象的哲学范畴中解放出来，把“抽象的人”解放为“现实的活生生的人”。新中国成立后较长一段时间，出于巩固新生政权的需要，社会上笼罩着“以阶级斗争为纲”的政治氛围。但在这种阶级斗争“泛化”的背景下，很多原本不带有阶级色彩的事物也被打上了阶级斗争的烙印，主流价值观大力倡导人的主体性，倡导社会主义道德，把人们的物质利益需要压制到崇高精神世界的幻想当中。十一届三中全会前夕，关于真理标准问题的大讨论深刻批判了“两个凡是”的错误路线，重新确立了“实践是检验真理的唯一标准”的政治路线和工作路线，它极大地解放了党员干部和人民群众的思想，邓小平也在此基础上发展了中国共产党的人民主体性思想。邓小平认为：“如果只讲牺牲精神，不讲物质利益，那就是唯心论。”① 讲奉献对共产党员来说是天经地义的事情，但是，对普通人民大众来说，他们更加关心自身的迫切需要，更加关心自己的实实在在的利益。因此，中国共产党制定的社会主义建设规划和纲领“一定要反映人民生活在哪些方面受益，不能只讲平均工资每年增长百分之几，必须把经济的发展使人民生活得到的改善反映出来。人民生活要有相当增长，人民才能满意”②。在对人民主体性的认识方面，邓小平实际上否定了精神万能主义的主体性思想，更加关注人民群众现实利益，特别是激发了人民群众追求现实物质利益的主体性。因而，邓小平倡导工具理性的“猫论”，实际上就是要激发人民群众的“首创精神”。邓小平高度评价了基层群众的首创精神，“农村搞家庭联产承包，这个发明权是农民的。农村改革中的好多东西，都是基层创造出来，我们把它拿来加工提高作为全国的指导”③。邓小平高度重视人的作用，他说：“人的因素重要，不是指普通的人，而是指认识到人民自己的利益并为之而奋斗的

① 《邓小平文选》第 2 卷，人民出版社，1994，第 146 页。
② 《邓小平年谱（1975—1997）》（上），中央文献出版社，2004，第 657 页。
③ 《邓小平文选》第 3 卷，人民出版社，1993，第 382 页。

有坚定信念的人。"① 共产党领导人民自己解放自己就是让人民意识到自身的利益，解开束缚人民群众创造性的枷锁，让人民群众通过"自主活动"创造自己的历史，进而创造中国特色社会主义的伟大奇迹。因而，邓小平提出社会主义的本质理论，"社会主义的本质，是解放生产力，发展生产力，消灭剥削，消除两极分化，最终达到共同富裕"②。共同富裕的理念，是对传统社会主义本质理论的革命性突破。劳动者是生产力三要素中最活跃的因素，解放生产力的实质是解放劳动者，只有让劳动者发扬劳动创造精神，整个社会物质财富才会迅速增加，才能摆脱普遍贫困的境地，整个社会才能摆脱由普遍贫困带来的黑暗面。从思想上来看，改革开放以来，中国社会取得的伟大成就，应该归结于中国共产党对社会主义本质的准确把握，把解放和发展生产力作为根本任务，解放生产力就是解放劳动者。当然，解放又是一个历史过程，我们不能奢求一次解放运动释放出的动能持续到实现共产主义社会，我们应该树立不断解放的理念，通过不断深化改革激发中国社会继续前进的新动能，引领我们通向共产主义的道路。基于"实践是检验真理的唯一标准"的、以共同富裕为导向的社会主义本质理论，是邓小平推进人民主体性思想时代化的主要理论载体，它极大地激活了人们萌动着的求富欲望，使千百万人通过"自主活动"，获得了改变命运的机会和可能。

2. 江泽民加速推进马克思主义人民主体性思想的时代化

江泽民同志加速推进人民主体性思想时代化主要体现在加强党的自身建设之上。首先，江泽民重申了唯物史观，"要在全党范围内进行马克思主义唯物史观的教育，批判各种否定、贬低人民群众在社会发展中的地位和作用的历史唯心主义观点，牢固树立推动历史前进的决定性力量是人民群众的科学观点"③。其次，江泽民强调要加强中国共产党的先进性建设，以继续走在群众前列，担当群众的向导。党的十四大之后，在社会主义市场经济体制的引导下，部分群众的企业家精神迅速被激活，他们在推动社会经济发展过程中日益发挥重要作用，但是旧体制依然不能容纳这些新生

① 《邓小平文选》第3卷，人民出版社，1993，第190页。

② 《邓小平文选》第3卷，人民出版社，1993，第373页。

③ 《江泽民文选》第1卷，人民出版社，2006，第98~99页。

的社会力量，如何将这些新生力量纳入既有体制，让他们有序地参政议政，成为当时摆在中国共产党第三代领导集体面前的现实问题。江泽民指出："我们党所以赢得人民的拥护，是因为我们党在革命、建设、改革的各个历史时期，总是代表着中国先进生产力的发展要求，代表着中国先进文化的前进方向，代表着中国最广大人民的根本利益。"① 江泽民的讲话，实际上为新生的"先进阶层"开辟了一扇通往体制内的大门，他们的加入不仅可以为中国共产党注入新鲜血液，也可以"倒逼"思想僵化的党员继续解放思想，走在时代前列，防止"尾巴主义"蔓延。可以说，"三个代表"重要思想集中体现了各阶层中先进分子的主体性，极大地激发了先进分子的主动性、自为性和创造性。江泽民对中国共产党人民主体性思想的发展，是在邓小平设计的总体框架下进行的。"三个代表"重要思想的提出，无疑加速了人民主体性思想时代化的历史进程。

3. 胡锦涛提出"坚持人民主体地位"的历史命题

胡锦涛对发展人民主体性思想的主要贡献在于从"以人为本"价值理念出发，提出"坚持人民主体地位"的历史命题。胡锦涛认为，应该从动态发展中把握人民主体性，"实现群众的愿望，满足群众的需要，维护群众的利益，是一个动态的不断发展的过程"②。中国共产党以往为人民服务的方式，未必适应当代中国人民的发展需要，未必能够满足当代中国人民的愿望。这个时期，中国共产党人深刻地把握时势的变化，深刻地领悟马克思主义的历史辩证法，从历史的动态发展中把握人民群众利益诉求的变迁。由于人们利益诉求变得多样性和多元化，因而，为人民服务的形式也应该发生变化。万变不离其宗，只有抓住"以人为本"这个关键，中国共产党才能"以不变应万变"。胡锦涛在党的十六届三中全会中，提出"以人为本"的科学发展观，"坚持以人为本，树立全面、协调、可持续的发展观，促进经济社会和人的全面发展"③。此后，"以人为本"就逐渐成为胡锦涛同志执政的核心理念，无论是加强党的自身建设，或是构

① 《江泽民文选》第3卷，人民出版社，2006，第2页。

② 《十六大以来重要文献选编》（上），中央文献出版社，2005，第404页。

③ 《中共中央关于完善社会主义市场经济体制若干问题的决定》，人民网，http：//cpc.people.com.cn/GB/64162/64168/64569/65411/4429165.html。

建社会主义和谐社会，还是建设社会主义新农村，胡锦涛都始终围绕这一核心理念展开工作。党的十七大报告更是把“以人为本”这一理念提升到前所未有的高度，“科学发展观，第一要义是发展，核心是以人为本，基本要求是全面协调可持续，根本方法是统筹兼顾”①。把“以人为本”确立为中国政治、经济、文化、社会发展的核心价值，是对中国共产党既往发展思路和发展战略的反思和超越，反映了中国共产党从追求“物的飞跃”向促进人的全面发展转变，彰显了科学理论应有的自觉。

胡锦涛在党的十七大报告中还强调：“要始终把实现好、维护好、发展好最广大人民的根本利益作为党和国家一切工作的出发点和落脚点，尊重人民主体地位，发挥人民首创精神，保障人民各项权益，走共同富裕道路，促进人的全面发展，做到发展为了人民、发展依靠人民、发展成果由人民共享。”② 强调让人民共享发展成果，表明在效率优先的机制体制下，一些人并没有享受到国家发展进步带来的实际成果，反而成为发展的“受害者”和“牺牲者”，因而，发展应该回到“人民本位”之上，要以人为本，而不是以物为本。2010 年，胡锦涛又强调：“群众是真正的英雄，是我们党的力量源泉和胜利之本。党和人民事业能不能顺利发展，关键在我们党能不能始终保持同人民群众的血肉联系，能不能充分调动人民群众的积极性、主动性、创造性。”③ 仅仅依靠静态的人民群众，把人民群众当作静态的、被动的力量看待，而不调动人民群众的积极性、主动性、创造性，其实质依然是历史唯心主义的翻版和再现，而不是在弘扬历史唯物主义的世界观和方法论。党的十八大报告明确把“坚持人民主体地位”确立为夺取中国特色社会主义新胜利的首要要求，“必须坚持人民主体地位。中国特色社会主义是亿万人民自己的事业。要发挥人民主人翁精神，坚持依法治国这个党领导人民治理国家的基本方略，最广泛地动员和组织人民依法管理国家事务和社会事务、管理经济和文化事业、积极投

---

① 《胡锦涛文选》第 2 卷，人民出版社，2016，第 623 页。

② 《十七大以来重要文献选编》（上），中央文献出版社，2009，第 12 页。

③ 《十七大以来重要文献选编》（中），中央文献出版社，2011，第 1010 页。

身社会主义现代化建设，更好保障人民权益，更好保证人民当家作主”①。强调中国特色社会主义是亿万中国人民自己的事业，这就充分肯定了人民群众在开创中国特色社会主义新局面过程中的主体性。可以说，对“人民主体地位”，从十七大的“尊重”到十八大的“坚持”，这是中国共产党人民主体性思想发展到新的历史阶段的重要标志。“尊重”与“坚持”不属同一个层面，“尊重”表明中国共产党认识到人民主体地位的重要性，“坚持”则表明中国共产党已经把人民主体地位当作历史规律来看待，而且必须把它上升到方法论的高度，使之成为中国共产党必须遵循和坚守的原则。前者表明中国共产党“认识到了”，后者表明中国共产党“必须要做”，是“知”与“行”的具体的、历史的统一。

三　习近平开辟马克思主义人民主体性思想的发展新境界

以习近平同志为核心的党中央继承中国共产党历代领导集体的人民主体性思想，重申了历史唯物主义的权威，并结合党的十八大以来新时代中国特色社会主义建设的伟大实践，将之推向了新的发展境界。习近平将“以人民为中心”的发展理念贯彻到“五位一体”总体布局与“四个全面”战略布局中来，通过这些重大战略部署将坚持人民主体地位的思想转化为人民群众的自主活动。

1. 重申诚实劳动是人民群众创造历史的根本方式

马克思主义认为，劳动在猿人进化成人的过程中起到决定性作用，劳动不仅改造了人的肉体，也改造着人的思维，是人的劳动创造了人化自然，把人类社会同原始自然界区分开来。人类社会的物质文明和精神文明归根到底都是人民群众的劳动创造的，劳动彰显了人类创造社会历史的本质力量。习近平指出：“人民创造历史，劳动开创未来。劳动是推动人类社会进步的根本力量。幸福不会从天而降，梦想不会自动成真。实现我们的奋斗目标，开创我们的美好未来，必须紧紧依靠人民、始终为了人民，必须依靠辛勤劳动、诚实劳动、创造性劳动。我们说‘空谈误国，实干

① 胡锦涛：《坚定不移沿着中国特色社会主义道路前进 为全面建成小康社会而奋斗》，人民出版社，2012，第14页。

兴邦’，实干首先就要脚踏实地劳动。”① 习近平所说的“劳动”具有是非判断的属性，是人民群众的辛勤劳动、诚实劳动、创造性劳动，不是某些阴谋家投机取巧的、违法乱纪的劳动。因而，我们要在全社会倡导诚实劳动、合法劳动光荣、尊重劳动者的价值观。“劳动是财富的源泉，也是幸福的源泉。人世间的美好梦想，只有通过诚实劳动才能实现；发展中的各种难题，只有通过诚实劳动才能破解；生命里的一切辉煌，只有通过诚实劳动才能铸就……必须牢固树立劳动最光荣、劳动最崇高、劳动最伟大、劳动最美丽的观念，让全体人民进一步焕发劳动热情、释放创造潜能，通过劳动创造更加美好的生活。”② 习近平关于劳动创造未来的论述，其实蕴含了“劳动创造历史”的实质，因为未来必然成为历史。随着历史活动的深入，人类劳动的结构也发生着巨大变革，脑力劳动与体力劳动的差别也终究会在人类创造历史的必然性中得到消除，当然，这种差别的消除不是让所有人都变成“文盲”，也不是让所有人从事同样的工作，而是使劳动形式更加多样化，所有人各得其所，各自在诚实劳动中获得自我肯定的实践体验。

2. 人民群众是全面深化改革的主体

坚持人民主体地位是中国改革开放的基本经验总结。“改革开放之所以得到广大人民群众衷心拥护和积极参与，最根本的原因在于我们一开始就使改革开放事业深深扎根于人民群众之中。全会决定归纳了改革开放积累的宝贵经验，其中很重要的一条就是强调必须坚持以人为本，尊重人民主体地位，发挥群众首创精神，紧紧依靠人民推动改革。没有人民支持和参与，任何改革都不可能取得成功。”③ 人民群众是全面深化改革的利益主体。“全面深化改革必须以促进社会公平正义、增进人民福祉为出发点和落脚点。这是坚持我们党全心全意为人民服务根本宗旨的必然要求。全面深化改革必须着眼创造更加公平正义的社会环境，不断克服各种有违公平正义的现象，使改革发展成果更多更公平惠及全体人民。如果不能给老百姓带来实实在在的利益，如果不能创造更加公平的社会环境，甚至导致

---

① 《习近平谈治国理政》第1卷，外文出版社，2018，第44页。

② 《习近平谈治国理政》第1卷，外文出版社，2018，第46页。

③ 《习近平谈治国理政》第1卷，外文出版社，2018，第97页。

更多不公平，改革就失去意义，也不可能持续。”① 因而，“推进任何一项重大改革，都要站在人民立场上把握和处理好涉及改革的重大问题，都要从人民利益出发谋划改革思路、制定改革举措”②。全面深化改革应该坚持顶层设计与摸着石头过河的底层探索相结合。“提高改革决策的科学性，很重要的一条就是要广泛听取群众意见和建议，及时总结群众创造的新鲜经验，充分调动群众推进改革的积极性、主动性、创造性，把最广大人民智慧和力量凝聚到改革上来，同人民一道把改革推向前进。”③

3. 人民群众是全面依法治国的主体

法律是统治阶级意志的集中体现，依法治国是实现人民民主专政的重要形式，是推进国家治理体系和治理能力现代化的重要抓手。中国是社会主义国家，人民是国家的主人，实行人民民主专政，因此，法律是人民民主专政的工具。宪法作为国家的根本大法，必须体现“人民主体”的意志，因为“宪法的根基在于人民发自内心的拥护，宪法的伟力在于人民出自真诚的信仰。只有保证公民在法律面前一律平等，尊重和保障人权，保证人民依法享有广泛的权利和自由，宪法才能深入人心，走入人民群众，宪法实施才能真正成为全体人民的自觉行动”。④ 因此，“维护宪法权威，就是维护党和人民共同意志的权威。捍卫宪法尊严，就是捍卫党和人民共同意志的尊严。保证宪法实施，就是保证人民根本利益的实现”⑤。司法是关系人民群众切身利益的重要方面，必须在司法环节保障人民群众的合法利益。因为“司法公正对社会公正具有重要引领作用，司法不公对社会公正具有致命破坏作用。必须完善司法管理体制和司法权力运行机制，规范司法行为，加强对司法活动的监督，努力让人民群众在每一个司法案件中感受到公平正义”⑥。在习近平看来，人民群众不仅是法治的对象和客体，也是法治的主人和主体，因此，要推进全面依法治国，就必须

① 《习近平谈治国理政》第 1 卷，外文出版社，2018，第 96 页。

② 《习近平谈治国理政》第 1 卷，外文出版社，2018，第 98 页。

③ 《习近平谈治国理政》第 1 卷，外文出版社，2018，第 98 页。

④ 《习近平谈治国理政》第 1 卷，外文出版社，2018，第 140~141 页。

⑤ 《习近平谈治国理政》第 1 卷，外文出版社，2018，第 137 页。

⑥ 《中共中央关于全面推进依法治国若干重大问题的决定》，《人民日报》2014 年 10 月 29 日，第 1 版。

在全社会培育法治文化和法治精神，提高人民群众的法制意识和法治觉悟。“法律的权威源自人民的内心拥护和真诚信仰。人民权益要靠法律保障，法律权威要靠人民维护。必须弘扬社会主义法治精神，建设社会主义法治文化，增强全社会厉行法治的积极性和主动性，形成守法光荣、违法可耻的社会氛围，使全体人民都成为社会主义法治的忠实崇尚者、自觉遵守者、坚定捍卫者。”① 当然，法治这种上层建筑不是人们在实践活动中自发生成的自主意识，而是一种由外在灌输的意识，因而，如何有效地向民众灌输法治意识，提高人们尊法守法的自觉性，就成为推进国家治理体系和治理能力现代化需要解决的现实问题。

4. 人民群众是全面从严治党的力量源泉

全面从严治党是新时期中国共产党为保持先进性和纯洁性而进行的伟大斗争，是中国共产党保持同人民群众血肉联系的重要举措，也是中国共产党巩固执政地位的必然选择。打铁还需自身硬，中国共产党带领中国人民锻造实现中华民族伟大复兴中国梦的历史“玄铁”，如果自身不硬，就不能成为中华民族的核心，就不能将各民族凝聚在一起，中国必定是一盘散沙。中国共产党要变“硬”，就必须从人民群众那里吸取能量，“坚持人民主体地位，充分调动人民积极性，始终是我们党立于不败之地的强大根基。在人民面前，我们永远是小学生，必须自觉拜人民为师，向能者求教，向智者问策；必须充分尊重人民所表达的意愿、所创造的经验、所拥有的权利、所发挥的作用。我们要珍惜人民给予的权力，用好人民给予的权力，自觉让人民监督权力，紧紧依靠人民创造历史伟业，使我们党的根基永远坚如磐石”②。另外，中国共产党“硬不硬”，不是由中国共产党自己来评价的，而是由人民群众来评判的。“我们党的执政水平和执政成效都不是由自己说了算，必须而且只能由人民来评判。人民是我们党的工作的最高裁决者和最终评判者。如果自诩高明、脱离了人民，或者凌驾于人民之上，就必将被人民所抛弃。任何政党都是如此，这是历史发展的铁

---

① 《中共中央关于全面推进依法治国若干重大问题的决定》，《人民日报》2014 年 10 月 29 日，第 1 版。

② 习近平：《在纪念毛泽东同志诞辰 120 周年座谈会上的讲话》，《人民日报》2013 年 12 月 27 日，第 2 版。

律，古今中外概莫能外。”① 而中国共产党的“硬度”要经得起历史的检验，就必须把自己置于人民群众的火眼金睛之下，自觉接受人民群众的监督。因为“群众的眼睛是雪亮的。党员、干部身上的问题，群众看得最清楚、最有发言权。要坚持开门搞活动，一开始就扎下去听取群众意见和建议，每个环节都组织群众有序参与，让群众监督和评议，切忌‘自说自话、自弹自唱’，不搞闭门修炼、体内循环”②。人民群众是历史的创造者，是中国共产党执政的力量源泉，全面从严治党的动力源就在于坚持人民群众的历史主体地位。伟大的民族在伟大的时代离不开强有力的“主心骨”，“主心骨”同样离不开为其输送血液的人民群众，只有二者有效结合起来，才能相得益彰，共同凝聚起实现中华民族伟大复兴中国梦的历史合力。

习近平在“四个全面”战略布局的基础上，提炼出“以人民为中心”的发展思想。习近平在十八届中央政治局第二十八次集体学习时强调，要“发展当代中国马克思主义政治经济学”。“坚持以人民为中心的发展思想。发展为了人民，这是马克思主义政治经济学的根本立场……把增进人民福祉、促进人的全面发展、朝着共同富裕方向稳步前进作为经济发展的出发点和落脚点。这一点，我们任何时候都不能忘记，部署经济工作、制定经济政策、推动经济发展都要牢牢坚持这个根本立场。”③ 显然，“以人民为中心”的发展思想的提出，是中国共产党发展观的重大飞跃，也是中国共产党人民主体性思想发展史上的里程碑。它既是对以往发展思路和发展理念的全面反思和超越，也是对中国当代实际问题的积极回应，必将营造出人人参与、人人共享的良好社会氛围，也必将为刺激人们开展有秩序的“自主活动”提供正确的思想导向。

中国共产党人民主体性思想的形成和发展不是一蹴而就、一成不变的，它以马克思人民主体性思想为源泉，而不是以中国封建民本思想为根基，更不是以西方社会契约论为哲学依据，它以马克思创立的唯物史观为

① 习近平：《在纪念毛泽东同志诞辰 120 周年座谈会上的讲话》，《人民日报》2013 年 12 月 27 日，第 2 版。

② 《习近平谈治国理政》第 1 卷，外文出版社，2018，第 377~378 页。

③ 《习近平关于社会主义经济建设论述摘编》，中央文献出版社，2017，第 30~31 页。

哲学根基，以社会主义建设的伟大实践为研究对象。马克思人民主体性思想可以概括为一句话：一定历史时期的“现实的个人”通过“自主活动”成为超越阶级个性的“有个性的个人”。以列宁为代表的俄国马克思主义者从世界无产阶级运动的新形势出发，坚持马克思人民主体性思想的基本观点，丰富了马克思主义人民主体性思想的方法论，强调应该在革命实践、社会主义建设中提升人民主体性。以毛泽东同志为核心的中国共产党第一代领导集体从中国的具体实际出发，继承和发展了马克思、列宁人民主体性思想，又吸取了中国传统文化之精华，创立了以“为人民服务”为核心的具有中国民族气派的人民主体性思想，强调人民群众在创造历史过程中的决定性力量，把中国共产党领导的革命和社会主义发展成人民的革命和人民的社会主义。邓小平同志开启了中国改革开放的“闸门”，开辟了中国特色社会主义，一如既往地坚持和发展马克思主义人民主体性思想，特别强调人民群众“摸着石头过河”的首创精神。江泽民同志从建设先进性执政党的历史任务出发，继续激活人民群众的首创精神，增强了社会活力。胡锦涛同志则对改革开放以来的社会主义实践进行了“反思”，强调以人为本，并提出“坚持人民主体地位”的命题。以习近平同志为核心的党中央，贯彻党的十八大做出的重大战略部署，继续发展和实践马克思主义人民主体性思想，党的十八届三中全会以完善和发展中国特色社会主义制度，推进国家治理体系和治理能力现代化为主题，重申了人民群众在全面深化改革过程中的主体地位。党的十八届四中全会则把依法治国确立为提升人民主体性的基本原则，党的十九大则将“坚持以人民为中心”确立为习近平新时代中国特色社会主义思想的重要内容，表明中国共产党的人民主体性思想已经从过去强调“摸着石头过河”的底层探索向强调“四个全面”战略布局的顶层设计迈进。新时代中国共产党的人民主体性思想发展到新的境界，为开启全面建设社会主义现代化国家新征程、实现中华民族伟大复兴提供了科学的思想武器。

第二章

中华民族伟大复兴是全面复兴

中华文明是人类历史上唯一没有中断的文明形态，这是创造并延续这个伟大文明的中华民族的骄傲和自豪。我们也需要看到，在中华文明的发展历程中，出现过无数次危机，但中华文明并没有就此而中断，其内在的无形抗争，最终将诸多民族纳入中华民族共同体之中，多民族共同延续并发展着中华文明。当然，我们更应该清晰地看到，中华文明之所以能够延续，与其主导的农耕文明的稳定性密切相关，在农耕文明时代，社会生产力与自然生产力有机结合，互相补充，这为中华民族的延续提供了坚实的物质基础。但在近现代工业文明冲击之下，地域性的社会生产力与自然生产力之间的发展平衡遭到破坏，使中华民族重新步入复兴轨道就成为近代以来中国最伟大的历史任务。

第一节　中华民族伟大复兴的命题由来

一　“中华民族”的概念缘起

探讨“中华民族伟大复兴”这一命题，得从“中华民族”这一概念的由来说起。“中华民族”这一概念最早是梁启超在 1902 年的《论中国学术思想之变迁之大势》一文中提出来的，但当时他还没有对“中华民族”这一概念的内涵做出界定，他说：“上古时代，我中华民族之有海权思想者，厥惟齐。故于其间产出两种观念焉：一曰国家观，二曰世界观。”① 1905 年

① 《论中国学术思想之变迁之大势》，《饮冰室合集》第 1 册，中华书局，1989，第 21 页。

梁启超又在《历史上中国民族之观察》一文中，使用“中华民族”这一概念达七次（简称为“华族”），其中有这样的记载：“今之中华民族，即普遍俗称所谓汉族者”，它是“我中国主族，即所谓炎黄遗族”。由此可以看出，梁启超当时是从狭义层面来界定“中华民族”的，他认为“中华民族”就是中国的主体民族，即汉族。梁启超对中华民族的界定，具有明显的政治针对性，即针对当时的清王朝。在梁启超看来，满人是异族，异族统治主族，是中华民族的历史悲哀，是极其不合理的。梁启超对中华民族的界定，在今天看来固然具有历史局限性，其内涵经过一百多年的丰富发展，“中华民族”已经成为中国人普遍接受并高度认同的符号。

二 “振兴中华”的提出

1894 年 11 月，孙中山在檀香山华侨中倡议成立了第一个反清革命团体——兴中会。在为兴中会起草的章程中，孙中山明确提出：“是会之设，专为振兴中华、维持国体起见。”在孙中山“振兴中华”的口号影响下，无数热血青年、知识分子投入救亡图存的斗争中，经过十多年的浴血奋斗，最终推翻了清王朝，推翻了延续两千多年的封建帝制，建立了中华民国。可以说，孙中山就是那一代人“振兴中华”的文化符号和代表，他的历史功绩和遗志，也深深地影响着革命的中国共产党人。

虽然“振兴中华”的口号不是由中国共产党最先提出来的，但中国共产党自成立起，就自觉肩负起“振兴中华”的历史使命。中国早期马克思主义者李大钊把“民族复兴”的理念与国家的前途命运紧密结合起来，初步奠定了中国共产党实现民族复兴的思想基础。后来瞿秋白、陈独秀、周恩来、郭沫若等多次使用“中华民族复兴”的概念。抗日战争时期，国家危亡，劳苦大众深受苦难，激起中国先进领导阶级的爱国主义情感，其同各民主党派共同呼吁“民族复兴”。以毛泽东同志为核心的中国共产党人将“民族复兴”和抗日救亡运动结合起来，提出“民族独立”“民族解放”“民族革命”。这个时期“民族复兴”理念在中华大地上得到快速传播，社会各界广泛接受。直至新中国成立，“列强欺凌下的中国”才变成“中国人的中国”，实现中华民族伟大复兴终于站在全新的历史起点上。新中国成立后很长一段时间，虽然党的报告中没有明确提出

“中华民族伟大复兴”的历史命题，但是中国共产党领导人民进行的“伟大社会革命”始终没有偏离实现中华民族伟大复兴的轨道。中国共产党人的初心和使命就是为中华民族谋复兴，为中国人民谋幸福。

三 “实现中华民族伟大复兴”的命题出场

直到1987年，党的十三大报告才明确提出“中华民族伟大复兴”的命题，党的十三大报告指出：“总起来说，我国社会主义初级阶段，是逐步摆脱贫穷、摆脱落后的阶段；是由农业人口占多数的手工劳动为基础的农业国，逐步变为非农产业人口占多数的现代化的工业国的阶段；是由自然经济半自然经济占很大比重，变为商品经济高度发达的阶段；是通过改革和探索，建立和发展充满活力的社会主义经济、政治、文化体制的阶段；是全民奋起，艰苦创业，实现中华民族伟大复兴的阶段。”① 党的十三大强调，社会主义初级阶段是“实现中华民族伟大复兴的阶段”，这个判断无疑是正确的。尽管在今天看来，这个论断不见得周延（因为这会造成一种错觉，即在新中国成立之前的100多年，中华民族救亡图存的奋斗被掩盖了。事实上，新中国成立前的100多年，也应该是中华民族伟大复兴的奋斗史中不可抹去的），但它的提出，强调了社会主义建设与民族国家复兴的统一，具有新的时代意义，阐明了在中国特色社会主义道路上实现中华民族伟大复兴的根本性问题。

党的十三届四中全会以来，以江泽民同志为核心的第三代中央领导集体多次使用实现中华民族伟大复兴这一表述，并且描绘了中华民族伟大复兴的宏伟蓝图。他把实现中华民族伟大复兴确立为中国到21世纪中叶的奋斗目标。江泽民指出：“到本世纪中叶，我们要基本实现社会主义现代化，实现中华民族的伟大复兴。”② 在庆祝中国共产党成立80周年大会上的讲话中江泽民阐述了实现中华民族伟大复兴的时刻表：“从二十世纪中叶到二十一世纪中叶的一百年间，中国人民的一切奋斗，则是为了实现祖国的富强、人民的富裕和民族的伟大复兴。这个历史伟业，我们党领导全

① 《十三大以来重要文献选编》上，人民出版社，1991，第12~13页。

② 《江泽民论有中国特色社会主义（专题摘编）》，中央文献出版社，2002，第236页。

国人民已经奋斗了五十年，取得了巨大进展，再经过五十年的奋斗，也必将胜利完成。”① 进入21世纪，江泽民从中国社会阶层结构的变化实际出发，提出“三个代表”重要思想，肯定了新兴阶层的历史地位，吸纳他们到党的队伍里面来，为实现中华民族伟大复兴注入新活力。江泽民在党的十六大报告中强调：“贯彻‘三个代表’重要思想，必须最广泛最充分地调动一切积极因素，不断为中华民族的伟大复兴增添新力量。最大多数人的利益和全社会全民族的积极性创造性，对党和国家事业的发展始终是最具有决定性的因素。在我国社会深刻变革、党和国家事业快速发展的进程中，妥善处理各方面的利益关系，把一切积极因素充分调动和凝聚起来，至关紧要。”② 实现中华民族伟大复兴，必须紧紧依靠不断变化着的人民群众，尤其是“行动着的群众”，这是回归历史唯物主义的重要表现。

胡锦涛同志在党的十七大报告中突出“文化复兴”在中华民族伟大复兴中的重要作用，他指出，“中华民族伟大复兴必然伴随着中华文化繁荣兴盛。要充分发挥人民在文化建设中的主体作用，调动广大文化工作者的积极性，更加自觉、更加主动地推动文化大发展大繁荣，在中国特色社会主义的伟大实践中进行文化创造，让人民共享文化发展成果”③。文化复兴是一个民族振兴的血液，只有民族的血液循环起来，整个民族才会提振精、气、神，才会雄姿英发，屹立于世界民族之林。当然，“文化复兴”不等于“文化崇古主义”，一些人误解“文化复兴”的本质，把它引向崇古主义，这是不正确的。2012年，胡锦涛在党的十八大报告中，更加突出“实现中华民族伟大复兴”的历史高度，“建设中国特色社会主义，总依据是社会主义初级阶段，总布局是五位一体，总任务是实现社会主义现代化和中华民族伟大复兴”。这个“总任务”中，实现社会主义现代化与实现中华民族伟大复兴并不是并列关系，“现代化”是“伟大复兴”的必经环节，也即在实现“现代化”之后，又要站在新的历史起点上实现新的“复兴”。因而，“中华民族伟大复兴”是一个动态发展的“复兴”的过程集合，而不是一成不变的既成状态。

---

① 《江泽民文选》第3卷，人民出版社，2006，第298~299页。

② 《江泽民文选》第3卷，人民出版社，2006，第539页。

③ 《胡锦涛文选》第2卷，人民出版社，2016，第641~642页。

党的十八大之后，以习近平同志为核心的党中央承接实现中华民族伟大复兴的接力棒，带领中国人民踏上新征程。2012 年 11 月 29 日，习近平总书记在参观“复兴之路”展览时，将“中华民族伟大复兴”这样具有高度政治性的话语转化为令人民群众耳目一新的“中国梦”这样通俗性的话语，“每个人都有理想和追求，都有自己的梦想。现在，大家都在讨论中国梦，我以为，实现中华民族伟大复兴，就是中华民族近代以来最伟大的梦想。这个梦想，凝聚了几代中国人的夙愿，体现了中华民族和中国人民的整体利益，是每一个中华儿女的共同期盼”①。2013 年 3 月，习近平在当选中华人民共和国国家主席之后，再次用“实现中国梦”通俗地表达了“实现中华民族伟大复兴”的实质内容。他指出，“实现全面建成小康社会、建成富强民主文明和谐的社会主义现代化国家的奋斗目标，实现中华民族伟大复兴的中国梦，就是要实现国家富强、民族振兴、人民幸福，既深深体现了今天中国人的理想，也深深反映了我们先人们不懈追求进步的光荣传统”。② 有学者称，习近平阐述的“中国梦”主要包括三个方面内容：“一是中国梦是人民的梦，要不断为人民造福；二是中国梦的内涵是实现国家富强、民族振兴、人民幸福；三是实现中国梦必须走中国道路，必须弘扬中国精神，必须凝聚中国力量。”③ 习近平对“中国梦”的高度提炼，彰显了中国共产党人的理论自觉和理论自信，将“中国特色社会主义”“中华民族伟大复兴”“中国梦”有机统一起来，回应了马克思主义在当代中国实现大众化、时代化的历史难题。

从“振兴中华”到“复兴中华”，再从实现中华民族伟大复兴的中国梦，汇聚了亿万中华儿女的百年祈盼。一个拥有着 5000 多年灿烂文明、延绵了 5000 多年的民族，在战胜亡国灭种的灾难之后，向世界发出时代强音，这是一件多么令人振奋的事情。正如习近平所说：“现在，我们比历史上任何时期都更接近中华民族伟大复兴的目标，比历史上任何时期都更有信心、有能力实现这个目标。回首过去，全党同志必须牢记，落后就

① 《十八大以来重要文献选编》上，中央文献出版社，2014，第 84 页。

② 《习近平谈治国理政》第 1 卷，外文出版社，2018，第 39 页。

③ 侯远长：《实现中华民族伟大复兴的中国梦》，《郑州大学学报》（哲学社会科学版）2013 年第 4 期。

要挨打，发展才能自强。审视现在，全党同志必须牢记，道路决定命运，找到一条正确的道路多么不容易，我们必须坚定不移走下去。展望未来，全党同志必须牢记，要把蓝图变为现实，还有很长的路要走，需要我们付出长期艰苦的努力。”① 这条民族复兴之路，是无数革命先辈用鲜血和生命探索出来的，它必将指引中华民族在实现伟大复兴新的历史方位上创造新辉煌。

第二节 中华民族伟大复兴的基本范畴

习近平在参观“复兴之路”展览时，提出中华民族伟大复兴的中国梦，引起了人们对“中国梦”基本范畴的热烈讨论。随着“中国梦大众化”② 工作的推进，人们对“中国梦”的基本内涵有了初步的认识。有学者认为，理解“中国梦”应该回到习近平在第十二届全国人民代表大会第一次会议上的讲话中。③ 当时，习近平以国家主席的身份阐述了“中国梦”：“实现中华民族伟大复兴的中国梦，就是要实现国家富强、民族振兴、人民幸福。”④ 其实，确切地说，习近平阐述的应该是“中国梦”的基本范畴，而不应该把它当作“中国梦”的基本内涵来理解。基本内涵通常是指事物内部的平级结构，显然，国家富强、民族振兴和人民幸福三个层面不是平级结构，它们存在层级差别，因而“基本范畴”比“基本内涵”更加准确。

一 国家富强是中华民族伟大复兴的首要标识

国家富强是实现中华民族伟大复兴的物质基础。国家作为我们生活的共同体，它紧紧地将中华民族的利益联系在一起。纵观中国历史，没有任何一个朝代是国家积贫积弱而人民幸福安康的，也没有任何一个王朝四分

① 《十八大以来重要文献选编》上，中央文献出版社，2014，第 83~84 页。

② 陈云云、周康林：《论中国梦大众化的基本问题》，《中国矿业大学学报》（社会科学版）2014 年第 3 期。

③ 石仲泉：《十八大发展了的中国特色社会主义与“中国梦”》，《中国特色社会主义研究》2013 年第 3 期。

④ 《习近平谈治国理政》第 1 卷，外文出版社，2018，第 39 页。

五裂而不被外敌觊觎的。中国的近代史就是一部民族灾难史，它镌刻着中华民族绵延 5000 多年灿烂文明的耻辱。质言之，国家不富强，民族就不能振兴，各族人民就无从安居乐业，各族群之间会因物质匮乏而产生隔阂甚至内斗，加深矛盾。当然，国家富强又是一个宽泛的概念，到什么程度才算富强？有没有可以量化的标准？

首先，国家富强是一个政治范畴，国家作为阶级统治的工具，富强必须体现在国家对社会的治理能力和治理绩效之上。尤其是东方社会，国家对“市民社会”的反作用更加明显。对中国来说，就是人民民主专政的国体能否带来良好的国家治理绩效，能否提高国家治理效率，减少国家治理成本，对外最大限度地维护国家安全，捍卫领土主权完整，维护国家核心利益，提高国际地位和国际话语权；对内维护国家统一，社会稳定，推进依法治国战略，保护人民群众的生命财产权利，为人民群众开展“自主活动”提供坚强制度保障。

其次，国家富强是一个经济范畴，经济总量是衡量一个国家综合实力的重要指标。经济层面的富有是国家顺利履行各项职能的物质保证，离开了坚实的物质基础，谈上层建筑是不切实际的。国家富强背后包含了人民群众生活富足殷实的实际内容，国家富有而人民贫困的国家是不健康的。如果财富的创造主体不能成为社会财富的分享主体，这样的社会只能应对短期的特殊困难和危机，不可能持续长久地发展。当然，富强是不可拆分的两个概念。国家富强就是国强民富与国富民强的辩证统一。只强不富，必然走上“强国必霸”的帝国主义道路；只富不强，必然面临任人宰割的处境。

最后，国家富强又是一个文化和文明范畴。缺少文化滋养，富强的物质基础就会缺少自我更新的内在机制，也会逐渐衰败。富强代表了人类文明的走向，中国的富强之路是和平发展之路，不是“强国必霸”的道路，我们需要不断提升文化软实力，以应对和消解不断高涨的“中国威胁论”。“中国威胁论”本质上体现了西方对发展起来的中国的恐惧心态，其背后还有“普世价值”等强大的虚假意识为其辩护，我们国家因为发展的不全面性，在东方与西方的文明冲突中，往往处于被动地位，因而，提升国家文化软实力成为国家全面富强的必然选择。近代以来的每一代中国仁人志士都盼望国家富强，但是国家富强需要一个艰苦奋斗过程，不可能一蹴而就，有时候我们的求富、求强心情非常迫切，但是不能违背国家富强的内在逻辑，人为地拔高生产关系或者片面理解生产力的决定性作用，就容易犯革命的“急性病”。必须认清当代中国社会主义初级阶段的基本国情，在此基础上制定阶段性发展目标，一步一个脚印，向着国家富强的目标奋进。

二　民族振兴是中华民族伟大复兴的重要内容

民族振兴是实现中华民族伟大复兴不可或缺的重要内容。民族振兴是整个中华民族的振兴。民族振兴的目的在于凝聚中国力量，培育中华民族的国族意识，实现超越狭隘民族主义的国族一体化，以减少多民族国家在语言、风俗、习惯、信仰等方面的差异而引发的内耗。“振兴”一词，应该有这样几层含义。第一，它说明中华民族在历史上出现过民族大融合与民族大团结的辉煌历史，它是当代中华民族情感认同的历史渊源；第二，它说明我们的民族受过灾难，落后于世界发展潮流，甚至被侵略者无情地称为“东亚病夫”，这样的国耻，是我们这个民族必须振兴的历史见证；第三，它表明我们的民族不能固守成规，老祖宗留下的很多东西固然值得珍惜，但抱残守缺不足以引领这个民族重拾尊严走向新的世界，因此，中华民族在复兴道路上，必然面临着变革时代下坚守与创新的双重考验。

民族振兴需要培育中华民族整体的核心价值观，不同族别可以有各自的宗教信仰和文化传统，但必须提炼出超越不同信仰和文化传统的共同价值观，并使之成为超越狭隘族别界限的共同信仰。当前，需要培育和践行社会主义核心价值观，为整个中华民族的振兴提供正确的航向，使中华民族在社会主义道路上越走越团结，越走越自信。民族振兴的重点是民族文化的振兴，具体包括政治文化、经济文化、文明文化、社会文化、生态文化等。民族振兴是让我们的民族变得自尊自信，变得理性平和，从而提高中华民族整体的主体性。

三　人民幸福是中华民族伟大复兴的价值旨归

人民幸福是实现中华民族伟大复兴的价值追求和最终评判标准。中华民族伟大复兴的中国梦是国家富强梦，民族振兴梦，也是个人幸福梦。有着复兴梦想的民族是坚毅不屈的，没有共同意志的民族是随波逐流的，后者往往会被各种盲从的心态左右而迷失自我。人民幸福首先是物质上的富裕和殷实，其次是精神上的富有和充实，物质与精神统一，“形而上”与“形而下”统一，才能实现中国梦所追求的人民幸福。习近平强调：“生活在我们伟大祖国和伟大时代的中国人民，共同享有人生出彩的机会，共同享有梦想成真的机会，共同享有同祖国和时代一起成长与进步的机会。”① 当然，人民幸福不能仅限于人民有梦想，也在于国家和社会创造条件为人民实现幸福生活提供机遇和保障，人民幸福只能在国家和社会的共同体中实现，否定国家和拒斥社会的幸福是不可能存在的。人们总是生活在一定的共同体中，人们的幸福感主要来自对这个共同体的归属感。人民幸福并不是在实现中国梦之后才能达到的目标，而是伴随国家富强的脚步、伴随民族振兴的节奏逐步实现的。需要指出的是，人民幸福与国家富强、民族振兴不一定同步实现，这是由特殊的历史背景所决定的。特殊的历史背景下，作为共同体的国家总要应对各种特别突出的矛盾，需要解决最为迫切的现实问题。第一，人民创造幸福生活，需要国家的富强为其提供强有力的物质保障，为其开展创造美好生活的“自主活动”提供良好的秩序、安全保障。第二，人民创造幸福生活，离不开整个民族雄姿英发的精神气质，重塑民族精神有助于提升民族的自尊心、自信心、自豪感、认同度，提升中华民族的创造力和向心力。第三，人民幸福根源于人们在创造幸福生活过程中的实践体验。离开了这种“亲身经历”的实践体验，即使是恩赐的幸福，也不会是可持续的，只有通过人们自己的实际行动去争取的幸福方能历久而弥坚，可以说，人民群众是幸福生活的价值创造主体。幸福是一个微观的概念，它关注的是个体的感受和体验。短期内，这种体验不一定是物质的，甚至可以是瞬间的精神满足，但是，归根结底，它需要回归历史唯物主义，在历史辩证法中重建持久的体验和认知。人民幸福是一个增量不断累积的过程，没有穷尽的终点。第四，人民幸福是人们创造美好生活的事实性与价值性统一，因而人民创造的幸福成

① 《习近平谈治国理政》第1卷，外文出版社，2018，第40页。

果必须由全体中国人民共享。将人民幸福作为实现国家富强和民族振兴的价值旨归，正是对人民价值主体性的重申与回归。无论是国家富强，还是民族振兴，都在为实现人民幸福创造条件，人民幸福贯穿于实现中华民族伟大复兴的始终。人民幸福是中华民族伟大复兴回归人民价值主体地位的根本体现。

通过阐释实现中华民族伟大复兴中国梦的基本范畴，可以看出，它既有对国家富强的“形而下”的物质要求，也有对民族振兴和人民幸福的“形而上”的精神向往和价值追求。因此，中国梦不是单向度的国家梦想，而是全面的、多向度的国家梦想、民族梦想和人民梦想的统一体。

第三节 中华民族伟大复兴的总体布局

实现中华民族伟大复兴就是要实现国家富强、民族振兴、人民幸福，这是从宏观目标上来说的，任何一个宏观目标的实现，都有赖于具体工作领域和工作门类的延伸和拓展。就目前来看，实现中华民族伟大复兴应该体现在政治、经济、文化、社会、生态五个领域，当然也包括其他领域。换言之，中华民族伟大复兴的外延，应该是“五位一体”的总体布局。其中，“五位一体”是中华民族伟大复兴的内核，同时，中华民族伟大复兴是一个不断变化和发展的动态过程，这表明了中华民族伟大复兴的开放性。

一 政治：为民务实

中华民族伟大复兴最先是一个政治命题、重建政治生态，实现政治清明、政府清廉、干部清正，是无数仁人志士毕生的追求，它凝聚着几代中华儿女的心声。自古以来，中华民族就是一个统一的多民族国家，民族的尊严荣誉与国家政治地位密切相关。我们谈论中华民族伟大复兴，最直接的就是国家这个政治共同体的复兴。多数情况下，尽管人们不会从国家这个政治共同体中直接获得利益，但它释放的感召力却是其他领域不可比拟的。从历史上看中华民族素有民本传统，为官一任，造福一方，向来是士大夫阶层的座右铭。尽管民本不民主，但是古代士大夫阶层通过他们的方式，培育的亲民、爱民、养民、保民、富民的官场价值文化，仍然具有历史穿透力。历史发展到清朝中后期，政治逐渐腐败、贪官污吏肆意横行，与此前的“康乾盛世”形成了鲜明对比，进行一场自下而上的政治变革的呼吁日趋强烈，重整政治风气，成为人们普遍的祈盼。清王朝政治腐败之时，英国等西方列强对华发动侵略战争，国家主权日益沦丧，国之不国。在国内国外反动势力的双重压榨之下，中国人民承受着巨大的压迫和屈辱。在这种压迫和屈辱面前，中国人民重建政治生态的愿望也日趋强烈。当然，需要清醒地看到，当时人们需要重建的政治生态，其实是对以往历史盛世的简单回复，而不是对以往盛世统治规则的超越。

孙中山领导的辛亥革命推翻了统治中国两千多年的封建帝制，建立了中华民国，尽管没能彻底结束军阀割据的局面，但它从形式上超越了历代封建王朝的统治范式，使民主共和观念深入人心。从西方引入中国的“德先生”和“赛先生”两个改造武器，极大地解放了中国人民尤其是知识精英阶层的思想。蒋介石领导的国民政府尽管也力图对中国破败的政治残局进行调整和超越，但出于军阀混战、派系斗争、日本侵华等内外原因，最终未能完成超越传统政治统治范式的历史使命。

中国共产党成立之后，逐渐在人民战争实践中确立了为人民服务的根本宗旨，团结最广大中国人民，建立统一战线，最终使国内外反动势力淹没在人民战争的汪洋大海之中。中国共产党领导的人民军队的胜利，是人民群众的胜利，是中国受压迫的亿万贫苦群众的胜利。在中国共产党的领导下，中国人民建立起自己的民主共和国，成为国家的主人。中华人民共和国的成立，实现了中国历史上政治制度的彻底变革，也实现了对西式民主的超越。政府作为统治阶级维护自身统治的工具的本质依然没有变，只是在中华人民共和国领土内，这个统治阶级不再是少数人，而是以劳动人民为主体的全体中国人民，实行人民民主专政。人民民主专政的国体既是人民的统治，也是多数人的统治，这就决定了在此基础上建立的一切政治制度，都必须围绕为人民服务的根本宗旨而展开。为人民服务的政治核心价值理念，既秉承了中国古代民本思想的优良传统，又从本质上超越了民本思想的狭隘阶级属性。

改革开放以来，随着时代的发展和社会的进步，人们的需求日益提高，原先为人民服务的方式可能因为时代的变迁，不能继续满足人民群众不断变化发展的需要，这就必然要求我们的政治制度在坚守为人民服务根本宗旨的前提下，进行实践探索和理论创新，以不断回应人民群众日益增长的新需要；这就必然要求我们的政治体制在运行过程中更加务实，让人民群众在参与政治实践时，能够充分表达自己的意愿和意见，行使自己的批评建议权。当然，由于我们依然处于社会主义初级阶段，我们的各项制度在实施环节都没有达到尽善尽美的地步，但实现政治清明、政府清廉、干部清正的目标，一直以来都属于实现中华民族伟大复兴的政治范畴。尤其是党的十八大以来，以习近平同志为核心的党中央推进全面从严治党的伟大工程，开展反腐败的伟大斗争，着力重塑中国的政治生态，为中华民族伟大复兴注入新的动力。政治领域为民、务实、清廉就是保护生产力，也是发展可持续的生产力。

二　经济：共同富裕

自古以来，通过勤劳的双手过上富足的生活，一直是中华民族的内在优秀品格，中华民族对富裕的向往，从来都不是建立在对外征伐掠夺的基础上，而是广大人民通过自己勤勤恳恳的诚实劳动去争取。但是，在奴隶社会、封建社会，乃至民国时期，由于存在私有制的客观事实，大量的生产资料集中在少数人手里，贫富悬殊的等级差别成为人们普遍默认的历史事实。即便人们通过辛勤劳动积攒了大量财富，其目的也往往是摆脱原本的阶级跨越到上一阶级，与原来的阶级划清界限。中国历史上不乏盛世，经济上也曾空前富足，但都未能超越私有制的阶级局限性，富足殷实的物质生活条件始终集中于少数人之手。

同样，我们从经济维度来探讨中华民族伟大复兴的问题，“复兴”一词就不应该解读为“回复”，“回复”意味着实现盛世王朝的经济繁荣，它与我们当代理解的“复兴”不是一回事。从形式上看，经济“复兴”的确要展现中国应有的经济实力，但从本质上看，经济“复兴”应该是一种超越，超越以往小私有制的狭隘性，建立共同富裕的经济体制。以共同富裕为经济复兴的根本原则，才是中华民族伟大复兴经济范畴的内在逻辑。

纵观中国历史，只有中国共产党领导的社会主义制度，废除了生产资料的私有制，建立了具有“人民性”的公有制经济体制，才实现了对以往经济制度的历史性超越。邓小平在同几位中央负责同志谈话时重申：“共同致富，我们从改革一开始就讲，将来总有一天要成为中心课题。社会主义不是少数人富起来、大多数人穷，不是那个样子。社会主义最大的优越性就是共同富裕，这是体现社会主义本质的一个东西。如果搞两极分化，情况就不同了，民族矛盾、区域间矛盾、阶级矛盾都会发展，相应地中央和地方的矛盾也会发展，就可能出乱子。”① 民营企业的兴起，是“允许一部分人先富起来”的制度安排，只要在可控范围内，它与“先富带后富”的构想就是相得益彰的。因而，坚持共同富裕的道路是实现中华民族伟大复兴必由之路。

共同富裕不是同步富裕，也不是同等富裕，更不是平均主义。实现共同富裕的目标需要一个总量不断累积的过程，它背后还有一种集体主义或者整体主义的价值取向，这彰显了社会主义集中力量办大事的优越性。共同富裕是一个增量累积的过程，这个理念不可能在单纯的市场主导原则下得到实现，必须通过政府宏观调控的介入，合理制定分配政策，保护劳动者权益，加速经济发展方式的转型升级，提高自主创新能力，降低创业门槛，加大创业就业扶持力度，鼓励和支持人民群众加入大众创业、万众创新的浪潮中来，共同做大 GDP 的“蛋糕”，更加公平地分享劳动成果。

在新的历史条件下，应该抵制全面私有化的浪潮，积极推动国企改革，积极发展混合所有制经济，放大国有资本的功能，保证国有企业做大、做优、做强，扩大公有制经济的控制面。党的十八届三中全会强调：“国有资本、集体资本、非公有资本等交叉持股、相互融合的混合所有制经济，是基本经济制度的重要实现形式，有利于国有资本放大功能、保值增值、提高竞争力，有利于各种所有制资本取长补短、相互促进、共同发展。允许更多国有经济和其他所有制经济发展成为混合所有制经济。国有资本投资项目允许非国有资本参股。允许混合所有制经济实行企业员工持

① 《邓小平文选》第 3 卷，人民出版社，1993，第 364 页。

股，形成资本所有者和劳动者利益共同体。”① 十八大以来，中国特色社会主义进入了新时代，“这个新时代，是承前启后、继往开来、在新的历史条件下继续夺取中国特色社会主义伟大胜利的时代，是决胜全面建成小康社会，进而全面建设社会主义现代化强国的时代，是全国各族人民团结奋斗、不断创造美好生活、逐步实现全体人民共同富裕的时代，是全体中华儿女勠力同心、奋力实现中华民族伟大复兴中国梦的时代，是我国日益走近世界舞台中央、不断为人类作出更大贡献的时代”②。

诸多历史实践已经证明，私有化能在短期内促进经济增长，但资本的逐利性必然加剧资本投机，从而加剧经济泡沫的形成，一旦泡沫破灭，私有资本根本无力招架金融海啸。私有化不可能自觉完成共同富裕的历史使命，对私有资本进行重新整合，已经成为实现共同富裕的必然选择。

共同富裕不是同等富裕，也不是同步富裕，不能走平均主义的致富道路。实现共同富裕的目标，应该遵循人类历史发展的客观辩证法，应该以各地区特有的历史文化传统和经济基础为行动依据，以地域性的区位优势、资源优势、人文优势为制定发展致富规划的重点参考，因地制宜，因时而谋，不能“一刀切”。

三　文化：自觉自信

文化是一个民族生存和发展的精神纽带，是人民群众共同的精神家园，离开了文化滋养，这个民族就无处寻根，就无法在世界民族之林中找准自己的位置。习近平曾说：“一个民族、一个国家，必须知道自己是谁，是从哪里来的，要到哪里去，想明白了、想对了，就要坚定不移朝着目标前进。”③ 中华民族源远流长的文化血脉帮我们解答了“我们是谁”“我们从哪里来”“我们要到哪里去”的重大问题，因而，实现中华民族伟大复兴的中国梦，文化复兴是其中不可或缺的重要内容。毛泽东同志曾

---

① 《中共中央关于全面深化改革若干重大问题的决定》，人民出版社，2013，第8~9页。

② 习近平：《决胜全面建成小康社会 夺取新时代中国特色社会主义伟大胜利——在中国共产党第十九次全国代表大会上的报告》，人民出版社，2017，第10~11页。

③ 习近平：《青年要自觉践行社会主义核心价值观——在北京大学师生座谈会上的讲话》，《人民日报》2014年5月5日，第2版。

说："一定的文化（当作观念形态的文化）是一定社会的政治和经济的反映，又给予伟大影响和作用于一定社会的政治和经济。"① "任何社会没有文化就建设不起来。"② 文化本身就是一种意识形态，它镌刻着一个民族国家的过去，反映着民族国家的现在，也必然昭示着民族国家的未来，因而，一个民族在对待文化问题上，应该有一种自觉自信。诚如毛主席所言："今天的中国是历史的中国的一个发展；我们是马克思主义的历史主义者，我们不应当割断历史。从孔夫子到孙中山，我们应当给以总结，承继这一份珍贵的遗产。"③ 但继承不代表固守，文化需要创新，才能充满生机富有活力，正所谓"问渠那得清如许，为有源头活水来"。改革开放以来，党把工作重心转移到经济建设上来，确立了"以经济建设为中心"的发展路线，但邓小平依然十分警醒，认识到社会主义不应该是"一条腿走路"，他指出："贫穷不是社会主义；精神生活空虚，社会风气败坏，也不是社会主义。现代化建设的实践告诉我们，越是集中力量发展经济，越是加快改革开放的步伐，就越是需要社会主义精神文明提供强大的精神动力和智力支持，以保证物质文明建设的顺利进行。必须充分认识到，两个文明建设缺少任何一个方面的发展，都不成其为有中国特色的社会主义。"④ 两手抓，两手都要硬，这是社会主义物质文明建设与精神文明建设的必然要求。中华民族要实现文化复兴，就必须克服文化自卑与文化自负两种极端心态，正如杨金海教授所言："我们缺乏世界眼光、战略思维、历史视野，甚至还没有从根本上克服'鸦片战争'以后长期形成的民族自卑心理、弱势心理以及与之相应的文化虚无主义、爬行主义或孤立主义毛病。当一种文化处于强势状态的时候，一定会主张激进主义，就会站得很高、看得很远，力图把自己的文化普适化并推广到更大的世界；而当一种文化处于弱势状态的时候，就会主张保守主义，就会画地为牢、自我封闭，力图把自己的文化特殊化并拒绝与其他文化交流。"⑤ 历史已经

① 《毛泽东选集》第 2 卷，人民出版社，1991，第 663~664 页。
② 《毛泽东文集》第 3 卷，人民出版社，1996，第 110 页。
③ 《毛泽东选集》第 2 卷，人民出版社，1991，第 534 页。
④ 《社会主义精神文明建设文献选编》，中央文献出版社，1996，第 473~474 页。
⑤ 杨金海：《全球化背景下的中华文化复兴》，《贵州社会科学》2010 年第 1 期。

证明，中国传统文化不足以实现自我超越和扬弃，必须在指导思想上进行根本变革，才能超越旧文化本身的狭隘性。毛泽东对此有过精辟的阐释："自从中国人学会了马克思列宁主义以后，中国人在精神上就由被动转入主动。从这时起，近代世界历史上那种看不起中国人，看不起中国文化的时代应当完结了。伟大的胜利的中国人民解放战争和人民大革命，已经复兴了并正在复兴着伟大的中国人民的文化。这种中国人民的文化，就其精神方面来说，已经超过了整个资本主义的世界。"① 中华民族的文化复兴，不是要简单地回复到历史上的某个文化盛世，而是要实现中华文化、中华文明的现代化。"中华文化要达到高度现代化，不是要简单赶上发达国家，简单运用人家创造的文化，而是要在人类现代文明的基础上，创造一种新的既属于中华民族又属于世界人民的普适性文化，包括新的话语体系、新的价值观念、新的行为方式等，也就是要创造一种能够代表当今人类社会发展水平的新文化，而且这种新文化要得到全世界大多数人民的普遍认同。只有到了这个时候，我们才有资格说：我们实现了现代化，实现了中华民族的伟大复兴。"② 因此，我们要积极培育出与中国特色社会主义实践相适应的文化形态。郝立新认为："社会主义制度本质上要求发展生产力，实现共同富裕，保障人民群众当家作主，促进社会全面进步和人的全面发展。这就从根本上决定了中国特色社会主义文化在价值追求和思想道德上必须反映这些要求，反对封建文化中的愚昧迷信、等级观念、君主思想、官本位观念等，反对在资本主义市场驱动下形成的拜金主义、享乐主义、极端个人主义等价值观，倡导经济效益和社会效益相统一、个人利益和集体利益相统一的社会主义的价值观。"③

此外，还需要指出的是，文化复兴实际上也是意识形态话语权的复兴，而掌握意识形态话语权的根本就是"理论掌握群众"。理论如何才能掌握群众呢？马克思主义认为，理论只有抓住人的根本，才能掌握群众，而人的根本就是人本身。因而，我们在推进文化复兴的新起点上，要全力

---

① 《毛泽东选集》第4卷，人民出版社，1991，第1516页。

② 杨金海：《全球化背景下的中华文化复兴》，《贵州社会科学》2010年第1期。

③ 郝立新：《中国特色社会主义文化的本质及走向》，《中国特色社会主义研究》2014年第2期。

贯彻习近平同志“8·19”讲话精神，即理论创作要反映人民群众的生活境遇，激发人民群众的生活热情，提升人民主体性。“坚持人民性，就是要把实现好、维护好、发展好最广大人民根本利益作为出发点和落脚点，坚持以民为本、以人为本。要树立以人民为中心的工作导向，把服务群众同教育引导群众结合起来，把满足需求同提高素养结合起来，多宣传报道人民群众的伟大奋斗和火热生活，多宣传报道人民群众中涌现出来的先进典型和感人事迹，丰富人民精神世界，增强人民精神力量，满足人民精神需求。”① 哲学社会科学是意识形态在具体学科领域的重要表现形式，是意识形态话语权的重要载体，加强中国特色社会主义意识形态安全建设，加快文化复兴，就必须以加快构建中国特色哲学社会科学体系为重要抓手。为此，习近平指出：“哲学社会科学是人们认识世界、改造世界的重要工具，是推动历史发展和社会进步的重要力量，其发展水平反映了一个民族的思维能力、精神品格、文明素质，体现了一个国家的综合国力和国际竞争力。一个国家的发展水平，既取决于自然科学发展水平，也取决于哲学社会科学发展水平。一个没有发达的自然科学的国家不可能走在世界前列，一个没有繁荣的哲学社会科学的国家也不可能走在世界前列。”② 习近平还强调，“坚持以马克思主义为指导，是当代中国哲学社会科学区别于其他哲学社会科学的根本标志，必须旗帜鲜明加以坚持”。③ 当马克思主义的理论和方法内化在中国特色哲学社会科学体系之中时，当代中国马克思主义的整体性发展将获得新的智力支持，也就等于抓住了实施国家意识形态安全战略的“关键的少数”。复兴中华文化决不能走崇古主义的道路，必须毫不动摇地以马克思主义为指导，发展面向未来的，面向人民大众的文化。党的十九大强调：“文化自信是一个国家、一个民族发展中更基本、更深沉、更持久的力量。必须坚持马克思主义，牢固树立共产主义远大理想和中国特色社会主义共同理想，培育和践行社会主义核心价值观，不断

① 习近平：《胸怀大局把握大势着眼大事 努力把宣传思想工作做得更好》，《人民日报》2013 年 8 月 21 日，第 1 版。

② 习近平：《在哲学社会科学工作座谈会上的讲话》，《人民日报》2016 年 5 月 19 日，第 2 版。

③ 习近平：《在哲学社会科学工作座谈会上的讲话》，《人民日报》2016 年 5 月 19 日，第 2 版。

增强意识形态领域主导权和话语权，推动中华优秀传统文化创造性转化、创新性发展，继承革命文化，发展社会主义先进文化，不忘本来、吸收外来、面向未来，更好构筑中国精神、中国价值、中国力量，为人民提供精神指引。”① 这样的文化自觉和文化自信，应该着眼于中国特色社会主义伟大实践，展望实现中华民族伟大复兴的光明前景，关怀人民群众的现实生活境遇和交往实践，不断提升中华民族的开放性和包容性。

四　社会：文明和谐

社会文明进步是实现中华民族伟大复兴的集中体现。社会文明是人类社会发展到一定程度的产物，也是人类发展的总体趋势，具有鲜明的历史性，它的内涵随着社会发展而日益丰富。萧君和认为，文明的基本内容有四个方面：社会要素文明、社会环境文明、社会实体文明和社会过程文明。② 弓克认为，社会文明的内涵由五方面构成，即“社会主体文明、社会关系文明、社会观念文明、社会制度文明、社会行为文明”③。于建荣认为，“社会文明内涵可划分为五个方面：社会生活文明、社会关系文明、社会意识文明、社会生活环境文明、社会管理文明”④。这些学者对社会文明内涵的界定，都有一定道理，是富有启发性的。笔者认为，社会文明应该是历史过程与发展状态的统一，它包含社会主体文明化、社会交往文明化和社会制度文明化三个方面的内容。

社会主体文明化是社会文明的首要前提。一个社会的文明程度，不仅取决于它的精英阶层文明化程度的高低，更取决于生活在那个时代的普通群众的整体文明化水平的高低，这个道理跟木桶理论具有一致性。旧中国虽然也被称为文明古国，但它的文明发育程度是不平衡的，精英阶层通过物产占有他人的劳动及劳动果实，成为不劳而获的食利者，广大人民群众则要承担“劳而不获”的风险，在多重压迫中日益沦为丧失主体性的

---

① 习近平：《决胜全面建成小康社会 夺取新时代中国特色社会主义伟大胜利——在中国共产党第十九次全国代表大会上的报告》，人民出版社，2017，第 23 页。

② 萧君和：《一种非常重要的文明——关于“社会文明”的思考》，《贵州社会科学》2004 年第 6 期。

③ 弓克：《论“五个文明”》，《新长征》2007 年第 21 期。

④ 于建荣：《简论社会文明》，《科学社会主义》2008 年第 3 期。

“群氓”。少数剥削者成为文明人的代表，多数被剥削者则被打上野蛮人的标签。因而，实现中华民族伟大复兴不能简单地理解为回复到历史上某个盛世王朝，而是要超越历史上的一切盛世王朝，解放广大劳动者，解放被剥削制度盘剥得失去主体意识的群众，使人民群众在新的社会中，成长为自由全面发展的“有个性的个人”，共享社会文明进步的历史成果。新中国成立以来，始终坚持马克思主义关于人的解放的思想，不断推进历史主体文明化的伟大工程，培养“有理想、有道德、有文化、有纪律”四有新人，为构建富强、民主、文明、和谐、美丽的社会主义现代化国家奠定了广泛的群众基础。

社会交往文明化是社会文明的试金石。马克思主义认为，人是社会关系的总和，人的社会关系又是在人们的生产及相互交往中形成的。一个文明的社会，离不开文明的社会关系，也离不开人们交往方式的文明化。中国素有“礼仪之邦”的传统，“礼仪之邦”在很大程度上反映了人们在日常交往中的文明程度，但是，那样的交往是建立在森严的等级制度之上的，没有平等可言。旧中国如果存在所谓的平等，最多是同等身份地位的人之间的平等。旧社会的礼仪之交，只是一种形式上的伦理法则，我们强调社会交往文明化，不是强调封建礼教的复兴，而是实现对“礼仪之邦”的历史性超越，在社会化大生产的背景下，在科技文明迅猛发展的背景下，重建符合人性的社会交往方式。社会交往文明化要求培育人们自尊自信、理性平和的社会心态，要求社会主体超越金钱至上的拜物教，超越物化意识和物化结构，在人们的日常生活场域，自觉践行诚信、友善、法治的价值观。当前，我们国家正处于大变革时期，人们的交往方式受到多方面因素的影响，在历史唯物主义的指导下重建符合中国人思维方式的交往形式，营造和谐的社会氛围，无疑是促进社会文明的重要措施，有助于推动中华民族伟大复兴的历史进程。

社会制度文明化是社会文明的根本保障。一个文明的社会离不开文明的制度，建立一个文明的社会，必然要求建立一套文明的制度。鲁迅先生曾经尖锐地批判旧中国“人吃人”的剥削本质，其实，旧社会的制度本身默许了“人吃人”的历史事实。直到新中国成立后，才逐步实现了对这种默许“人吃人”的剥削制度的超越，中国的制度才成为“人民的自我规定”。社会制度文明化的关键在于社会废除了使人异化的剥削制度，建立以人为本的社会制度。改革开放以来，中国特色社会主义制度更加凸显其优越性，对加速中华民族伟大复兴的历史进程，发挥了重要的作用。正如习近平所言，我们“应该看到，中国特色社会主义制度是特色鲜明、富有效率的，但还不是尽善尽美、成熟定型的。中国特色社会主义事业不断发展，中国特色社会主义制度也需要不断完善”①。不断完善中国特色社会主义制度，是构建社会主义和谐社会的必然选择，也是实现中华民族伟大复兴的必然选择。我们应该从历史发展的动态过程中去把握。

五　生态：重建宜居

建设社会主义生态文明是实现中华民族伟大复兴面临的新课题。习近平强调：“建设生态文明，关系人民福祉，关乎民族未来。”② 自人类从自然界分离出来以来，人类与自然界之间的矛盾就没停息过，人类社会进入工业文明阶段之后，这种矛盾越发凸显。在农耕文明背景下，人类与自然界之间的矛盾可以通过自然补偿来调节，但在工业文明背景下，这种原始的自然补偿远远不能抵消人类向自然界的索取。要缓和人与自然界的对立，我们不能一厢情愿地“回顾”原始的生产方式。在工业文明基础上实现中华民族伟大复兴，就必然要求我们在工业文明背景下重建人类生态文明。党的十八大明确把生态文明建设纳入“五位一体”总体布局，表明了我们党深刻把握时代发展问题的高度自觉，社会主义的生态文明建设要坚持以人民为中心，超越自然中心主义，扬弃狭隘的人类中心主义。正如俞可平所说：“建设生态文明，绝不是人类消极地向自然回归，而是人类积极地与自然实现和谐。人类既不能简单地去‘主宰’或‘统治’自然，也不能在自然面前消极地无所作为。换言之，‘以人为本’既是科学发展观的出发点，也同样是我们建设生态文明的出发点；最大限度地实现人类自身的利益，也正是我们建设生态文明的归宿。”③ 陈筠泉认为，“生

---

① 《习近平谈治国理政》第1卷，外文出版社，2018，第10页。

② 《习近平关于协调推进“四个全面”战略布局论述摘编》，中央文献出版社，2015，第30页。

③ 俞可平：《科学发展观与生态文明》，《马克思主义与现实》2005年第4期。

态文明是一种超越传统工业文明的新型的文明形态。它坚持改造自然与‘顺天法物’相统一，因而对改造自然提出两个目标：一是为了满足人的需要，但这种需要必须是人的真实的需要；二是具有‘自然界的尺度’，必须符合生态系统的规律，使自然界万物‘各得其宜’。这就是人的实践活动的合目的性和合规律性的统一”。① 其实，正如前文所言，笔者更加强调生态文明的“重建”，“重建”表明我们有过人与自然和谐相处的生态文明，它与我们以往落后的生产方式相适应；在工业文明的冲击之下，原有的生态平衡遭到过度破坏，不能再满足现代人的多样化需求。在以经济建设为中心的背景下，我们会发现未经人类开发的自然生态往往不具备经济价值，也即呈现“生态但不经济”的问题；但经过狂热的工具理性改造过的生态（人化自然）则往往出现“经济但不生态”的问题。在工业文明背景下重建生态文明，一要超越自然中心主义，对不宜居、不适合人类生存的环境进行必要的改造；二要利用资本的正向功能，消除贫困，同时，也要抑制资本逻辑的扩张，防止资本逻辑过度向自然界渗透。同样，我们需要在日常交往行为文明化的过程中，重建超越资本逻辑的生态文明。习近平强调：“要正确处理好经济发展同生态环境保护的关系，牢固树立保护生态环境就是保护生产力、改善生态环境就是发展生产力的理念，更加自觉地推动绿色发展、循环发展、低碳发展，决不以牺牲环境为代价去换取一时的经济增长，决不走‘先污染后治理’的路子。”②

六　不断深化拓展的新领域

“五位一体”是实现中华民族伟大复兴的总体布局，但这并没有穷尽中华民族伟大复兴的外延，在“五位一体”总体布局之外，还有很多领域是中华民族伟大复兴的重要内容。随着实践活动的深入，有更多领域演变成实现中华民族伟大复兴过程中的突出问题，这充分显示了中华民族伟大复兴的开放性和与时俱进。就目前来看，这些新领域包含国防、外交、科技等。

---

① 陈筠泉：《关于生态文明的几点思考》，《马克思主义与现实》2014 年第 1 期。

② 《习近平关于协调推进“四个全面”战略布局论述摘编》，中央文献出版社，2015，第 31 页。

我们所处的世界，尽管和平与发展的时代主题没有变，但世界上的不和谐因素依然威胁着国家安全，周边局势复杂多变，在这种背景之下，大国不得不建立起与大国地位相适应的现代化国防力量。现代战争已经超出我们对传统战争的认知，战争手段超乎人们想象，美国政府发动伊拉克战争，以迅雷不及掩耳之势消灭了萨达姆政权，已经成为现代战争的典型。美国对中国形成的“C”形链状包围，挑起中国周边事端，威胁中国领土主权，无疑是在拖延中国实现复兴的步伐，因而，发展现代化的国防军事力量，也是实现中华民族伟大复兴中国梦的必要条件。此外，实现祖国统一大业是实现中华民族伟大复兴必不可少的内容，增强现代化的国防军事力量可以有效应对反动分子分裂祖国的图谋，抵御内外敌对势力分裂中国的风险。

大国发展呼唤大国外交，发展中的大国必然追求与之相适应的大国地位，实现中华民族伟大复兴也不例外。随着中国的迅速发展，中国也在适时表达“建设一个什么样的世界”的主张，从坚持“和平共处五项原则”到构建“人类命运共同体”，充分显现了大国在全球治理中的责任担当。党的十八大顺势而为，提出“要倡导人类命运共同体意识”，同时也强调，“我们坚决维护国家主权、安全、发展利益，决不会屈服于任何外来压力。我们根据事情本身的是非曲直决定自己的立场和政策，秉持公道，伸张正义。中国主张和平解决国际争端和热点问题，反对动辄诉诸武力或以武力相威胁，反对颠覆别国合法政权，反对一切形式的恐怖主义。中国反对各种形式的霸权主义和强权政治，永远不称霸，永远不搞扩张。中国将坚持把中国人民利益同各国人民共同利益结合起来，以更加积极的姿态参与国际事务，发挥负责任大国作用，共同应对全球性挑战”①。从韬光养晦、卧薪尝胆谋发展到“以更加积极的姿态参与国际事务”充分显示了发展中的中国把自身发展与世界进步紧密联系起来的责任担当，也体现了中华民族“穷则独善其身，达则兼济天下”的优良传统。再比如，2015 年习近平在土耳其安塔利亚 G20 峰会上呼吁：“独行快，众行远。面

---

① 胡锦涛：《坚定不移沿着中国特色社会主义道路前进 为全面建成小康社会而奋斗》，人民出版社，2012，第 47~48 页。

对世界经济面临的各种风险和挑战，二十国集团成员要树立利益共同体和命运共同体意识，坚持做好朋友、好伙伴，积极协调宏观经济政策，努力形成各国增长相互促进、相得益彰的合作共赢格局。我们要通过这样的努力，让二十国集团走得更好更远，真正成为世界经济的稳定器、全球增长的催化器、全球经济治理的推进器，更好造福各国人民。”① 发展中的中国呼唤全世界构建人类命运共同体，建设“一带一路”，不断扩大中国迅速发展的正向溢出效应，为其他发展中国家的进步创造更多机遇和发展空间。这些举措，必将促进中国在全球治理的舞台上赢得与自身国力相匹配的大国地位。

在科学技术越来越成为第一生产力的今天，科技创新能力直接关系到一个民族在国际产业链分工中的位置。在特定历史时期，中国虽然处在全球产业链分工的中低端，依靠廉价劳动力维持了三十多年年均9%以上的经济增长，但当前，中国低成本廉价劳动力的时代已经日趋终结，我们不得不在科技创新上补齐短板，寻求新的出路。习近平强调：“纵观人类发展历史，创新始终是一个国家、一个民族发展的重要力量，也始终是推动人类社会进步的重要力量。不创新不行，创新慢了也不行。如果我们不识变、不应变、不求变，就可能陷入战略被动，错失发展机遇，甚至错过整整一个时代。实施创新驱动发展战略，是应对发展环境变化、把握发展自主权、提高核心竞争力的必然选择，是加快转变经济发展方式、破解经济发展深层次矛盾和问题的必然选择，是更好引领我国经济发展新常态、保持我国经济持续健康发展的必然选择。”② 在新的起点上，我们要实现中华民族伟大复兴，就必须实施创新驱动发展战略，引领时代发展潮流，提升国家发展层次，增强国家综合实力。

当然，中华民族伟大复兴的外延新领域也并不仅限于国防、外交和科技等领域，从“三位一体”到“四位一体”，再到“五位一体”的发展变迁，足以见得，实现中华民族伟大复兴是一个动态包容的发展过程，其外延具有开放性，我们应该秉持发展的观点看待这个不断深化、细化的过程。

---

① 习近平：《创新增长路径 共享发展成果——在二十国集团领导人第十次峰会第一阶段会议上关于世界经济形势的发言》，《人民日报》2015年11月16日，第2版。

② 习近平：《为建设世界科技强国而奋斗》，《人民日报》2016年6月1日，第2版。

第四节　关于实现中华民族伟大复兴的哲学思考

哲学是对自然科学与社会科学的最高概括和总结，站在哲学的高度审视时代问题，有利于人们从宏观上把握事物的整体性。中国共产党是以马克思主义为指导的，党的理论创新背后，都有马克思主义哲学的支撑和滋养。马克思主义认为，革命的哲学是世界观与方法论的高度概括，它可以为人们的实践提供价值指导和方法导向。实现中华民族伟大复兴是中国共产党凝聚人心与汇聚力量的一面旗帜，全面认识中国梦需要借助哲学的视角。

一　“形而下”与“形而上”相统一

马克思主义认为，物质决定意识，意识是对物质世界的反映，这种反映是能动的，不是机械的，也不是被动的。习近平把实现中华民族伟大复兴提升为一个民族、一个国家的奋斗目标，具有深刻的历史渊源，既有回顾，又有展望，它是对中国历史发展动向的正确反映。习近平说：“我以为，实现中华民族伟大复兴，就是中华民族近代以来最伟大的梦想。这个梦想，凝聚了几代中国人的夙愿，体现了中华民族和中国人民的整体利益，是每一个中华儿女的共同期盼。”① 实现中国梦的本质是实现中华民族伟大复兴，其本质需要基本范畴来充实。中国梦的基本范畴是：“实现全面建成小康社会、建成富强民主文明和谐的社会主义现代化国家的奋斗目标，实现中华民族伟大复兴的中国梦，就是要实现国家富强、民族振兴、人民幸福，既深深体现了今天中国人的理想，也深深反映了我们先人们不懈追求进步的光荣传统。”②

从中国梦基本范畴的排序来看，国家富强的物质追求是第一位的。这表明中国梦遵循了马克思主义的唯物论，即物质是第一性的。国家富强意味着国家作为统治工具的自我完善。首先，拥有强大的现代化国防，足以

---

① 《习近平谈治国理政》第1卷，外文出版社，2018，第36页。

② 《习近平谈治国理政》第1卷，外文出版社，2018，第39页。

保证国家不会遭受外来侵略。其次，国家对内能够实现善的治理，保证民众的正常的生产生活秩序。最后，国家拥有强大的财政能力，有能力负担公共开支。在现阶段，就是要实现政治、经济、文化、社会、生态“五位一体”全面发展。国家富强就是要完成“两个一百年”目标，即在中国共产党成立 100 周年时，全面建成小康社会；在新中国成立 100 周年时，赶上中等发达国家水平，实现社会主义现代化。

民族振兴的精神追求与国家富强的物质追求如影随形。民族振兴首先是民族精神的振兴，民族精神又是对这个民族的存在形式和生活境遇的反映，一个民族只有敢于消除颓靡的精神状态，才能生成自强不息、勇于进取的斗志。长期以来，中国封建王朝以天朝上国自居，于是，在国家层面显示出唯我独大、唯我独尊的姿态，在民族层面则表现为盲目的民族自信，在民族发展层面则追求“处中求稳”的中庸之道，创新对中国封建王朝来说则是一个比较忌讳的话题。直到 1840 年，英国人以坚船利炮轰开了封建帝国的国门，人们才逐步意识到中华民族已经落后于世界发展潮流了。振兴一个民族，关键在于振兴民族的精神，培育民族的创新精神。正如江泽民所说，创新是一个民族进步的灵魂。只有找到民族创新的源泉，才能实现民族的振兴。民族振兴意味着中华民族以崭新的面貌、进取的心态、乐观豁达的姿态昂首阔步，面向未来。

人民幸福是实现中华民族伟大复兴的终极追求，是这个目标“形而下”与“形而上”相统一的集中体现。人民幸福是物质追求与精神追求相统一的结果。国家富强为人民幸福提供强大的物质基础，民族振兴为人民幸福提供源源不断的精神动力。中国梦既有对物质极大丰富的“形而下”的追求，也有对精神极大丰富的“形而上”的向往。国家富强背后的目标指向不是单一的国家强盛，不是国家作为单纯的统治工具的强大，关键在于人民的解放、人民的幸福、人的全面发展。马克思主义是致力于人类解放和发展的科学，国家发展、社会进步应该为人的解放和人的全面发展扫清障碍、铺平道路、创造条件。

物质决定意识，但是意识又具有相对独立性。当前，我国的经济取得长足发展，GDP 已经超越日本，排名世界第二，直追美国，但中国依然处于社会主义的初级阶段，依然处在发展不平衡的阶段。我们的文化软实力长期发展滞后，尚未达到与 GDP 相适应的水准，也远远落后于发达国家的文化发育水平。国民素质有待进一步提高，工具理性过度膨胀，价值理性相对萎缩，这些是我们实现中国梦所面临的现实问题之一。社会主义初级阶段的国情，要求中国共产党必须以实事求是的态度，带领人民不断更新观念，不断创新发展思路。在推动经济社会发展的同时，要更加注重人的发展。早在毛泽东时代，党就明确提出要培养社会主义的接班人，也即“有理想、有文化、有道德、有纪律”的“四有新人”。当前和今后，党应该更加注重人的发展，尤其是人精神文化领域的充实和丰富，更加关注人的精神世界的健康发展。实现中国梦，必须兼顾物质与精神两方面，经济发展为中国梦提供强大的物质基础，文化的进步为实现中国梦提供强大的精神支撑，对物质富有的“形而下”的追求和对精神振兴“形而上”的向往是实现中华民族伟大复兴的内在逻辑。

二　内容与形式相统一

马克思主义认为，内容是事物存在的基础，形式是事物存在和表现的方式。内容决定形式，形式反作用于内容，二者既相互区别又相互依存。我们既要重视内容，反对形式主义，又要善于研究形式表达的多样性，使内容的能量得到最大限度发挥。

习近平总书记在参观“复兴之路”展览时指出，“现在，大家都在讨论中国梦，我以为，实现中华民族伟大复兴，就是中华民族近代以来最伟大的梦想”。此后，举国上下热议中国梦，每个行业都在讨论中国梦。中国梦在被提炼出一个月之后，就顺利入选 2012 年国家的“年度关键词”，这不能不说其具备强大的吸引力。中国梦为什么能具备如此强大的吸引力？笔者认为，主要是因为中国梦代表了亿万中国人的共同心愿，具有触动中国人民爱国主义情愫的内在品质。

首先，内容决定形式，内容是事物存在的基础。中国梦包含着丰富而深刻的理想信念，这是中国梦具备强大吸引力、感召力的基础。习近平总书记对中国梦的内容进行了宏观的概括：国家富强、民族振兴、人民幸福。这个概括是对中国人民追求和向往真、善、美的高度总结。每个人都应该有梦想，每个行业都应该有梦想，这些梦想汇聚成家国复兴的中国梦。中国梦包含了全体中国人的梦想，每个人朝着自己的梦想奋斗，虽然每个人梦想的内容不同，实现梦想的路径也不尽相同，但是，对实现中国梦来说，恰好是殊途同归的（不可否认，各个梦想之间可能会发生碰撞）。正如前文所述，中国梦是物质与精神的统一，它囊括了中国人民对美好生活的向往，正如习近平所说，人民对美好生活的向往，就是我们的奋斗目标。中国梦具有深刻而丰富的内容，这是其具有持久生命力的前提和基础。

其次，要善于运用形式的表达，发挥内容的最大效用。实现中华民族伟大复兴借助“梦”这一表达形式非常具有艺术性，让受众耳目一新。“梦”本身是一种虚无缥缈但又极具吸引力的东西，体现了人们对美好状态的向往。用“梦”的形式来表达国家和民族的整体利益，表达个人对幸福生活的追求和向往，具有流行性和新鲜感。对以习近平同志为核心的中央领导集体来说，这种大胆而又新颖的表达形式，为人民群众所喜闻乐见，是推动马克思主义中国化、大众化、时代化的有益尝试和探索。人们可以从“梦”的形式表达中捕捉到“新时代”来临的一些“新”信息：第一，中国梦从形式上借鉴了美国梦、欧洲梦，但实质内容和内在价值支撑又使中国梦具备鲜明的民族特色；第二，“梦”的形式，实现执政理念大众化，从国家层面提出中国梦，彰显了国家的人文关怀和文化软实力；第三，彰显当代中国共产党人的理论自信，中国梦的提出，向世界宣誓了一个民族发展壮大的雄心壮志。党的十八大以来，中国以更加积极的姿态向世界宣誓自己的梦想，全面地表达自己的主张。

最后，中国梦激起深藏于人们心底的爱国主义情愫。习近平指出：“实现中华民族伟大复兴，就是近代以来最伟大的中国梦”。从党的层面提出中国梦，在党内引起强烈反响，在群众中引起广泛讨论，为进一步丰富中国梦的内涵创造了舆论条件。2013 年 3 月 17 日，习近平以国家主席的身份，重申并深化了中国梦的内涵，这就使中国梦从党的理念上升为国家意志。从某种意义上说，提炼中国梦的过程，也是一场大众传播的策划行动，这场策划行动紧紧围绕中国梦的本质和内涵而展开，层层深入，层层递进。

三　量变与质变相统一

马克思主义认为，量变是质变的前提，质变是量变的必然结果，我们既要重视量的积累，又要不失时机促成事物的质变。实现中华民族伟大复兴中国梦的过程也是量变与质变相互渗透、相互统一的过程。实现中国梦的质变就是："到本世纪中叶把我国建成富强民主文明和谐美丽的社会主义现代化强国。"① 实现中国梦的量变就是1840年以来无数仁人志士为实现民族复兴而付出的艰辛努力，以及在此过程中树立起的一座座永恒的丰碑。这些努力就是面对民族危机，各阶级的先进分子为实现民族独立而进行的道路探索和革命行动；就是各民族的先进分子为实现国家富强而投身激情燃烧的岁月，特别是新中国成立以来，中国共产党领导全国人民进行的社会主义改造、建设和改革，以及在此过程中，为下一步发展奠定的基础。具体说来，这些量变包括社会主义探索时期的"四个现代化"目标和完整的工业体系；改革开放以来，邓小平提出"三步走"战略，江泽民同志把邓小平的"三步走"战略具体化；党的十八大明确提出到2020年全面建成小康社会的宏伟目标。

然而，民族振兴的道路不是一帆风顺的，而是在实践中不断摸索、不断大胆尝试而开拓出来的。在新中国成立之前的100年，民族复兴的量变不是很明显，虽然各阶级都为实现民族复兴进行了艰辛的探索，但是，这类探索基本上是处理内耗，真正用于民族复兴的力量不多。直到新中国成立，中国才彻底结束半殖民地半封建的历史，中国历史才算真正翻开了新的篇章。新中国成立，实现中国梦的步伐也明显加快。第一，推翻了"三座大山"，实现了民族的独立；第二，建立了社会主义制度，废除了生产资料私有制，实现了人民的解放；第三，推动了社会主义改革开放，开辟了更加宽广的中国特色社会主义道路，使更多人获得了人生出彩的机会。

每一次量变的完成都为整体的质变创造了条件、奠定了基础，或者说，每一次量变的完成都使整体发生了一定程度的质变。

从历史纵向来看，新中国成立标志着中国彻底摆脱了1840～1949年的半殖民地半封建社会，实现了民族独立，这是我们能够扬眉吐气的前提，也是当代中国社会经济取得巨大成就的前提。新中国成立至今已有

---

① 习近平：《在第十三届全国人民代表大会第一次会议上的讲话》，《人民日报》2018年3月21日，第2版。

70余年，在党的领导下，通过中国人民的艰苦奋斗，中国已经彻底摆脱一穷二白的困境，GDP跃居世界第二位，成为世界经济的重要支撑。量变的过程是艰难的，那些只求质变忽视量变累积的观点也是错误的。忽视1840年以来各阶级先进分子为民族复兴而流血的努力，漠视自中国共产党成立以来为实现民族复兴而慷慨就义的革命先烈，无异于把中国人民引向历史虚无主义。量变的积累不仅是进一步发展的阶梯，也是进一步发展的经验，量变的积累当中蕴含了国家和民族成长的经验、智慧。一个重视量变的积累的民族，是一个文化底蕴十足的民族，是一个厚重的民族，是一个自强不息的民族。

从历史横向来看，由于历史发展不平衡，我们当今所处的社会又是一个比较复杂的社会。在社会主义体制下，不能通过革命的方式解决各种社会问题，只能通过社会主义体制的自我革新解决发展中产生的矛盾。社会主义的发展离不开进一步深化改革，然而，改革已经进入深水区，易触及既得利益集团的利益，能否本着对人民负责的态度有条不紊地推动社会主义的改革，考验着中国共产党的执政宗旨和执政决心。显然党在这场考验中，锤炼了全面深化改革的执政自觉，具备推动全面深化改革的决心和信念，切实解决人民群众最关心、最直接的现实问题，着力解决眼前利益和长远利益的矛盾，协调好局部利益和整体利益的关系。

实现中国梦的过程就是量变与质变相互统一的过程，也可以说，量变与质变相统一的过程彰显了实现中华民族伟大复兴的哲学特色。

四　共性与个性相统一

马克思主义认为，共性是矛盾的普遍性，个性是矛盾的特殊性，共性是无条件的，个性是有条件的。中国是世界重要组成部分，中国与世界上大多数国家一样，致力于维护世界和平，促进世界共同发展。实现民族复兴的中国梦不是朝着封建帝国广袤领土和强大军事力量的简单复归，而是要提高中国对世界文明发展的贡献率，为世界持久和平发展注入源源不断的动能，这是实现中华民族伟大复兴对世界发展的重大意义。中国梦与构建人类命运共同体的“世界梦”在价值追求上是趋同的，中国梦与世界人民的美好梦想是相通的。然而，实现全球善治的手段和路径是多元的，那些宣扬全球资本主义化的发展主张实际上是奉行新霸权主义和新帝国主义。

在中国梦尚未被提炼出来之前，美国梦、欧洲梦已经成为影响全球的价值观，成为风靡全球的价值向往，无数崇尚欧美自由的人成为其追随者。美国梦出自马丁·路德·金的“I Have a Dream”的演讲，宣扬通过单个人的努力就能改变命运，实现个人价值，个人主义和英雄主义是美国梦的核心价值。在中国梦提炼出来之前，能与美国梦相媲美的是以欧盟为载体的欧洲梦。为实现欧洲人的共同梦想（俄罗斯除外），欧盟国家选择了国家主导的梦想实现路径，也即在欧盟成员国推行高福利政策。欧盟成员国主张通过国家干预来消弭阶级之间的对抗和斗争，主张建立“从摇篮到坟墓”的高福利政策，确保人民衣食无忧，从而实现人民幸福。高福利国家的制度设计就是以国家为中心的欧洲梦的真实写照。当前，高福利的欧洲梦也正在经受财政赤字和主权债务危机的双重考验。人民幸福的最终目的是人的全面发展，政府主导的高福利在帮助人民解除了物质匮乏的枷锁的同时，给人民戴上了另一套枷锁——对政府的过度依赖，加剧了人对资本结构的实际从属。事实上，欧美发达国家的高福利政策，已经成为资本主义制度难以摆脱的枷锁，政府不堪重负而又无法自拔，严重削弱了国家效率和政府职能，也限制了人民群众自我发展的主体性。

中国梦承载了中华文明5000多年的辉煌历史，具有深厚的文化积淀；中华民族5000多年的文明从未间断，这是世界上绝无仅有的，也是中华民族在灾难面前自强不息、顽强奋斗的精神支撑。正是因为中华民族历史源远流长，从远古流淌而来的民族血液代代相传，实现中华民族伟大复兴就成为每一代中华儿女的使命，正所谓“天下兴亡，匹夫有责”。从实现路径来看，中国梦以“坚持人民主体地位”为根本原则。唯物史观认为，人民群众是历史的创造者，是改造世界的主体，也是自我改造的主体。坚持人民主体地位是中国共产党群众观点和群众路线的统一，群众观点在于认清人民群众的历史作用和地位，群众路线在于党必须创造条件，为人民群众发挥历史作用、保有主体地位扫除障碍。坚持人民主体地位，用经典作家的话来说就是“历史活动是群众的事业”，决定历史发展的是“行动着的群众”。实现中国梦是近代以来最伟大的历史事件，完成这个伟大的历史使命，单靠一个政党或少部分人是不可能的。正如习近平所说："中国梦归根到底是人民的梦，必须紧紧依靠人民来实现，必须不断为人民造福。"① 习近平的讲话，包含了三层含义，第一，中国梦的诉求是从群众中来的，是从数以亿计的中国人的民族情怀中提炼出来的；第二，人民群众是实现中国梦的行动主体；第三，人民群众必须是实现中国梦的价值主体。坚持人民主体地位不是从"抽象的人"出发，而是从现实中活生生的个体出发，肯定个人在历史活动中的作用和地位。实现中国梦，我们主张每个人都拥有各自的梦想，主张每个人为梦想而奋斗，但是，反对那些把同胞视为敌人而不择手段的恶性竞争。从价值基础来看，中国梦的价值基础是集体主义，不是个人主义，中国梦凝结了中国人对国家、民族、社会解不开的情结。中国梦与其他民族梦在实现路径和价值基础上的差异，恰恰体现了中国梦的民族特色。

总之，物质与意识的统一，解决了中国梦"形而下"与"形而上"相统一问题，它从本质上回答了中国梦的本源问题。内容与形式的统一解决了中国梦传播难题，使得中国梦家喻户晓，振奋人心。量变与质变的统一解决了如何看待实现中国梦奋斗进程的问题，使得中国梦的实现脉络更加清晰。共性与个性的统一解决了中国梦与世界梦话语对接的问题，使得中国梦既突出全球视野，又彰显民族特色。

---

① 《习近平谈治国理政》第 1 卷，外文出版社，2018，第 40 页。

第三章

实现中华民族伟大复兴的若干问题

实现中华民族伟大复兴已经被确立为中国特色社会主义的总任务，而实现一个总任务，就必定要经过若干步骤，将之细化为各个不同的奋斗阶段，在每一个阶段，因事而谋，顺势而为，制定不同的战略目标。在变与不变之间，每一个阶段的具体战略目标应该以时代面临的重大突出问题为中心，但在每一个阶段都应该遵循和坚守“以人民为中心”的根本原则，以保证实践历程符合中华民族伟大复兴的根本价值旨趣。

第一节 “两个一百年”的基本内涵

一 “两个一百年”的内涵解读

关于实现中华民族伟大复兴的“两个一百年”奋斗目标，习近平总书记在参观“复兴之路”展览时说：“我坚信，到中国共产党成立 100 年时全面建成小康社会的目标一定能实现，到新中国成立 100 年时建成富强民主文明和谐的社会主义现代化国家的目标一定能实现，中华民族伟大复兴的梦想一定能实现。”① 习近平对“两个一百年”的界定，是基于当前及未来的奋斗目标展开的，它是我们中华民族立足现实的梦想宣言。因而，实现中华民族伟大复兴的“两个一百年”的时刻表对应的是 1921～

---

① 《习近平谈治国理政》第 1 卷，外文出版社，2018，第 36 页。

2020年和1949~2050年，这两个时间跨度有着特别的意义。1921~2020年是第一个跨度，强调中国共产党成立100年来中国发生历史巨变，反映的是中国共产党的建党使命和对人民的执政承诺。1949~2050年是第二个跨度，强调的是中国共产党领导中国人民经过28年的艰苦奋斗，在与国民党等其他政党的竞争和斗争中，由小到大，由弱变强，从区域性的执政党成长为全国范围内的执政党，成功接过实现中华民族伟大复兴的历史接力棒后的100年中作为执政党的治国理政能力，体现的是中国共产党的治国方略和执政责任。在这种解读范式下，第一个百年奋斗目标是全面建成小康社会，第二个百年奋斗目标是实现社会主义现代化。

习近平在参观“复兴之路”展览时曾强调：“经过鸦片战争以来170多年的持续奋斗，中华民族伟大复兴展现出光明的前景。”①“现在，大家都在讨论中国梦，我以为，实现中华民族伟大复兴，就是中华民族近代以来最伟大的梦想。”② 其实，习近平的讲话，展现了一种宏大的历史观，也即把中华民族伟大复兴放置到170多年的奋斗历程中去考察，而不是仅仅放到中国共产党的奋斗历程中去理解。习近平从大历史观出发，既肯定了前人为实现中华民族伟大复兴进行的艰苦奋斗和抗争，又体现了中国共产党对前人奋斗目标的继承和超越，体现了历史感和时代超越性，更体现了马克思主义政党的大历史观。

二　不断深化细化的“复兴战略”

只有当一个民族真正有权利并且也有能力决定自己的命运之时，这个民族才真正获得了实现伟大复兴的历史前提。纵观中国近代史，只有在新中国成立之后，中华民族才算完全争取到决定自己命运的权利，才能独立自主地决定自己的命运。在社会主义制度建立之后，中华民族才能有计划地开展复兴伟业。新中国成立后近三十年的时间，尽管历经了“大跃进”和“文革”等失误或挫折，但这一时期奠定的工业基础和人才储备为改革开放提供了现实条件，这些探索中积累的经验，正是认识社会主义初级

① 《习近平谈治国理政》第1卷，外文出版社，2018，第35页。

② 《习近平谈治国理政》第1卷，外文出版社，2018，第36页。

阶段所必需的素材。正如党的十八大报告重申的，“以毛泽东同志为核心的党的第一代中央领导集体带领全党全国各族人民完成了新民主主义革命，进行了社会主义改造，确立了社会主义基本制度，成功实现了中国历史上最深刻最伟大的社会变革，为当代中国一切发展进步奠定了根本政治前提和制度基础。在探索过程中，虽然经历了严重曲折，但党在社会主义建设中取得的独创性理论成果和巨大成就，为新的历史时期开创中国特色社会主义提供了宝贵经验、理论准备、物质基础”①。党的第一代领导集体积极扩展国际生存空间，促进了世界和平力量的壮大，从客观上来说，也为中国从容地实施改革开放战略提供了有利的外部条件。

十一届三中全会之后，以邓小平同志为核心的中国共产党第二代中央领导集体，从中国社会主义建设的实际出发，认为中国的社会主义依然处于初级阶段，因而，党和国家的一切方针政策都不能脱离这个初级阶段。在对中国社会主义所处的历史阶段进行了准确的判断之后，1984 年 10 月，邓小平提出著名的“三步走”战略，“我们确定了一个政治目标：到本世纪末翻两番，国民生产总值按人口平均达到八百美元”，“在这样一个基础上，再发展三十年到五十年，我们就可以接近发达国家的水平”。②邓小平确立的“三步走”战略，为实现中国的现代化和中华民族伟大复兴提供了基本的时刻表和路线图。此后，党的历届领导集体都在此基础上，不断发展和细化“三步走”战略。以江泽民同志为核心的第三代领导集体在党的十五大上发展了邓小平确立的“三步走”战略，指出：“展望下世纪，我们的目标是，第一个十年实现国民生产总值比二〇〇〇年翻一番，使人民的小康生活更加宽裕，形成比较完善的社会主义市场经济体制；再经过十年的努力，到建党一百年时，使国民经济更加发展，各项制度更加完善；到世纪中叶建国一百年时，基本实现现代化，建成富强民主文明的社会主义国家。”③ 江泽民对“三步走”战略的深化和细化，充分体现了马克思主义与时俱进的理论品质。

---

① 胡锦涛：《坚定不移沿着中国特色社会主义道路前进 为全面建成小康社会而奋斗》，人民出版社，2012，第 10 页。

② 《邓小平文选》第 3 卷，人民出版社，1993，第 77、57 页。

③ 《江泽民文选》第 2 卷，人民出版社，2006，第 4 页。

胡锦涛同志在党的十八大报告中提出："只要我们胸怀理想、坚定信念，不动摇、不懈怠、不折腾，顽强奋斗、艰苦奋斗、不懈奋斗，就一定能在中国共产党成立一百年时全面建成小康社会，就一定能在新中国成立一百年时建成富强民主文明和谐的社会主义现代化国家。"① 这是对"三步走"战略的新发展，深刻地体现了历史的延续性，特别是建党、新中国成立到改革开放以来这段历史的连续性，强调承前启后、继往开来，以应对历史虚无主义的攻击。

党的十八大以来，以习近平同志为核心的党中央接过实现中华民族伟大复兴的历史接力棒，在原"三步走"战略的基础上作出新"三步走"的战略安排。习近平承接的历史任务，也是中国共产党要实现的战略目标，即全面建成小康社会，同时，习近平还提出更加长远的奋斗目标，即实现社会主义现代化和中华民族伟大复兴的中国梦。把全面建成小康社会与实现社会主义现代化和中华民族伟大复兴的中国梦统一起来，就构成了新"三步走"战略。新"三步走"战略从三个方面深化发展了旧"三步走"战略。第一，时间表更加具体，到2020年，即建党100周年的时候，要全面建成小康社会；第二，围绕新"三步走"战略作出"四个全面"战略布局和顶层设计，提炼出事关中国"十三五"乃至中长期的创新、协调、绿色、开放、共享的"五大发展理念"，吹响了中国人民向未来5年、10年、30多年乃至未来50年进军的时代集结号；第三，把旧"三步走"战略推向更远的未来，把建成社会主义现代化国家作为实现中华民族伟大复兴中国梦的新基础，也就是说，在实现现代化之后，我们国家还要继续奔向实现中国梦的目标，还要在新的起点上，不断复兴，不断超越。正如韩庆祥教授所言，"自从提出'新三步走战略'，意味着新一届中央领导集体既考虑其任内的根本问题，要承担起全面建成小康社会的直接责任；也思考更为长远的战略问题，要肩负起实现社会主义现代化和中华民族伟大复兴中国梦的重大历史使命；还要把治国理政的一系列根本问题置于'新三步走战略'的框架内来把握，并

① 胡锦涛：《坚定不移沿着中国特色社会主义道路前进 为全面建成小康社会而奋斗》，人民出版社，2012，第16页。

开启新的伟大历史征程"①。从"三步走"战略不断深化和细化的过程，我们可以看出，党的每一代领导人对"三步走"战略的发展都是着眼于当前的迫切任务，展望下一个阶段的目标，但又没有把下一阶段的步骤限定到某个具体的时间节点上，为"三步走"战略的"下一步"预留了足够的发展空间。每一代领导人以时代面临的突出、重大问题为中心，以实现中华民族伟大复兴为目标导向，不断深化和细化"三步走"战略的具体内涵，不断总结历史经验，不断对"三步走"战略的"下一步"做出更加合理、更加科学、更加经得起历史检验的规划。"三步走"战略在前30年以人均GDP"翻一番""翻两番"等直观形式反映出来，背后反映了党和国家改变贫穷落后面貌的迫切愿望，但在实践中也存在一定的风险，比如形成"以GDP论英雄"的选人用人评价机制，在社会上造成过大的贫富差距，使"发展"这个"解决矛盾的过程"变成"增加失落感"的过程。当然，"三步走"战略前30年的实践，促进了中国经济的高速发展，改变了中国贫穷落后的面貌，为新时期制定出新的"三步走"或者"多步走"战略赢得了更加广阔的空间，我们可以更加从容地制定出更可持续的发展战略，不断深化和细化"三步走"战略的科学内涵。中国人民实现中华民族伟大复兴的奋斗目标将在不断深化和细化的"三步走"战略布局中变得更加清晰，我们的奋斗也将在不断科学合理化的"三步走"战略中提高预见性，规避更多可能的风险。党的十九大指出："五年来的成就是全方位的、开创性的，五年来的变革是深层次的、根本性的。五年来，我们党以巨大的政治勇气和强烈的责任担当，提出一系列新理念新思想新战略，出台一系列重大方针政策，推出一系列重大举措，推进一系列重大工作，解决了许多长期想解决而没有解决的难题，办成了许多过去想办而没有办成的大事，推动党和国家事业发生历史性变革。这些历史性变革，对党和国家事业发展具有重大而深远的影响。"② 在中国特色社会主义进入新时代的历史方位上，习近平总书记作出新"三步走"

---

① 韩庆祥：《"新三步走战略"与"四个全面"战略布局》，《唯实（现代管理）》2015年第6期。

② 习近平：《决胜全面建成小康社会 夺取新时代中国特色社会主义伟大胜利——在中国共产党第十九次全国代表大会上的报告》，人民出版社，2017，第8页。

的战略安排。“从十九大到二十大，是‘两个一百年’奋斗目标的历史交汇期。我们既要全面建成小康社会、实现第一个百年奋斗目标，又要乘势而上开启全面建设社会主义现代化国家新征程，向第二个百年奋斗目标进军。”① 在实现全面建成小康社会的基础上，到2035年基本实现社会主义现代化，到21世纪中叶建成社会主义现代化强国。作出这种新的战略安排既是出于历史的责任，又是我们前行的动力。

第二节 实现中国梦的根本原则——坚持人民主体地位

从邓小平制定宏观的“三步走”战略，到江泽民、胡锦涛不断深化细化的“三步走”战略，再到习近平的新“三步走”战略，我们会发现实现中华民族伟大复兴中国梦的内涵也在不断丰富。这说明，实现中华民族伟大复兴的中国梦不是一成不变的历史任务，而是与时俱进的。在不断变革的时代格局下，我们需要准确把握实现中华民族伟大复兴中国梦的实质和根本原则，以不变应万变，以期立于不败之地。

一 实现中华民族伟大复兴“中国梦”的实质

前文对实现中华民族伟大复兴“中国梦”基本内涵的解析，无疑对深刻认识“中国梦”的实质大有帮助。但基本内涵只能说明“中国梦”包含哪些基本层次，而不能说明“是什么”这个更具本质性的问题。笔者认为，“中国梦”的实质应该基于其基本范畴，而又高于其基本范畴。为了更加准确地认识“中国梦”，很有必要对其实质进行一番探讨。

中国共产党十八大回顾近代以来中国的历史，展望中国美好未来，得出这样一个结论：“全面建成小康社会，加快推进社会主义现代化，实现中华民族伟大复兴，必须坚定不移走中国特色社会主义道路。”② 实现中华民族伟大复兴的中国梦，必须坚定中国特色社会主义道路，不是走封闭

① 习近平：《决胜全面建成小康社会 夺取新时代中国特色社会主义伟大胜利——在中国共产党第十九次全国代表大会上的报告》，人民出版社，2017，第28页。

② 胡锦涛：《坚定不移沿着中国特色社会主义道路前进 为全面建成小康社会而奋斗》，人民出版社，2012，第14页。

僵化的老路，更不是走改旗易帜的邪路。换句话说，中华民族的伟大复兴只能在中国特色社会主义道路上实现，不能在其他任何邪路、老路上实现。习近平在十二届全国人民代表大会第一次会议上的讲话中，进一步阐述了中国梦与中国特色社会主义的关系。他指出："实现全面建成小康社会、建成富强民主文明和谐的社会主义现代化国家的奋斗目标，实现中华民族伟大复兴的中国梦，就是要实现国家富强、民族振兴、人民幸福，既深深体现了今天中国人的理想，也深深反映了我们先人们不懈追求进步的光荣传统。"① 从习近平的这段讲话中可以看出，"实现全面建成小康社会、建成富强民主文明和谐的社会主义现代化国家的奋斗目标"与"实现中华民族伟大复兴的中国梦"具有共同的目标指向，即国家富强、民族振兴、人民幸福，这表明，中国梦与中国特色社会主义奋斗目标是一致的。习近平的讲话，已经赋予中国梦中国特色社会主义奋斗目标的实质内涵。实现中国梦就是要把中国特色社会主义道路、制度和理论体系等不断推向未来。因而，习近平强调："面对浩浩荡荡的时代潮流，面对人民群众过上更好生活的殷切期待，我们不能有丝毫自满，不能有丝毫懈怠，必须再接再厉、一往无前，继续把中国特色社会主义事业推向前进，继续为实现中华民族伟大复兴的中国梦而努力奋斗。"② 以习近平同志为核心的中央领导集体赋予中国梦中国特色社会主义奋斗目标的实质内涵，不是一时兴起，而是出于一定的战略考量。让具有深邃历史感和鲜明时代感的中国梦担负起推动当代马克思主义中国化、时代化、大众化的历史任务，更能吸引广大人民群众结合自身的实际工作关注国家建设，关心国家命运。"中国梦"作为一种简明、通俗化表达，表面上具备"去意识形态化"的特点，实际上却把易触动人们"敏感神经"的意识形态转化成通俗易懂的共同目标，更能引起共鸣。

二　实现中国梦的根本原则——坚持人民主体性

建设中国特色社会主义的根本原则就是实现中国梦的根本原则，那

① 习近平：《在第十二届全国人民代表大会第一次会议上的讲话》，《人民日报》2013 年 3 月 18 日，第 2 版。

② 习近平：《在第十二届全国人民代表大会第一次会议上的讲话》，《人民日报》2013 年 3 月 18 日，第 2 版。

么，中国特色社会主义的根本原则又是什么呢？党的十八大为夺取中国特色社会主义新胜利提出八项要求，首要要求就是：“必须坚持人民主体地位。中国特色社会主义是亿万人民自己的事业。要发挥人民主人翁精神，坚持依法治国这个党领导人民治理国家的基本方略，最广泛地动员和组织人民依法管理国家事务和社会事务、管理经济和文化事业、积极投身社会主义现代化建设，更好保障人民权益，更好保证人民当家作主。”① 坚持人民主体地位是中国共产党把历史唯物主义与中国革命、建设和改革的实践相结合逐渐形成的理论共识。对“人民主体地位”，从中国共产党十七大的“尊重”到中国共产党十八大的“坚持”，表明中国共产党对人民群众的历史作用和历史地位的认识达到新境界。“尊重”只是表明会把人民群众的意见考虑在内，至于是否采纳，没有严格的要求；而“坚持”则表明不但要听取人民群众的意见，而且要有效采纳群众意见，让人民群众的意见体现在发展社会主义事业的全过程中，这样，中国特色社会主义才能体现亿万人民的共同意志，才是亿万中国人民自己的事业。王伟光认为，“坚持人民主体地位既是中国共产党 90 多年的经验总结，更是发展中国特色社会主义事业的根本要求”。② 之所以把“坚持人民主体地位”提升到发展中国特色社会主义事业的“根本要求”的高度，是因为中国特色社会主义本身应该蕴含着人民主体性这一根本价值属性，只有人民主体性才能解释中国共产党为什么要“坚持人民主体地位”，“人民主体地位”的实现只能在人民群众的“自主活动”中找到最终的动力。实际上，“中国特色社会主义是亿万人民自己的事业”与“中国梦归根到底是人民的梦”是同义语，实现这两个同义的奋斗目标，应该立足于人民群众的“自主活动”，即坚持人民主体性。在实践和认识层面，只有把握中国特色社会主义的人民主体性原则，才能解答实现中华民族伟大复兴的中国梦中“我是谁”“为了谁”“依靠谁”等根本问题。

1. 实现中国梦过程中“我是谁”的历史担当

实现“中国梦”的过程中需要回答的第一个问题就是“我是谁”，这

---

① 胡锦涛：《坚定不移沿着中国特色社会主义道路前进 为全面建成小康社会而奋斗》，人民出版社，2012，第 14 页。

② 王伟光：《论坚持人民主体地位》，《求是》2013 年第 3 期。

也是一个古老的哲学命题。诚如习近平所说："一个民族、一个国家，必须知道自己是谁，是从哪里来的，要到哪里去，想明白了、想对了，就要坚定不移朝着目标前进。"① 不仅如此，我们这个民族共同体中的每一个人，都应该对"我是谁"有一个清醒的把握。"我是谁"不仅包括作为主体的"我"的身份确认，也包括作为主体的"我"对过去、现在和未来的认知。"我是谁"之"我"，有两层含义。首先，作为主体的"我"必须是现实的人，"全部人类历史的第一个前提无疑是有生命的个人的存在"②。尽管"现实的人"在历史活动的初期可能只是少数人，但终究会是以人民群众为主体的多数人。正如马克思曾说："历史活动是群众的活动，随着历史活动的深入，必将是群众队伍的扩大。"③ 因而，在实现中国梦的历史活动中，离不开每个中国人的主体担当，离不开每个人在各自的岗位上"自主活动"。当然，需要指出的是，每个人能力有大小，每个人实现"自主活动"的能力也存在历史和事实的差别。所谓历史差别就是在不同的历史时期，人们开展"自主活动"受到既定的社会发展状况的客观制约，特别是在不断变革的时代，每一代人在价值观上都会存在一定差异，甚至在价值认同方面还存在一定的张力。所谓事实的差别就是生活在同一时代的人，因为政治地位、家庭背景、身体能力和知识素养等方面的差别，必定会表现出不同的实践能力，这使得我们的社会呈现多样性的特点。但生活在中华民族这个伟大共同体中的每一个人，都是实现中国梦不可或缺的主体，正是个体实践能力的差异性决定了意识的差异性，才赋予了中国梦更加丰富的具体内涵。其次，人民群众在创造历史的"自主活动"中，不能缺少组织核心，这个核心承担着凝聚共同体的职责。这个核心不是一成不变的，它是由人民群众在历史实践中经过反复比较、慎重选择的结果。在旧中国，社会的核心阶层是"学而优则仕"的精英阶层，这些精英阶层由于自身狭隘的阶级局限性，畏惧群众觉醒的力量，不可能带领人民群众充分开展"自主活动"，这也是被近代中国的屈辱历

---

① 习近平：《青年要自觉践行社会主义核心价值观——在北京大学师生座谈会上的讲话》，《人民日报》2014 年 5 月 5 日，第 2 版。

② 《马克思恩格斯选集》第 1 卷，人民出版社，2012，第 146 页。

③ 《马克思恩格斯文集》第 1 卷，人民出版社，2009，第 287 页。

史证明了的。在当代中国，广大劳动群众是“自主活动”主体，中国共产党作为社会力量的整合者，是人民主体的核心。如果失去核心的整合凝聚作用，人民主体间的张力和摩擦就会增大，就无法形成推动历史前进的合力，整个历史进程或将延缓，或将迟滞，甚至会出现倒退动向。人民群众变革社会的力量的大小不仅取决于人民主体数量的多寡，还取决于“人民主体的核心”本身凝聚力的大小。在实现中国梦的新的历史征程中，作为“人民主体的核心”的中国共产党一方面要毫不动摇地坚持人民主体地位；另一方面要继续承担历史使命，勇于担当起“核心”的职责，巩固和捍卫其在推动历史变革中树立起来的核心地位。在实现中国梦的过程中，中国共产党应该做好人民的公仆和勤务员，帮助人民群众通过“自主活动”实现梦想，推动中国梦的实现进程。

2. 实现中国梦过程中“为了谁”的价值旨归

“为了谁”是一个根本的价值取向问题。首先，从个体发展的总趋势来看，每个人从事“自主活动”，其最终目的无非是实现自己的“个性自由”，实现个性的解放。但是，解放又是一个历史活动，具有鲜明的社会历史性。在各个时代，人们面临的解放任务有所差别，人类社会迄今为止的解放都只是阶级的解放，个体的解放只能在阶级的共同体中才能够实现。人类第一个解放活动是谋得生存的解放。马克思曾说：“当人们还不能使自己的吃喝住穿在质和量方面得到充分保证的时候，人们就根本不能获得解放。”[①] 其次，中国古代社会的解放都是狭隘的、片面的，这是由领导阶级决定的。只有以马克思主义武装的工人阶级及其政党才能超越阶级的局限性，因为“工人阶级的政党不是把人民群众当作自己的工具，而是自觉地认定自己是人民群众在特定的历史时期为完成特定的历史任务的一种工具”[②]。世界上的政党都是特定阶级、阶层的代表，那些所谓超阶级的政党是不存在的，任何一个政党都有自己的目标和价值追求。中国共产党作为世界无产阶级政党的一部分，从成立之日起，就始终以“一切为了群众、真心服务群众，引导动员群众为实现自己的

① 《马克思恩格斯选集》第3卷，人民出版社，2012，第154页。

② 《邓小平文选》第1卷，人民出版社，1994，第218页。

利益而奋斗”作为根本价值追求。“为谁立命、为谁谋利是一个根本性、方向性的问题。”① 当前，中国改革已然全面进入“深水区”和攻坚阶段，中国共产党明确把“人民幸福”纳入“中国梦”的基本范畴，就是为了积极回应利益固化、贫富差距日益扩大、社会机会分配不公、社会矛盾凸显等问题，就是顺应人民群众对美好生活的期待。正如习近平所说，“中国梦归根到底是人民的梦，必须紧紧依靠人民来实现，必须不断为人民造福”。② 实现“中国梦”，并非只是为了单个群体、单个阶层的辉煌或腾达，而是为了给全体中国人民创造更加美好的生活。因而为民造福是中国共产党带领中国人民为实现中华民族伟大复兴中国梦而奋斗的出发点和落脚点。

3. 实现中国梦过程中“依靠谁”的力量源泉

人民群众是历史的创造者，是推动历史发展的根本力量，因此，只有紧紧依靠全体中国人民，团结全体中国人民，才能实现民族复兴的中国梦。这里需要指出一点，“人民”是一个集合概念，它包括当代中国社会的各个阶层，每一个阶层的“人民群众”都在为实现中国梦奋斗，但是，每个群体对实现中国梦的贡献是有差别的。因此，只有抓住“人民”概念中的“主体”部分，才能真正团结最广大的人民群众。习近平指出，为实现中国梦，“全国广大工人、农民、知识分子，要发挥聪明才智，勤奋工作，积极在经济社会发展中发挥主力军和生力军作用”③。习近平的讲话，明确地指出实现中国梦的主体力量是劳动人民，而不只是少数精英群体。目前，尽管少数精英群体凭借其手里掌握的资源，可以在一定程度上促进社会进步，但是相比广大人民群众，少数精英群体的力量依然是有限的，广大人民群众的力量是不可替代的，随着社会的进步，人民群众的这种不可替代性将越发明显。目前，尽管少数精英群体掌握了较大份额的社会财富，但这些社会财富是由劳动人民创造的。少数群体掌握了较大份额的社会财富，并不代表他们就已经成为推动历史前进的主体力量。回顾

① 刘云山：《为了谁 依靠谁 我是谁——关于贯彻党的群众路线的几点思考》，《求是》2011 年第 16 期。

② 《习近平谈治国理政》第 1 卷，外文出版社，2018，第 40 页。

③ 《习近平谈治国理政》第 1 卷，外文出版社，2018，第 41~42 页。

历史，中国社会的每一次重大变革，无一不是人民群众“自主活动”的结果。当前，在实现中华民族伟大复兴中国梦的攻坚期，必须一如既往地依靠广大劳动群众，不断扩大“行动着的群众”的队伍，拓展中国特色社会主义道路，增强包容性和开放性。对此，习近平强调：“全国各族人民一定要牢记使命，心往一处想，劲往一处使，用13亿人的智慧和力量汇集起不可战胜的磅礴力量。”① “依靠谁”实现中国梦？毫无疑问，答案就是以劳动群众为主体的中国人民。当然，我们不能仅仅从静态的视角考察其总量，要从历史的、动态的视角充分调动全体中国人民的积极性、创造性，让全体中国人以主体的担当精神行动起来，只有“行动着的群众”才真正具备推动历史前进的现实力量，中国共产党只有不断团结好“行动着的群众”，唤醒尚处在“沉睡状态”的群众，才能带领中国人民如期实现中国梦。实现中国梦“依靠谁”，更确切地说，依靠的是团结在中国共产党周围的“行动着的群众”。

实现中国梦就是实现中华民族的伟大复兴，是坚持中国特色社会主义道路，其基本范畴是国家富强、民族振兴和人民幸福。实现中国梦也即实现中国特色社会主义奋斗目标，它对调动全体中国人推进社会主义现代化具有重要意义，体现了人民主体性的根本原则。在实现中国梦的过程中，长期执政的中国共产党应该始终准确把握“坚持人民主体性”的根本原则，因为它从根本上明确了实现中国梦“我是谁”的主体担当、实现中国梦“为了谁”的价值旨趣、实现中国梦“依靠谁”的力量抉择。

第三节　坚持以和平发展实现民族复兴

实现中华民族伟大复兴的中国梦应该始终遵循坚持人民主体性的根本原则，在这一根本原则指导下，应该有若干基本策略为根本原则提供支撑，从而加速中华民族伟大复兴的历史进程。

一　坚持全面复兴

实现中华民族伟大复兴中国梦是一个宏大的命题，对待这个命题，需

① 《习近平谈治国理政》第1卷，外文出版社，2018，第40页。

要有全面的思维和发展的视野，既要从中华民族的整体主义价值取向出发，又要遵循历史发展的客观辩证法，不断解决时代面临的问题，不断丰富中华民族伟大复兴的具体内涵。随着实现中华民族伟大复兴的历史活动深入发展，我们不仅比以往任何时候都更加接近这个目标，而且对这个目标的理解和认识将更加全面，我们也将更加注重实践活动的整体性，促进中华民族的全面复兴。

首先，从“中华民族”的外延上看，中华民族伟大复兴是生活在中华大地上具有合法居住资格的所有族群的复兴。我们今天谈论的民族复兴，必须从世界历史的交往实践中来考察，应该超越以往地域性交往的民族局限，这样才符合人类发展的历史趋势。从地理大发现开始，人类历史就逐步从封闭的地域性向世界历史性转变，各民族带有局限性的地域交往格局被打破，开始卷入世界历史发展潮流中来。随着人类生产力的发展以及随之而来的社会分工不断深化、细化，当今世界已经被全球化的浪潮席卷成一个“地球村”，不管人们承不承认或愿不愿意接受这个事实，人与人之间的交往正不断超越种族和地域的限制而变得越发频繁，实现中华民族伟大复兴中国梦的出场语境已经转向了世界历史，超越了地域性的民族历史。正如马克思所说：“各个相互影响的活动范围在这个发展进程中越是扩大，各民族的原始封闭状态由于日益完善的生产方式、交往以及因交往而自然形成的不同民族之间的分工消灭得越是彻底，历史也就越是成为世界历史。”而“历史向世界历史的转变，不是‘自我意识’、世界精神或者某个形而上学幽灵的某种纯粹的抽象行动，而是完全物质的、可以通过经验证明的行动，每一个过着实际生活的、需要吃、喝、穿的个人都可以证明这种行动”。① 马克思变革了黑格尔世界历史理论“头足倒置”的唯心主义哲学根基，使世界历史理论寻找到科学的唯物史观的哲学根基，实现了世界历史理论的革命性变革。中华民族是一个共同体，我们不能具体地谈论某单一民族复兴，因为民族复兴实际上是以民族国家为载体的，离开了民族国家这一载体，民族复兴没有现实根据。在世界历史性交往普遍形成的格局下，民族复兴也将超越狭隘的民族界限，表现为中华民族大

① 《马克思恩格斯选集》第1卷，人民出版社，2012，第168、169页。

杂居和小聚居的大融合。随着人们世界历史性交往的形成，当今时代已经越来越不具备产生新民族的客观物质条件，或者说，以往产生新民族的客观物质条件正在世界历史性的交往中逐步消亡，每个现存族群也很难固守本民族文化，民族大融合已经成为民族复兴的必然趋势。当然，也有一些人对民族大融合持否定态度，认为这样会丧失世界民族的多样性，会出现一个民族同化其他民族的可能，族群会丧失"正统性"。其实，这背后依然是狭隘的民族主义思维，片面地认为民族融合就是大族群同化小族群的过程，彻底否定了小族群对大族群的影响。事实上，自古以来，中华民族都是一个极其善于学习的民族，不断从小族群那里吸取先进文明成果，并将其补充到自己的文明体系中来，正是这种开放性和包容性，才使得中华民族在历史长河中显现出强大的文明力量，克服了一次次亡族灭种的历史危机。今天，我们要实现的中华民族伟大复兴，不是为了消除族群的个性差别，不是要消灭族群信仰，也不是要简单地实行"国族一体化"，这些都不符合我们多民族国家的历史文化传统，我们要实现的中华民族全面复兴，就是为了让中华民族的每个族群都能在世界历史性的交往实践中赶上现代文明，在现代文明的洗礼中实现浴火重生，共建现代文明，共享现代文明成果。

其次，从中国领土主权范围看，中华民族伟大复兴是整个中华大地的复兴。当前，中国区域发展不平衡的问题已经严重影响到经济社会的可持续发展，我们比以往任何时候都更需要推动区域均衡发展。出于历史原因，中华大地区域发展不平衡已经成为不可回避的客观事实，东部一些沿海城市已经接近发达国家水平，西部某些省市的部分地区还处于"半开化"状态。发展是解决中国一切问题的关键，发展起来之后，也有新的问题需要解决。中国在经历了 40 余年的改革开放之后，已经基本解决了整体贫穷落后的问题，当下，中国需要解决发展付出的代价问题，需要解决发展质量低下的问题，需要解决发展的效率与公平相背离的问题。这些问题的解决，有赖于国家在宏观层面做出具有前瞻性的顶层设计，因为在改革的深水区，"摸着石头过河"比以往任何时候都有可能出现事关全局的风险。几十年前，党和国家大力号召，让一部分人和一部分地区充分利用先天资源优势（不可否认，国家的政策倾斜也是一种资源优势），通过诚实劳动率先富裕起来，现在，我们更需要通过国家顶层设计来协调“先富群体”与“未富群体”、“发达地区与欠发达地区”的关系，促进全国范围内的公平发展和可持续发展。近年来，国家实施了振兴东北老工业基地、中部崛起和西部大开发等重大战略，其目的在于解决中国经济社会区域发展不平衡的问题，缩小区域发展差距，减少区域发展矛盾，促进各地区共享中国改革开放的成果。当然，全面复兴并不意味着同等复兴和同时复兴，因而，不能搞简单平均主义的政策，必须因地制宜，充分发挥区位、资源、资本、劳动力和目标市场等比较优势，形成差异性和多样性的全面复兴格局。

最后，从复兴的行业领域看，中华民族伟大复兴是各领域全面的复兴。中华民族伟大复兴是多维度、全方位的复兴，不是单向度、跛足式的畸形崛起。从政治、经济、文化、社会、生态、军事、外交、科技、教育等领域看，中华民族需要实现全面的复兴。从复兴的阶段或过程看，也需要看到，我们所说的全面复兴是一个由量变到质变的转化过程，不可能要求每个区域、每个族群、每个领域同步、同时和同等复兴，它需要一个梯度不断跟进的过程。我们所说的全面复兴，依据每个区域的人文条件和自然环境所能承受的“量”而定，不是根据主观意愿去构想平均主义的全面复兴。全面复兴之后，区域间的地位差别和战略差别依然存在，但这能够共同支撑中华民族这个整体的多样性发展，人们的相对幸福感和获得感也将趋向一致。

二　坚持和平复兴

一个民族要壮大，涉及的不仅仅是这个民族国家本身的利益，与周边国家乃至整个世界格局也有着不可分割的关系。纵观现今世界主要资本主义国家崛起的历程，绝大多数是通过对外扩张和殖民掠夺来实现的，两次世界大战其实就是这些国家重新瓜分殖民地带来的世界性灾难，不仅如此，它们还将这种深重的灾难引向无辜的世界领地。也有人认为，一个民族国家的崛起，必然会挑战现有的世界格局，必然会挑战现有的世界秩序，必然会挑战现有的霸权。那么，中华民族伟大复兴能否超越“修昔底德陷阱”呢？答案是肯定的。

中华民族热爱和平，这是5000多年来的中国文明史早已证明了的。新中国成立以来，中国人民经过70多年的艰苦奋斗，已成长为世界第二大经济体，在这个过程中，中国没有侵略任何国家，不输出战争，不输出难民，不输出饥荒，不输出单边主义的强权政治，完全凭借中国人民的勤劳智慧，实现自己的和平发展。正如习近平所言："中国不认同'国强必霸论'，中国人的血脉中没有称王称霸、穷兵黩武的基因。"① 中国走和平发展道路，必能跨越"修昔底德陷阱"。所谓"修昔底德陷阱"，"是指一个新崛起的大国必然要挑战现存大国，而现存大国也必然会回应这种威胁，这样战争变得不可避免。此说法源自古希腊著名历史学家修昔底德的观点"②。纵观世界历史，在生产力普遍低下的情况下，国与国之间的交往形式非常单一，不存在利益共同体，或者利益共同体表现得很不明显，因而表现出"有你无我"的零和博弈，这样，一个大国的崛起必然以战争的形式向现存大国发起挑战，通过战争掠夺更多资源，壮大自己的国家。但在生产力高度发展的当代，世界历史性的交往普遍形成，国与国之间的相互依存关系不断增强，此外，信息化时代为制约战争的爆发提供了道义支持和舆论优势，人类已经不再单纯依靠自然生产力实现种族的延续，人类可以通过创造性劳动弥补自然生产力供给不足的问题。因而，当今的时代，一个大国的崛起纵然会影响世界政治经济格局的调整，也可能会引起国际秩序的重构，但其不会像冷兵器时代那样动辄以全面战争的形式表达利益主张。中国作为一个发展中大国，坚持有选择地借鉴其他大国的生存智慧，倡导构建以合作共赢为核心的人类命运共同体，从道义上获得主动权，消解西方杜撰的"中国威胁论""强国必霸论""大国责任论""中国衰败论"。

党的十八大指出："人类只有一个地球，各国共处一个世界。历史昭示我们，弱肉强食不是人类共存之道，穷兵黩武无法带来美好世界。要和平不要战争，要发展不要贫穷，要合作不要对抗，推动建设持久和平、共

---

① 习近平：《弘扬和平共处五项原则 建设合作共赢美好世界》，《人民日报》2014年6月29日，第2版。

② 张勇：《实现"两个一百年"目标必须跨越"三大陷阱"》，《理论月刊》2015年第2期。

同繁荣的和谐世界，是各国人民共同愿望。”① 和平与发展是当今时代的潮流，但随着全球化的深入发展，各种影响和平与发展的变量也在积聚，全球发展不平衡加剧，世界不和谐因素不容忽视。对此，发展中的中国重申“始终不渝走和平发展道路”，表明了负责任大国的应有担当。“我们坚决维护国家主权、安全、发展利益，决不会屈服于任何外来压力。我们根据事情本身的是非曲直决定自己的立场和政策，秉持公道，伸张正义。中国主张和平解决国际争端和热点问题，反对动辄诉诸武力或以武力相威胁，反对颠覆别国合法政权，反对一切形式的恐怖主义。中国反对各种形式的霸权主义和强权政治，永远不称霸，永远不搞扩张。中国将坚持把中国人民利益同各国人民共同利益结合起来，以更加积极的姿态参与国际事务，发挥负责任大国作用，共同应对全球性挑战。”② 从韬光养晦、卧薪尝胆谋发展到“以更加积极的姿态参与国际事务”，充分显示了发展中的中国把自身发展与世界进步紧密联系起来的责任担当，也体现了中华民族“穷则独善其身，达则兼济天下”的优良传统。自古以来，中华民族没有为人类发展进步增添过负担，中华民族没有向世界输出战争，也没有向世界输出饥荒和难民，几千年来，中国向世界输出的只有璀璨辉煌的文明成果，所以，中华民族骨子里没有穷兵黩武的基因，而是素有“和”“合”文化。当然，中国古代的“和”“合”文化也有其缺陷，它是建立在自我中心主义基础上的，否定其他中心，认为普天之下只有中国才是“天朝上国”，其他国家皆为蛮夷之邦，显然，当今我们倡导构建人类命运共同体，就必须超越这种片面的历史经验主义，以平等邦交的观念处理国际事务。

习近平总书记在多次讲话中阐述了实现中华民族伟大复兴中国梦必须走和平发展道路。2013 年 1 月 28 日，在主持十八届中央政治局第三次集体学习时习近平就强调：“中华民族是爱好和平的民族。消除战争，实现和平，是近代以后中国人民最迫切、最深厚的愿望。走和平发展道路，是

---

① 胡锦涛：《坚定不移沿着中国特色社会主义道路前进 为全面建成小康社会而奋斗》，人民出版社，2012，第 46~47 页。

② 胡锦涛：《坚定不移沿着中国特色社会主义道路前进 为全面建成小康社会而奋斗》，人民出版社，2012，第 47~48 页。

中华民族优秀文化传统的传承和发展，也是中国人民从近代以后苦难遭遇中得出的必然结论。"[①] 同时，他还指出，"我们要广泛深入宣传我国坚持走和平发展道路的战略思想，引导国际社会正确认识和对待我国的发展，中国发展绝不以牺牲别国利益为代价，我们绝不做损人利己、以邻为壑的事情，将坚定不移做和平发展的实践者、共同发展的推动者、多边贸易体制的维护者、全球经济治理的参与者"[②]。2014 年 3 月 28 日，在德国科尔伯基金会演讲时，习近平强调："中国早就向世界郑重宣示：中国坚定不移走和平发展道路，既通过维护世界和平发展自己，又通过自身发展维护世界和平。走和平发展道路，是中国对国际社会关注中国发展走向的回应，更是中国人民对实现自身发展目标的自信和自觉。这种自信和自觉，来源于中华文明的深厚渊源，来源于对实现中国发展目标条件的认知，来源于对世界发展大势的把握。"[③] 此外，他强调："中国走和平发展道路，不是权宜之计，更不是外交辞令，而是从历史、现实、未来的客观判断中得出的结论，是思想自信和实践自觉的有机统一。和平发展道路对中国有利、对世界有利，我们想不出有任何理由不坚持这条被实践证明是走得通的道路。"[④] 我们实现中华民族伟大复兴中国梦，坚持走和平发展道路，这既体现了中国人民热爱和平的优良传统，也体现了中国人民对全世界民族共同繁荣的责任。习近平还强调："中国人民的梦想同各国人民的梦想息息相通。实现中国梦，离不开和平的国际环境和稳定的国际秩序，离不开各国人民的理解、支持、帮助。中国人民圆梦必将给各国创造更多机遇，必将更好促进世界和平与发展。"[⑤] 我们不希望自己的复兴变成别国的灾难，我们也同样不畏惧别国阻碍中华民族伟大复兴的步伐，因为这是历史的必然趋势，是任何国家都无法阻挡的历史必然。"中国倡导人类命运共同体意识，反对冷战思维和零和博弈。中国坚持国家不分大小、强弱、贫富一律平等，尊重各国人民自主选择发展道路的权利，维护国际公

① 《习近平谈治国理政》第 1 卷，外文出版社，2018，第 247 页。
② 《习近平谈治国理政》第 1 卷，外文出版社，2018，第 249 页。
③ 《习近平谈治国理政》第 1 卷，外文出版社，2018，第 265 页。
④ 《习近平谈治国理政》第 1 卷，外文出版社，2018，第 267 页。
⑤ 习近平：《携手构建合作共赢新伙伴 同心打造人类命运共同体——在第七十届联合国大会一般性辩论时的讲话》，《人民日报》2015 年 9 月 29 日，第 2 版。

平正义，反对把自己的意志强加于人，反对干涉别国内政，反对以强凌弱。中国不觊觎他国权益，不嫉妒他国发展，但决不放弃我们的正当权益。中国人民不信邪也不怕邪，不惹事也不怕事，任何外国不要指望我们会拿自己的核心利益做交易，不要指望我们会吞下损害我国主权、安全、发展利益的苦果。"① 实现中华民族伟大复兴中国梦必须走和平发展道路，但这并不意味着我们为了"和平"就采取无底线的妥协退让态度。一味妥协，不可能获得真正的和平，中国和平发展的外部环境绝不会自动生成，在国际事务中，我们必须坚持"以斗争促进和平"的策略，必须坚持"以斗争促进团结合作"的策略，必须以积极的姿态去争取话语权。当前，在实现中华民族伟大复兴中国梦的道路上，我们应该树立大国外交意识，秉持正确的是非观、利益观，在国际社会中树立起中国和平发展这个典范，为人类文明的进步做出更多更大的贡献。

三　坚持四项基本原则

实现中国现代化的根本保证就是坚持四项基本原则。早在1979年3月党的理论工作务虚会上，邓小平就强调："要在中国实现四个现代化，必须在思想政治上坚持四项基本原则。这是实现四个现代化的根本前提。这四项是：第一，必须坚持社会主义道路；第二，必须坚持无产阶级专政；第三，必须坚持共产党的领导；第四，必须坚持马列主义、毛泽东思想。"②"如果动摇了这四项基本原则中的任何一项，那就动摇了整个社会主义事业，整个现代化建设事业。"③ 社会主义现代化是实现中华民族伟大复兴中国梦的先决条件，坚持四项基本原则同样是实现中国梦的根本保证。在新的历史条件下，我们必须始终坚持并丰富四项基本原则，以保证我们在实现中华民族伟大复兴的进程中不走改旗易帜的邪路，也不重蹈封闭僵化的老路之覆辙。

坚持社会主义道路，确切地说，是坚持中国特色社会主义道路，这是

---

① 习近平：《在庆祝中国共产党成立95周年大会上的讲话》，《人民日报》2016年7月2日，第2版。

② 《邓小平文选》第2卷，人民出版社，1994，第164~165页。

③ 《邓小平文选》第2卷，人民出版社，1994，第173页。

实现中华民族伟大复兴的根本道路。立足于社会主义初级阶段的国情，大力解放和发展社会主义生产力，坚持自力更生，加大自主创新力度，同时，学习和借鉴资本主义世界先进的科学技术和管理理念以为社会主义服务。需要指出的是，要扭转过去“学习为本”的方式，重新确立“自力更生为本”的发展理念，只有社会主义以本身的制度优势创造出比资本主义更强大的生产力（原创性生产力），社会主义制度的优越性才能从根本上凸显。否则，我们只能永远“跟着资本主义屁股跑”，就无从超越资本主义国家。为此，只有充分发扬自力更生的革命精神，中华民族才能在社会主义道路上越走越自信、越走越坚定，更好地坚持和捍卫中国特色社会主义道路。当然，中国特色社会主义道路需要不断开拓才能更具包容性，我们必须在全面深化改革中拓宽这条道路，吸引越来越多的人坚信这条道路，自觉捍卫这条道路。

坚持人民民主专政（无产阶级专政）是实现中华民族伟大复兴中国梦的内在要求。新的历史时期，我们坚持人民民主专政，需要坚持和运用马克思主义的阶级分析方法，准确判断中国社会阶层构成情况。显然，改革开放以来，中国社会阶层结构已经发生翻天覆地的变化，无产阶级队伍本身又注入了新的群体，即人数众多的农民工群体，整个社会结构比以往任何时候都更加多元和复杂，我们不能简单地用“人民”与“敌人”这两种思维方式来进行是非判断。无论怎样，我们强调的人民民主专政，都应该是多数人的专政。实现中华民族伟大复兴的中国梦，是全体中国人民的梦想，这个梦想是“民有”“民建”“民享”的家国大梦。是否坚持人民民主专政，关乎共和国政权的生命，毛泽东强调，“没有广泛的人民民主，无产阶级专政不能巩固，政权会不稳”①，因而，在新的历史条件下，坚持人民民主专政，应该回归广泛民主，而不是任由权力与资本联姻操控民主，只有将人民民主专政建立在“人民主体”之上，让“人民主体”成为国家政权供奉的“至尊的神”，我们的社会主义政权才能不断超越历史周期率。李长征认为：“党和国家的根本出路，是维护并加强中国共产党的工人阶级先锋队性质和人民民主专政的社会主义国家政权的性质，坚

① 《毛泽东著作选读》（下），人民出版社，1986，第824页。

持党的基本路线，坚持科学发展，实现社会主义的现代化。”①

实现中华民族伟大复兴中国梦的根本组织保障就是要坚持中国共产党的领导。中国共产党不仅是开创中国特色社会主义事业的领导核心，也是带领全体中华儿女实现民族伟大复兴的领导核心，这个领导核心地位是在漫长的艰苦斗争中确立起来的，不是自封的。当然，一个政党的领导地位是需要不断巩固的。在新的历史条件下，我们强调坚持党的领导，还存在完善党的领导的问题。党领导人民群众的方式不能一成不变，改革开放以来，人民群众觉悟程度已经提到相当高的水平，这必然要求中国共产党改变以往单一的领导方式，采取灵活的领导方式，不断加强自身建设，以不断保持先进性和纯洁性，克服“尾巴主义”的倾向，时刻走在时代前列，走在群众前列，做群众的领路人，带领中国人民朝着中华民族伟大复兴的中国梦前进。党的十八大指出：“新形势下，党面临的执政考验、改革开放考验、市场经济考验、外部环境考验是长期的、复杂的、严峻的，精神懈怠危险、能力不足危险、脱离群众危险、消极腐败危险更加尖锐地摆在全党面前。不断提高党的领导水平和执政水平、提高拒腐防变和抵御风险能力，是党巩固执政地位、实现执政使命必须解决好的重大课题。全党要增强紧迫感和责任感，牢牢把握加强党的执政能力建设、先进性和纯洁性建设这条主线，坚持解放思想、改革创新，坚持党要管党、从严治党，全面加强党的思想建设、组织建设、作风建设、反腐倡廉建设、制度建设，增强自我净化、自我完善、自我革新、自我提高能力，建设学习型、服务型、创新型的马克思主义执政党，确保党始终成为中国特色社会主义事业的坚强领导核心。”② 全面从严治党，是新形势下坚持和完善党的领导的决定性举措。必须继续发扬坚持中国共产党的领导的根本政治优势，同时，推进党内问责制度建设，不断提高党执政的科学化、民主化和责任化水平，向人民、向历史不断交出满意的答卷。

坚持马克思列宁主义毛泽东思想是实现中华民族伟大复兴中国梦的行动指南。人类成功的实践离不开正确的思想理论（或者正确的意识形态）

---

① 李长征：《关于坚持四项基本原则的思考》，《探索》2011 年第 2 期。

② 胡锦涛：《坚定不移沿着中国特色社会主义道路前进 为全面建成小康社会而奋斗》，人民出版社，2012，第 49~50 页。

的指导，实现中华民族伟大复兴中国梦亦是如此。实现中华民族伟大复兴的第一个阶段性胜利（民族独立），是中国人民在马克思列宁主义、毛泽东思想的指导下取得的；社会主义探索时期的伟大成就也是在马克思列宁主义、毛泽东思想的指导下取得的；改革开放至今，中国成为世界第二大经济体的伟大成就也是在时代化、大众化的马克思列宁主义、毛泽东思想的指导下取得的，我们没有理由不坚持以这一被实践证明了的正确的思想体系为自己的行动指南。“马克思主义的世界观方法论最突出的特征是实事求是、群众路线、独立自主。这三条贯穿于马克思主义发展全过程的各个阶段，既是马列主义的活的灵魂、毛泽东思想的活的灵魂，也是中国特色社会主义理论体系的活的灵魂。对这个活的灵魂，没有精准透彻的理解把握，我们就没有也不可能有正确的方向和共同的语言，因而也不可能形成切实的社会主义意识形态。”① 马克思列宁主义、毛泽东思想作为一种意识形态，是探索社会发展规律的意识形态，“实事求是”的思想路线、认识路线和实践路线，体现了马克思主义知行合一的品质。对生活在社会中的个体而言，是社会意识形态塑造着其个性。我们强调坚持人民主体性作为实现中华民族伟大复兴的根本原则，但是，如果人们的思想被其他错误的意识形态占据，那么，其主体性就无法汇聚成实现中国梦的历史合力，反而有可能转变为社会发展的破坏力量。当前，面对形形色色的错误思潮泛滥之势，我们必须毫不动摇地把握住马克思主义实事求是的品质，在人们的日常生活中恢复马克思主义的批判性和革命性，将马克思主义的精神实质融入日常生活批判，在人们的日常生活中重建历史唯物主义的权威，以捍卫马克思列宁主义、毛泽东思想，更好地发展中国特色社会主义理论体系，为人民群众开展实现中国梦的“自主活动”不断提供正确的思想指导和行动指南。

① 许志功：《加强社会主义意识形态建设与坚持四项基本原则》，《南京政治学院学报》2015 年第 1 期。

第四章

民族复兴的艰辛历程与人民主体性的历史变迁

人民群众是历史的创造主体，这是历史唯物主义的一条基本原理，但是，在各个时代，人民群众创造历史的生产方式是有差别的，这种差别决定了人民群众在特定历史时期的身份和地位。如果人民群众是按部就班地创造历史，缺乏历史的主动精神，那么，他们就只能成为创造历史的事实主体，却不能成为创造历史的价值享有主体。纵观整个人类阶级社会历史长河，人民群众创造历史的事实性与价值性是相互分离的，马克思主义所追求的共产主义社会，就是要实现人民群众创造历史的事实性与价值性相统一，一方面克服人的异化，另一方面促进人的自由而全面的发展。这也是马克思主义人民主体性思想的根本出发点。

人民群众创造历史的方式与他们所处的历史时代的生产方式密切相关。在马克思看来，劳动是人类创造历史的根本方式，而怎么劳动、用什么劳动？生产力就成了衡量历史发展水平的根本性标准。正如前文所述，一个时代的生产力发展水平是那个时代人民主体性发育程度的决定性因素，反过来，这个时代人民主体性的发育程度也会影响生产力发展水平和时代的进步。从这个意义上来说，实现中华民族伟大复兴中国梦，就是要实现中华民族生产方式的根本变革，从根本上推动中华民族的历史进步，从而实现伟大复兴。

人民的主体性是社会历史的产物，是人民实践的产物，随着历史活动的深入，人民群众的主体性也必然得到提升。但是，人民主体性的提升路线往往不是直线性的，而是螺旋式上升的。历史是一本镌刻着无数经验教训的百科全书，有着深远历史的民族是幸福的，因为它可以继承一笔民族遗产，而这笔遗产对这个民族面向未来至关重要。回顾历史，我们不难发现，实现中华民族伟大复兴是一场不断深入发展的历史活动，在这一过程中，人民主体性的历史变迁与这场不断深化的历史活动存在逻辑同构的关联。

在实现中华民族伟大复兴中国梦的新起点上，我们要深刻认识人民主体性历史变迁的内在规律，也需要对人民主体性的生成发育状况有一个宏观把握，因此，很有必要深刻认识实现“中国梦”的奋斗历程与人民主体性历史变迁逻辑同构的内在规律，为推进中华民族伟大复兴的新征程提供历史借鉴。就目前而言，实现中华民族伟大复兴的奋斗历程大致经历了旧民主主义革命、新民主主义革命、社会主义探索、改革开放四个历史阶段，人民主体性的发展在每一个阶段都有其鲜明的特点。

第一节　旧民主主义革命与人民主体性的启蒙

“实现中华民族伟大复兴，就是中华民族近代以来最伟大的梦想。”①“近代”一词，表明它是“中国梦”的直接历史起点，也是“民族复兴”的直接起点，其标志性历史事件就是1840年的鸦片战争。鸦片战争使中华民族逐渐沦为半殖民地半封建社会，使中国人民遭受了帝国主义长达一个世纪的蹂躏践踏。“多难兴邦”是有一定道理的，正是基于这种深重的民族灾难，复兴中华民族的愿望才越发强烈。一个民族只有经历过深重的灾难才能自强不息，只有居安思危才能实现民族的自我革新，实现民族肌体的“造血”，增强“新陈代谢”的功能。其实，实现中华民族伟大复兴中国梦的奋斗历程，就是中华民族共同体意识不断觉醒的过程，它伴随着几代中国人的主体性的实践变迁。

一　“物腐”与“虫生”接踵而至

物必先腐，而后虫生。虽然西方殖民主义列强直接导致了中华民族近

① 《习近平谈治国理政》第1卷，外文出版社，2018，第36页。

代以来的深重灾难，但内因才是决定事物发展的根据，我们应善于从自身找问题，从中华民族当时落后的物质生产方式以及保守封闭的世界观出发研究问题。首先，从生产方式上看，尽管我们曾说，明清时期，中国已经出现了资本主义萌芽，但由于统治阶级重农抑商的政策，加上闭关锁国的国策，处于萌芽期的中国资本主义在多重压迫下早已胎死腹中。因而，鸦片战争爆发之前，中国的生产方式依然停留在自给自足的小农经济时代，尽管清朝的小农经济已经发展到前所未有的高度，但它毕竟不是先进生产力的代表，必然走向穷途末路。自给自足的小农经济是一种小私有制，它以家庭为基本单位进行生产和交换，人们的交往受到极大的限制。其次，在这种小农经济模式下，上层建筑的腐朽和偏狭在清王朝时期已经发展到历史的顶点。从政治上层建筑来看，高度集权的政治体制在明清之际发展到顶峰，皇权至上是不可动摇的准则，从乾隆开始，吏治腐败就成为清王朝“一腐不可收拾”的大格局，统治阶级贪婪无度，势必把这种贪婪的代价转移到被统治者身上，最终由劳苦大众为统治阶级的腐朽“埋单”，官民矛盾潜滋暗长，一触即发。从观念上层建筑来看，清王朝继承统治者高扬礼教精神和忠、孝、节、义的伦理道德，当然，这套伦理道德是面向臣民的，不是针对皇帝的。在这一套思想体系下，人民群众既承受着肉体的盘剥，又承受着精神的禁锢，臣民心态、草民心态和奴仆心态交织在一起。清王朝统治时期，社会民众的思想始终处于以传统儒学文化为核心的英雄史观的统治之下，人民群众的历史作用虽然得到一定程度的肯定，但是始终没有得到应有的承认。人民群众习惯了“皇恩浩荡”的臣民心态，社会精英阶层也沉溺于“天朝上国”的黄粱美梦当中，因而日益变得保守僵化，夜郎自大。精英阶层依附皇权，疏远普通群众，由于阶级的局限性，精英阶层尚不能充分开展“自主活动”，遑论受到物质生活与精神困扰双重压迫的贫苦大众了。中国古代，统治阶级最怕群众自发组织起来，一旦群众能够自发组织起来，就势必威胁到君权的地位，这是历代君王所不能容许的。然而，在“顺我者昌，逆我者亡”的霸权统治之下，涣散的群众不足以与统治者对抗。因而，从总体上而言，鸦片战争前，中国人民大众甚至精英阶层都受到安于现状的宿命论支配，主体性缺失，那些士大夫阶层大多陷入腐败的泥潭，缺乏革新意识，思想守旧和僵化，这就使中华民族不可避免地遭受了长达100多年的历史浩劫。

鸦片战争前，英国人就开始勾结腐败的地方官员，向中国走私鸦片长达20多年，使中国对外贸易由“出超”变为“入超”，每年大量白银外流，银贵钱贱，通货膨胀日益严重，清廷国库空虚，财源枯竭。不仅如此，大量王公贵族、普通群众沾染鸦片，精神萎靡，毫无斗志。于是，清廷为了扭转这一局面，决定实行禁烟运动。正是民族英雄林则徐领导的广东虎门销烟，触动了英国利益，1840年6月，英国以清政府禁烟损害其利益为由，向清王朝发动了鸦片战争。这场战争以中国的“不战而败”“不败而败”告终，签订了丧权辱国的《南京条约》，从此揭开了大清帝国割地赔款的耻辱史的序幕，也揭开了近代中华民族伟大复兴的抗争史的序幕。

二　开眼看世界与救亡图存的探索

任何历史活动都需要先行者，实现中华民族伟大复兴的抗争也不例外。正当顽固派们把清廷国耻转化为盲目排外之际，在亲历了鸦片战争的失败后，林则徐、魏源等开明地主阶级把目光转向了“师夷”“制夷”，意识到西洋物器之功，主张通过物器之变，延续清王朝的统治，但他们并没有涉及制度理念的变革，而是继续采取“愚民政策”。在林则徐《四洲志》的基础上，魏源主持编撰了《海国图志》这部划时代著作，主张中国人不应该沉迷于黄粱美梦之中，应该“开眼看世界”。林则徐、魏源的主张得到了曾国藩、李鸿章、左宗棠等封疆大吏的认同和支持，也得到恭亲王奕䜣的重视。因而，在全国范围内，兴起了一场以“师夷长技以制夷”“师夷长技以求富”为口号的洋务运动。洋务运动主张的“师夷”主要是指学习西方国家的“物器之功”，而不是寻求“观念之变”。但清王朝派出的留学生，除了向西方学习科学技术之外，也不可避免地接触西方先进的人文理念，这无疑从客观上加速了中国人“开眼看世界”的步伐。

由于倡导洋务运动的只是士大夫阶层中的少数人，整个社会精英的思想意识依然停留在三纲五常的宗法伦理之上，而普通群众依然处于“沉睡”状态。因此，洋务运动对部分精英群体接受西学、开阔眼界起到一定作用，也在一定程度上延续了清王朝的寿命，但它对提高整个民族的主体性几乎没有发挥过多少积极作用，它的受益面是狭隘的。清王朝“师夷长技”除了想“制夷”之外，也隐藏着镇压国内人民反抗专制剥削的目的，它之所以不敢学习西方的“观念之变”，恰恰就源于它想继续采取“愚民政策”，维护专制独裁，地主阶级绝不可能变革自身的专制来带领中国人民实现中华民族伟大复兴。这就是封建地主阶级本身的狭隘性所在，这也就决定了地主阶级不能成为中华民族伟大复兴的领导者和领路人。

鸦片战争并没有给整个中华民族带来实质性的精神冲击，尽管人民群众对洋人入侵愤慨不已，但手无寸铁、毫无组织性的普通老百姓又能奈何？清王朝的耻辱对他们来说，就转化成越发沉重的苛捐杂税。不在沉默中爆发，就在沉默中灭亡。但由于缺乏科学理论的指导，这些反抗与历史上的反抗没有本质差别，具有强烈的盲从色彩。农民阶级领袖洪秀全领导的太平天国运动无疑是对探索农民阶级的“天国梦”进行的一番有益尝试。洪秀全喊出了在当时具有平均主义色彩又极具革命性的口号，即有田同耕，有饭同食，有衣同穿，有钱同使，无处不均匀，无人不饱暖。在当时，这一最具“革命性”的纲领，极大地满足了农民对土地的诉求，短期内调动了广大农民的积极性。但是由于领导阶级本身的局限性，其制定的纲领不能把农民阶级已被激发的主体性引向健康持续的轨道。太平天国运动中后期，农民阶级的革命性与人的惰性结合在一起，使得这场轰轰烈烈的农民运动失去了生命力，他们最终没能完成反帝反封建、建立理想“天国”的历史任务。其实，洪秀全要建立的“天国”，依然是封建专制国家的改头换面而已。虽然农民阶级领导的“天国梦”破灭，但它不失为中华民族伟大复兴进程中的有益探索。它的失败在于其领导阶级不能将农民阶级生存的主体性提升到更高层次的发展主体性，农民阶级不能成为实现民族复兴的领导者，不能成为“人民主体的核心”，但太平天国运动席卷全国 14 年之久的历史早已证明，农民阶级依然是实现中华民族伟大复兴中国梦的不可或缺也不可低估，更不能否定的主体力量。

清王朝依靠地方军阀镇压了太平天国运动之后，获得了近 30 年的喘息之机。直到 1894 年，甲午中日战争爆发，洋务派推崇的“物器之功”

被日本海军彻底摧毁，这场以“物器之变”救亡图存的运动就宣布破产。一场倡导“变祖宗之法”的维新运动随之登上历史舞台。戊戌变法运动领袖康有为、梁启超等人已经意识到“物器之变”已不足以维护清王朝的统治，“祖宗之法”已经到了不可不变的地步，希望通过一场自上而下的变法，建立君主立宪制，从而实现大清帝国的振兴。而自上而下的变法，并没有深入广大人民群众的生活，单是在整个官僚阶层都没有达成一致意见，很多洋务派沦为保守派，他们联合起来百般阻挠、暗中破坏，导致这场“百日维新”夭折。维新变法运动对整个中华民族的主体性觉醒也没有起到重大作用，但是，它对精英阶层的主体意识觉醒确实起到了不可磨灭的作用。比如京师大学堂的设立，为先进的中国知识分子了解世界、学习西方治国理念、培育下一阶段资产阶级革命的领导核心提供了平台。戊戌变法是早期资产阶级对民族复兴道路的探索，它的失败为后期的旧民主主义革命提供了经验教训。改良之路，千难万阻，步履维艰，唯有革命的利刃方能在沉睡的神州大地上划出一道曙光。

当抗击八国联军的义和团被清政府出卖之后，中国先进知识分子才逐步认清了清政府卖国苟安的嘴脸。正如韩广梓所言，“西太后‘量中华之物力，结与国之欢心’，表达的奴颜和谀态是过去所未曾有过的。在她身上，民族战争的失败同时又意味着民族抵抗意识的全部丧失。西太后经历了八国联军之役之后的心理变化代表了一个王朝的变化”①。一个王朝的核心已经失去反抗精神，足以见得这个王朝已经腐朽到何等地步。因此，女革命家秋瑾疾呼：“北上联军八国众，把我江山又赠送，白鬼西来做警钟，汉人惊破奴才梦。”② 先进的知识分子逐步抛弃拯救清政府的幻想，开始寻求革命之法，推翻清政府，以求国家重建。正如革命党人章太炎所言：“自亡清义和团之变，而革命党始兴。”③ 随着清政府日益腐败，昔日的保皇派梁启超也不得不说，“中国实舍革命外无别法”。④

---

① 韩广梓：《十九和二十世纪之交的国民心态再探析》，《南京政治学院学报》1995 年第 2 期。

② 《秋瑾集》，中华书局，1960，第 82 页。

③ 《章太炎政论选集》，中华书局，1977，第 821 页。

④ 丁文江、赵丰田编《梁启超年谱长编》，上海人民出版社，1983，第 318 页。

三　辛亥革命与国民意识的启蒙

以孙中山为代表的革命党人从民主共和意识出发，同社会下层群众建立了最初的联系，与会党、新军的接洽渐多。同时，波澜壮阔的群众自发性斗争也有利于革命的武装起义，革命的声势已大于立宪，代表了那个时代的大方向，逐渐取代改良而成为时代的中心议题。由此，追求民主自由的仁人志士纷纷卷入辛亥革命的历史潮流，中华民族伟大复兴的历史进程翻开了新的篇章。

孙中山领导的辛亥革命促进了中华民族整体主体性的觉醒和萌芽。辛亥革命推翻了统治中华民族2000多年的封建帝制，兴民权，开国会，让民主共和的观念深入人心，极大地解放了人们的思想。虽然革命果实被袁世凯窃取，但是，历史潮流浩浩荡荡，顺其者昌、逆其者亡，袁世凯最终在举国的声讨唾骂中抑郁死去。这表明中国人民的思想已经在革命的历史活动中得到民主科学的洗礼，已经从封建帝王打造的“皇恩浩荡”的迷雾中解放出来。尽管仍有很多的封建残余未涤荡干净，但致力于国民劣根性改造的新文化运动又给了封建残余迎头一击，它对封建主义进行的无情批判、它倡导的民主与科学深刻地影响民族复兴的进程。孙中山本人的革命实践，也激励了众多有为之士，孙中山领导的革命，几经挫折，甚至溃败，但他从未放弃过“三民主义”的革命理想，直至他生命的最后一刻，依然在为实现民主共和而奔波。那个时代，孙中山已经成为革命的精神领袖，当革命群众找到自己的领袖后，他们的革命意识和革命斗志就会大大提升。孙中山不愧为中国革命的先行者，正是他树立起的大旗，鼓舞着无数仁人志士共赴国难，共克时艰。辛亥革命虽然失败了，但我们必须肯定其对唤醒中华民族整体主体意识的伟大历史功绩。正如张元隆所言：“辛亥时期国民意识的崛起，构成了中国近代启蒙运动历史链条中承上启下的一个不可缺少的环节。它上承戊戌时期‘鼓民力，开民智，新民德’的思想启蒙，以‘批判的武器’和‘武器的批判’，摧毁了封建专制制度；下启五四时期唤起‘多数国民自觉’的新文化运动，促使国民意识的进一步觉醒。”①

① 张元隆：《辛亥革命与国民意识的崛起》，《探索与争鸣》1991年第6期。

洋务运动、太平天国运动、戊戌变法运动、义和团运动以及辛亥革命未能完成实现中华民族伟大复兴的历史任务，辛亥革命却通过推翻封建帝制的上层建筑，为整个民族主体意识的觉醒创造了有利条件。19世纪中后期，中国人民的主体性发展非常缓慢，到了20世纪初，在辛亥革命和新文化运动的影响下，整个中华民族受到民主与共和观念的洗礼，国民的精神气质相对封建王朝时期的蒙昧状态来说，已经不可同日而语了。总体来看，旧民主主义革命摧毁了封建社会的象征——封建帝制，建立了中华民国，使人民群众沉睡着的主体意识被轰轰烈烈的革命实践和民主共和的精神洗礼初步唤醒，为中华民族下一阶段的伟大复兴准备了“行动着的群众”。

第二节　新民主主义革命与人民主体性的总体生成

新民主主义革命是实现中华民族伟大复兴中国梦的决定性阶段，也是中华民族“主体性”总体生成的关键环节。人民主体性总体生成的原因是多方面的，但最主要的有两点：一是中国革命的领导阶级及其政党登上了历史舞台；二是中国共产党掌握、传播、创新先进的理论武器——马克思主义理论，特别是阶级斗争理论，并通过群众路线把广大受压迫人民组织起来，成功探索出一条人民战争和人民革命的道路。

一　在思想论争中传播“新世界观”

俄国十月革命一声炮响，为中国带来了马克思列宁主义的春风。五四运动加速了马克思列宁主义在中国的传播，一大批资产阶级民主革命先进分子，被马克思主义吸引，转而传播马克思主义理论。当时的中国曾出现许多“空想社会主义”派别，如社会主义改造派、无政府主义派、工读互助空想派、工团主义派、新村主义派、合作主义派、基尔特社会主义派等，这些流派客观上加速了马克思主义理论在中国的传播。其中，以陈独秀和李大钊为代表的早期中国共产党领导人在传播马克思主义过程中发挥了“旗手”的作用，他们积极宣扬马克思主义的阶级和阶级斗争理论。俄国十月革命胜利后，李大钊在《Bolshevism的胜利》一文中指出，俄国的战争“是阶级战争，是合世界无产庶民对于世界资本家的战争”。[①] 俄国的胜利，实质上是无产阶级对资本家阶级的胜利。陈独秀更是将马克思主义的阶级斗争理论同国内实际结合起来，他在《告北京劳动界》一文中认为，劳动界是一个阶级，它“是指绝对没有财产全靠劳力吃饭的人而言，就职业上说，是把那没有财产的木匠、泥水匠、漆匠、铁工、车夫、水夫、成衣、理发匠、邮差、印刷排字工、佣工、听差、店铺的伙计、铁路上的茶房、小工、搬运夫，合成一个无产的劳动阶级”[②]。陈独秀又指出，18 世纪的德莫克拉西属于财产工商阶级，而“二十世纪的‘德莫克拉西’，乃是被征服的新兴无产劳动阶级，因为自身的共同利害，对于征服阶级的财产工商界要求权利的旗帜”。[③] 陈独秀通过演讲、演说等形式向广大劳动群众和青年学生传播马克思主义阶级理论，大大增强了阶级斗争理论的传播效果。杨匏安则从唯物史观入手，传播了马克思主义的阶级历史观，力图打破英雄史观的统治地位。他说：“历史的根源，不在天之创成，而归之地之生产，以技术及经济的因子，为一切政治及精神上之历史原动；生产上之变化，即历史变化所由起，……演出社会上之阶级者，生产之形态也；而此种阶级之战争，即人类之历史焉。”[④]

需要指出的是，当时的中国存在形形色色的救国思想，马克思主义刚刚传入中国的时候，并没有引起广大知识分子的足够重视。但正是在门类繁多的民主思潮影响下，中国的无产阶级把他们遭受的压迫同各种民主思潮反映的价值目标结合起来，在反复比较中，一些人才逐步选择了马克思主义作为自己的思想武器。

19 世纪 20 年代初，中国兴起了一场关于“问题与主义”的争论，这场争论的主角是胡适与陈独秀。胡适认为，空谈主义，不着眼于中国的实际问题，不干实事，不进行实证，是根本不能改变现状的。陈独秀则认为，主义是一面旗帜，旗帜树立起来，人们才会有所趋附，才能组织起来，共克时艰。五四运动之后，中国工人阶级作为独立的政治力量登上了

---

① 李大钊：《Bolshevism 的胜利》，《新青年》1918 年第 5 卷第 5 号。

② 《陈独秀文章选编》上，生活·读书·新知三联书店，1984，第 449 页。

③ 《陈独秀文章选编》上，生活·读书·新知三联书店，1984，第 449 页。

④ 《杨匏安文集》，广东人民出版社，1986，第 131~132 页。

历史舞台，而要让无产阶级行动起来，除了无产阶级本身的利益驱使，还有赖于各种民主思潮，也包括马克思主义。这场争论，极大地促进了马克思主义在中国的传播，一些追求救国真理的先进知识分子逐渐把践行马克思主义确立为终生奋斗的事业。

二　工人阶级政党的诞生及早期革命探索

1921 年 7 月，中国共产党成立后，继续秘密开展马克思主义的宣传工作，积极将工人阶级组织起来举行罢工等。在中国共产党领导下，工人阶级的主体性得到巨大的提升，他们从一个“自在”阶级逐步转变为“自为”阶级，成为拥有历史主体性的“行动着的群众”。工人阶级主体性提高的关键在于，科学理论找到了它的心脏——无产阶级，无产阶级找到了自己的大脑——马克思主义和无产阶级政党。在中国共产党领导下依靠马克思主义武装起来的无产阶级摆脱了以往斗争的盲目性和自发性，变得更加自主自为，逐渐成长为最具革命性的阶级。工人阶级革命的主体性生成不是直线性的，而是曲折反复的，在遭到反动派无情镇压之后，工人运动就陷入了低谷，工人阶级队伍里面的悲观情绪也开始滋生。

基于中共领导工人运动的实践经验和共产国际对中国革命的指示，中共于 1922 年 6 月 15 日发表了《中国共产党对于时局的主张》，文件指出“帝国主义的侵略和军阀政治是中国内忧外患的根源，也是人民受痛苦的根源”①，“打倒列强除军阀”成为中国革命最紧迫的任务。革命任务的转变，必然涉及阶级观念的调整。鉴于当时中国共产党本身的力量弱小，它必须找到非对抗阶级组成联合战线，共同完成紧迫的革命任务。

随着革命活动的深入发展以及人民群众思想的转变，革命队伍逐渐扩大。中共二大通过的宣言指出：“他的目的是要组织无产阶级，用阶级斗争的手段，建立劳农专政的政治，铲除私有财产制度，渐次达到一个共产主义的社会。”② 这是中国共产党第一次提出“劳农专政”的政治目标，

---

① 《中国共产党大事记 · 1922 年》，人民网，http://cpc.people.com.cn/GB/64162/64164/4415940.html。

② 《中国共产党第二次全国代表大会宣言》，人民网，http://cpc.people.com.cn/GB/64162/64168/64554/4428164.html。

表明共产党不再“只维护无产阶级的利益”，也代表了农民阶级的利益。不仅如此，文件还指出，“中国三万万的农民，乃是革命运动中的最大要素”，充分肯定了农民阶级的地位和力量，并对农民阶级做了区分：“（一）富足的农民地主；（二）独立耕种的小农；（三）佃户和农业雇工。”① 其中后两者占到了95%以上，农民阶级要想摆脱穷困和痛苦，就必须起来革命。同时，只有农民阶级参加了革命，革命成功才有保障。

中共二大还通过了《关于“民主的联合战线”的议决案》，该议决案提出要联合全国一切可以联合的革命党派，包括资产阶级民主派在内，建立联合战线，共同完成迫切任务。这就扬弃了中共一大的一些规定，如“在政治斗争中，在反对军阀主义和官僚制度的斗争中，在争取言论、出版、集会自由的斗争中，我们应始终站在完全独立的立场上，只维护无产阶级的利益，不同其他党派建立任何关系”②。这说明，当时的中国共产党已经开始逐步摒弃关门主义的斗争形式，尝试建立革命统一战线，把马克思主义的阶级理论同中国的具体实际相结合，建立联合战线，促进革命高潮的到来。

中共二大之后，工人运动依然是中心工作。党继续领导工人罢工运动，先后有安源路矿工人罢工、开滦五矿大罢工、京汉铁路工人大罢工等，尽管工人运动遭到地方军阀的残酷镇压，付出了惨痛的代价，但中国共产党领导的工人运动并没有被血腥镇压吓倒，中国共产党在工人运动中逐渐确立了自己的领导地位，逐渐成为中国革命的中流砥柱。

中共早期对工人阶级领导地位的认识过程并不是一帆风顺的。党内一些领导人曾对此产生分歧，张国焘认为，人民群众“只有要求改良的动机，还没有真觉悟革命之必要”③。张国焘片面夸大知识阶级的作用，在《知识阶级在政治上的地位及其责任》一文中指出，“在素来缺乏政治活

① 《中国共产党第二次全国代表大会宣言》，人民网，http：//cpc. people. com. cn/GB/64162/64168/64554/4428164. html。

② 《中国共产党第一个决议》，人民网，http：//cpc. people. com. cn/GB/64162/64168/64553/4427949. html。

③ 张国焘：《革命党的“否认”病》，《向导》第15期（1922年12月27日）。

动的中国人民中间，那极少数的知识阶级是最彻底最有革命精神的成分，占政治上的重要地位”①。在他看来，农民阶级只求太平盛世，对政治没有兴趣；工人阶级虽然有了一定阶级意识，但仍然是“幼稚”的；而对士大夫阶层的知识分子而言，做官才是他们的专利；只有知识阶级能带领深受苦难的农民、工人脱离苦海。在张国焘的笔下，工人阶级不是革命的领导阶级，农民不是革命的主力军，资产阶级软弱无力，工农群众则幼稚无知，革命的希望只有寄托在“知识阶级”身上。其实，以张国焘为代表的悲观主义者坚持历史唯心主义的阶级观，而不是历史唯物主义的阶级观，所幸的是，这股悲观主义风气并没有在党内形成主流。

第一次国共合作成为扭转工人阶级悲观情绪的转机。随着革命运动的发展，中国共产党进一步加深对农民阶级的认识。中共三大指出：“拥护工人农民的自身利益是我们不能一刻忽忘的；对于工人农民之宣传与组织是我们特殊的责任；引导工人农民参加国民革命更是我们的中心工作。我们的使命是以国民革命来解放被压迫的中国民族，更进而谋世界革命，解放全世界的被压迫的民族和被压迫的阶级。”② 农民问题与工人问题并列成为党的中心问题。陈独秀指出：“这种农民的大群众，在目前已是国民革命之一种伟大的潜势力，所以在中国目前需要的而且是可能的国民运动（即排斥外力打倒军阀官僚）中，不可漠视农民问题。”③ 中共四大对农民阶级的认识进一步深化：“要使中国不陷于奴隶的地位，完全靠着中国劳苦群众的努力，完全靠着全世界劳农联合起来反对资本主义的奋斗！”④ 这里的劳苦群众无非就是工人、农民、学生、手工业者等受压迫阶级，只有他们组成联盟，才能摆脱被奴役的命运。

中共四大通过的《对于农民运动之议决案》强调：“中国共产党与工人阶级要领导中国革命至于成功，必须尽可能地、系统地鼓动并组织各地农民逐渐从事经济的和政治的争斗。没有这种努力，我们希望中国革命成

① 《张国焘和〈我的回忆〉》，四川人民出版社，1982，第 20 页。

② 《中国共产党第三次全国代表大会宣言》，人民网，http://cpc.people.com.cn/GB/64162/64168/64555/4428211.html。

③ 《陈独秀文集》第 2 卷，人民出版社，2013，第 422 页。

④ 《中共第四次全国代表大会宣言》，人民网，http://cpc.people.com.cn/GB/64162/64168/64556/4428257.html。

功以及在民族运动中取得领导地位，都是不可能的。”[①] 李大钊在《土地与农民》一文中认为，“中国的浩大的农民群众，如果能够组织起来，参加国民革命，中国国民革命的成功就不远了”[②]。毛泽东在《国民革命与农民运动》一文中指出：“农民问题乃国民革命的中心问题，农民不起来参加并拥护国民革命，国民革命不会成功；农民运动不赶速地做起来，农民问题不会解决；农民问题不在现在的革命运动中得到相当的解决，农民不会拥护这个革命。”[③] 农民问题成为中国革命的中心问题，是对经典马克思主义阶级理论的丰富和发展。

在国共第一次合作之初，共产党主要负责领导工人运动，国民党主要负责军事行动，国共两党分工配合，还算相得益彰。共产党领导的工人运动有力地配合了国民党领导的军事行动，而国民党领导的军事行动则有力地保证工人运动的进行。工人阶级的革命信心被重新点燃，工人运动迎来了新的高潮，工人阶级革命的主体性得到大幅度提升，为中国共产党队伍的壮大提供了广大的群众基础。

国共两党为结束中国军阀割据的混乱局面，决定北伐。北伐战争是工人阶级争取自身地位的战争，也是工人阶级组建革命军队的尝试，正是工人阶级革命主体性的不断生成，才有力推动了北伐战争的胜利。

三 探索“农村包围城市”的革命新道路

整个国共第一次合作期间，尽管中共逐渐把农民问题确立为中国革命的中心问题，但并没有在广大农村广泛开展农民运动，而是想把农民吸引到城市来参加国民革命，这显然违背了农民的利益，这样的革命策略是不可能取得成功。即便毛泽东尝试在农村开辟新的革命领地，但也被当时党中央认为是“非主流”的革命策略。这个时期，中国广大农村依然处于尚未觉醒的状态，广大农民没有经历革命火种的熏陶和洗礼，他们的思想依然停留在小农意识状态。中国这个东方社会国家，并不像俄国那样保存

① 《对于农民运动之议决案》，人民网，http://cpc.people.com.cn/GB/64162/64168/64556/4428268.html。

② 《李大钊全集》第五卷，人民出版社，2006，第85页。

③ 《毛泽东文集》第1卷，人民出版社，1993，第37页。

着大量的集体农庄，相反，中国农业以家庭为基本经营单位，旧中国的农民也不具备高度组织化的历史条件，因而，中国共产党要把占人口90%以上的农民组织起来，其难度是可想而知的。

在第一次国共合作破裂之后，中国共产党坚持的城市中心主义革命路线遭到毁灭性的打击，成千上万的共产党员和革命群众牺牲在反动派的屠刀之下。毛泽东等人探索和开辟的农村革命道路把革命的火种散播到广袤的农村，使工人阶级的“自为精神”向农民阶级传播扩散，在很多地方，农民阶级也开始通过“自为”斗争，争取自身权利。被剥削阶级的利益意识、权利意识和主体意识不断高涨，而剥削阶级始终没有减少剥削，阶级矛盾再次激化，跃升为主要矛盾。在这种严峻的斗争中，以农民为代表的被剥削阶级的主体意识在革命实践中得到进一步强化，他们的利益意识已经觉醒，意识到自己的实际地位与剥削阶级的盘剥密切相关，反动派的屠杀和镇压已经无法扑灭他们心中的革命火种。

毛泽东把革命火种引向农村的探索和尝试成为保存革命火种的另一种可能。以毛泽东、朱德为代表的中国共产党人并没有选择沉默，而是毅然决然领导南昌起义、秋收起义等武装行动回击国民党反动派的屠杀。中国共产党开创“党支部建在连上”的实践，创造了无产阶级政党与革命军队相结合的全新模式，确立了党对军队的绝对领导权，建立了无产阶级和革命群众的军队，从而延续并提升了无产阶级和劳动人民的革命主体性。毛泽东把革命的思想武器传播到农村，迅速开展武装斗争和土地革命，在广大农村散播革命火种，使农民阶级——这个被无数革命家遗忘的阶级，获得了最具革命性的科学理论指导。他们迅速行动起来，捍卫自己的劳动成果，积极参军，壮大革命队伍。毛泽东在农村开辟了一条属于中国工人阶级和农民阶级，也符合中国国情的革命路线，即农村包围城市的革命路线。确立农村包围城市的革命路线，使农村这片广袤的土地，使农民这个占全国人口90%的阶级，逐渐受到革命家的重视。农民这个人数最多、贡献最大而又默默无闻的草根阶级，被提升到中国革命主力军的地位（第一次国共合作期间，中国共产党初步认识到农民阶级在国民革命中的主力军地位，但在实际革命斗争中，农民阶级并没有被广泛组织起来），无疑是以毛泽东同志为核心的中国共产党人对马克思主义人民主体性思想的现实运用和发展。从数量上来看，农民阶级毫无疑问成为革命军队的主体力量，但这一主体力量不能承担领导阶级的职责，领导力量必须由无产阶级及中国共产党来担当。这里并不是说，农民不能成为无产阶级，无产阶级的大门并没有向农民阶级关闭而是一直敞开，只要农民阶级经过马克思主义理论的精神洗礼，同样可以成为领导阶级。工农联合的革命模式，是最先进的阶级与人数最多的阶级的联合，这个联合克服了农民阶级的狭隘性，也克服了中国无产阶级数量偏少的先天不足。当无产阶级革命的星星之火在广大农村点燃，为深受压迫的农民阶级指明了方向时，农民阶级就不断往星星之火上添火加薪，使革命的星星之火在全国范围内发展成燎原之势。当工人阶级革命主体性向农民阶级扩散之时，整个中华民族的主体性才算全面苏醒。

四　中华民族在人民战争中“站起来”

九一八事变之后，日本帝国主义加快灭亡中国的步伐，民族矛盾迅速升温，逐渐取代国内深刻的阶级矛盾成为主要矛盾。自古以来，同仇敌忾、抵御外辱一直是维系中华民族生存和发展的一条重要纽带，但国共两党在对外战略上有所差别，中共坚持“停止内战，一致对外”的政策，国民党政府则坚持“攘外必先安内”的主张。在民族大义面前，中国共产党的主张逐步得到进步人士的理解和支持，国民党的主张遭到了国内民主人士的反对，最终，爱国将领张学良和杨虎城发动“西安事变”，走上了逼蒋抗日、联共抗日的道路。中共摒弃前嫌，出面调停“西安事变”，联蒋抗日，蒋介石被迫做出“停止内战，一致对外”的承诺，至此，国共两党终于结束了长达十年的内战，建立抗日民族统一战线。抗日民族统一战线的建立，促进了整个中华民族共同体意识的觉醒。在抗日战争中，中国流传着这样的口号：地无分南北，年无分老幼，皆有守土抗战之责。这足以见得，中华民族在抵御外辱的过程中形成了坚强不屈的凝聚力。可以说，抗日战争是中华民族举全国之力与日本帝国主义的一场生死较量，一个民族面临亡国灭种的危险之时，也是最能迫使这个民族觉醒之时。

当日本“三个月灭亡中国”的计划被中华民族粉碎之后，抗日战争进入相持阶段，同时，国内舆论对抗日前景做了不同的评估，有人提倡“速胜论”；更有甚者，看不到抗战胜利的希望，宣扬悲观的“亡国论”。毛泽东撰写了《论持久战》等文章驳斥这两种错误的观点，极大地鼓舞了抗战军民的士气。他说：“抗战十个月以来，一切经验都证明下述两种观点的不对：一种是中国必亡论，一种是中国速胜论。前者产生妥协倾向，后者产生轻敌倾向。他们看问题的方法都是主观的和片面的，一句话，非科学的。”① 当国民党在正面战场节节败退之时，共产党领导的八路军和新四军在条件异常艰苦的情况下，放手发动群众，开辟了敌后抗日根据地，牵制了日伪军主力，并逐步壮大自己的队伍，最终成为抗日战争中后期的攻坚力量、中流砥柱。抗日战争时期走向成熟的毛泽东思想，则成为支撑抗战胜利的一面旗帜。毛泽东将政府军队抗日引向全体人民抗日，这是世界战争史上的首创，毛泽东创立的人民战争理论，也无疑丰富和发展了马克思主义的唯物史观。正如毛泽东所说：“人民，只有人民，才是创造世界历史的动力。”② 因此，抗日战争必须由国家战争发展成人民战争，最大限度地调动广大人民群众，保卫河山，保卫家园。毛泽东认为：“革命战争是群众的战争，只有动员群众才能进行战争，只有依靠群众才能进行战争。”③ 中国共产党必须联合一切可以联合的力量，在和各种力量结成统一战线过程中，逐步确立自己的领导地位，“依靠民众则一切困难能够克服，任何强敌能够战胜，离开民众则将一事无成”。④ 最终，在毛泽东人民战争思想的指导下，经过艰苦抗战，中国共产党领导的无产阶级革命军队增长到100多万人，延安成为青年学子心中的革命圣地，延安精神也成为中国抗日精神的缩影。抗日战争的胜利是中国军队的胜利，更是中国人民的胜利，这场战争是中国近代以来抵御外辱的第一次完全胜利，它极大地鼓舞了民族自信心和自豪感。抗日战争的胜利充分彰显了中国人民开创中国历史新篇章的本质力量，它宣布中国任由帝国主义侵略的历史一去不复返。如果说，辛亥革命促进了中华民族整体主体性的萌芽，

① 《毛泽东选集》第2卷，人民出版社，1991，第440~441页。

② 《毛泽东选集》第3卷，人民出版社，1991，第1031页。

③ 《毛泽东选集》第1卷，人民出版社，1991，第136页。

④ 《毛泽东军事文集》第2卷，军事科学出版社、中央文献出版社，1993，第381页。

那么，抗日战争则是中华民族主体性总体生成的关键时期，它第一次把整个中华民族组织起来，结束了旧中国一盘散沙的历史。在抗日战争的中后期，以马克思主义为指导思想的中国共产党及其革命军队深入敌后，密切联系群众，开辟敌后战场，建立敌后抗日根据地，填补了国民党军队大溃败造成的“组织真空”，逐渐成为沦陷区人民群众的主心骨。中国共产党的领导地位不是自封的，而是在与国民党的对比中逐步确立的。人民群众通过特定的历史事件自主选择自己的领导核心，并通过自主活动开创个人历史，人们的个人历史相互碰撞、斗争、合作，形成推动社会向前发展的历史合力。可以说，抗日战争的胜利，也是中国社会各阶级博弈形成的历史合力战胜日本帝国主义的结果。

经过抗日战争，中国人民更加珍惜来之不易的和平，建立联合政府已成为全国人民的共同愿望，但蒋介石悍然发动内战，民心向背不问即知。群众有了争取历史地位的觉悟，把他们组织起来，才能凝聚起推动社会历史的强大动力。人民群众创造个人历史与人民群众创造社会历史不是同一个概念。人民群众创造个人历史是针对上帝创造人的历史而言，但是，人民群众创造社会历史，就必须是整个民族行动起来，整个民族具备一致的觉悟。如果将“人民群众是历史的创造者”这一命题片面化，必然会陷入形而上学的教条主义境地，可能陷入历史的机械主义。如果中国共产党把“人民群众是历史的创造者”的命题当作“圣经”，不去激发人民群众内在需要，不去提高人民群众的主体性，民族独立是很难实现的。人民主体性受到社会主要矛盾的牵引，社会主要矛盾背后潜藏着人民群众的最迫切需要，特别是人民群众意识到这种矛盾的时候，他们就会将这种迫切需要转化为实际行动，并在实践活动中表现出高度的“自为”精神，尽管这种“自为”精神会受到历史环境的制约。中国人民不仅用小推车推出来淮海战役等的胜利，也推出了新中国。新民主主义革命的胜利，实现了民族独立，它使世界的中国变成真正意义上中国人的中国。实现民族独立的“中国梦”，我们的先辈用了100多年的时间。在这100多年的奋斗历程中，特别是中国共产党领导的28年艰苦斗争中，促进中国人民革命主体性的总体生成，成为推动中华人民共和国成立的重要因素。人民群众创造历史的本质力量在新民主主义革命的伟大实践中得到充分彰显，越来越多的“行动着的群众”团结在中国共产党周围，也有越来越多的“沉睡的群众”经历了革命精神的洗礼，逐渐苏醒，成为“行动着的群众”。实现中华民族伟大复兴中国梦随着新民主主义革命的胜利而进入新的历史纪元。

第三节　社会主义探索与人民主体性的曲折发展

社会主义探索时期，是实现中华民族伟大复兴中国梦的奠基时期，尽管探索过程中出现了不少失误，人民群众未能充分开展“自主活动”，但高度组织化的社会结构弥补了历史条件的先天不足，在物资匮乏的基础上凝聚出前所未有的历史合力。人民主体性始终以螺旋式上升的轨迹运动，在这一螺旋式上升的运动轨迹中，蕴藏着中华民族“求变”的迫切愿望和整体意志。

一　“站起来”的中华民族面临的新任务

新中国的成立，结束了旧中国四分五裂、军阀割据的混乱局面，宣布中华民族百年屈辱历史的终结，中国人民开始扬眉吐气，重拾自尊自信，走上自力更生的道路。正如毛泽东所说：“我们有一个共同的感觉，这就是我们的工作将写在人类的历史上，它将表明：占人类总数四分之一的中国人从此站立起来了。中国人从来就是一个伟大的勇敢的勤劳的民族，只是在近代是落伍了。这种落伍，完全是被外国帝国主义和本国反动政府所压迫和剥削的结果。”① “我们团结起来，以人民解放战争和人民大革命打倒了内外压迫者，宣布中华人民共和国的成立了。我们的民族将从此列入爱好和平自由的世界各民族的大家庭，以勇敢而勤劳的姿态工作着，创造自己的文明和幸福，同时也促进世界的和平和自由。我们的民族将再也不是一个被人侮辱的民族了，我们已经站起来了。”② “我们团结起来”，说明中国结束了一盘散沙的历史，各民族重新结成利益高度一致的命运共同

---

① 《建国以来毛泽东文稿》第1册，中央文献出版社，1987，第6页。

② 《建国以来毛泽东文稿》第1册，中央文献出版社，1987，第6页。

体，各阶级的矛盾将在新生的国家政权中得到有效调解。“我们已经站起来了”，是中国人民的脊梁骨挺直起来了，我们已经丢掉了“东亚病夫”的帽子，我们的民族精神受到极大的鼓舞，重拾民族自尊心和自信心。在“站起来”的基础上，毛泽东呼吁，“全国同胞们，我们应当进一步组织起来。我们应当将全中国绝大多数人组织在政治、军事、经济、文化及其他各种组织里，克服旧中国散漫无组织的状态，用伟大的人民群众的集体力量，拥护人民政府和人民解放军，建设独立民主和平统一富强的新中国”①。

毛泽东是一位伟大的历史主义者，他的观点和论断充满历史辩证法的精神，他深知，中国人民虽然通过艰苦抗争“站起来了”，但当时的中国依然一穷二白，百废待兴，如果不从根本上改变中国贫穷落后的面貌，“站起来”的中国人民也不能行稳致远，也不可能实现中华民族伟大复兴。对以毛泽东同志为核心的第一代党的领导集体而言，由于面临极为复杂的国内外环境，从根本上改变中国贫穷落后的面貌不可能遵循常规，真可谓“一万年太久，只争朝夕”。面对如此险恶的国内外局势，中国共产党领导的强国之路也不可能完全照搬苏联工业化道路，只能另辟蹊径。唯一可行的办法，就是通过国家政权的形式，把中国各阶级重新组织起来，加快建设新中国的步伐。正如毛泽东所说：“我们不能走世界各国技术发展的老路，跟在别人后面一步一步地爬行。我们必须打破常规，尽量采用先进技术，在一个不大长的历史时期内，把我国建设成为一个社会主义的现代化强国。”②

二 确立新社会“人民主体”的神圣权威

对一个新生的国家政权而言，确立社会各阶级在国家政治生活中的地位是头等大事，也是这个国家能否把斗志高昂的革命群众有序组织起来投入生产建设的关键所在。新中国成立前夕，中国人民政治协商会议第一届全体会议审议通过了《中国人民政治协商会议共同纲领》作为临时宪法，

---

① 《建国以来毛泽东文稿》第1册，中央文献出版社，1987，第11~12页。

② 《毛泽东文集》第8卷，人民出版社，1999，第341页。

其中第一条规定了新中国的性质：“中华人民共和国为新民主主义即人民民主主义的国家，实行工人阶级领导的、以工农联盟为基础的、团结各民主阶级和国内各民族的人民民主专政，反对帝国主义、封建主义和官僚资本主义，为中国的独立、民主、和平、统一和富强而奋斗。”第十三条规定了政协会议的阶级构成，“中国人民政治协商会议为人民民主统一战线的组织形式。其组织成分，应包含有工人阶级、农民阶级、革命军人、知识分子、小资产阶级、民族资产阶级、少数民族、国外华侨及其他爱国民主分子的代表”。第十二条规定人民群众在国家政权中的主体地位，“中华人民共和国的国家政权属于人民”。第五条规定了公民的基本权利，“中华人民共和国人民有思想、言论、出版、集会、结社、通讯、人身、居住、迁徙、宗教信仰及示威游行的自由权”。尽管其中没有明确对国家做出社会主义的规定，但它确立了人民民主专政的国体，从制度上确立了人民群众在国家政权中的主体地位，赋予了人民广泛的公民权利。可以说，其作为国家的临时宪法，从根本上规定了社会各阶级在国家政治生活中的地位，为中国有序地开展民主改革提供了根本依据。广大人民群众在政治上彻底翻身，成为国家的主人，随着地位的改变，人民群众的主人翁意识空前提高。“五四宪法”发展了《中国人民政治协商会议共同纲领》的精神实质，也反映了形势发展的一些新变化，对国家的走向做出“社会主义”的规定，“五四宪法”总纲第四条规定：“中华人民共和国依靠国家机关和社会力量，通过社会主义工业化和社会主义改造，保证逐步消灭剥削制度，建立社会主义社会。”此外，“五四宪法”还将中国共产党的“群众路线”工作方针和根本宗旨写进了宪法，以克服国家机关脱离群众的风险，有效地防止了国家一些工作人员由“人民公仆”蜕变为“社会主人”。如总纲第十七条规定：“一切国家机关必须依靠人民群众，经常保持同群众的密切联系，倾听群众的意见，接受群众的监督。”再如总纲第十八条规定：“一切国家机关工作人员必须效忠人民民主制度，服从宪法和法律，努力为人民服务。”“五四宪法”对《中国人民政治协商会议共同纲领》的承袭和发展，深刻反映了人民群众政治地位的变化，为国家进一步把社会各阶级组织起来打下了稳固的基石。“五四宪法”奠定了“人民民主专政”的政治基石，为中国人民开展民主改革的政治实践提供了根本保障。

三 “群众运动”与民主变革

新中国成立后，中国共产党作为执政党在全国范围内的组织架构逐步完善起来，避免了民主改革无序化造成的社会动荡。各级党组织在领导人民群众发展民主政治过程中，充分发挥了党的组织优势，有序引导了民主改革的进程。广泛发动群众，以“群众运动”的形式推进民主改革，极大地促进了民众的觉醒。虽然以“群众运动”的形式推进民主改革不一定是最科学合理的方案，但是在特定历史时期，这种形式却发挥了不可比拟的作用。广大人民群众纷纷参与到民主改革进程中来，同时在这场民主改革进程中受到民主思想的启蒙，也就是说，对中国而言，现代民主进程主要不是由现代民主思想的普遍启蒙开启的，而主要是由新中国成立后广泛的民主实践培育起来的。这种“群众运动”是在各级党组织的领导下有序展开的，各级党组织在领导人民通过“群众运动”推进民主改革过程中，也不断扩大自己的群众基础。尽管“群众运动”的形式可能缺乏科学性，简单粗暴，但是在存在大量阶级和阶级对立的年代，“群众运动”不仅具有民主功能，而且具有专政功能。新中国成立后，为捍卫新生的人民政权，共和国进行了土地改革、抗美援朝、镇压反革命、“三反五反”等伟大斗争，这些斗争巩固了新生政权，也提高了人民群众参与国家政权的责任感和主体意识，增强了人民群众的主人翁意识。

总体而言，新中国成立后的近三十年，在中国共产党的领导下，广大人民群众在政治上通过“群众运动”的大众民主组织起来，极大地激发了国人的民主意识。任何民主形式都只是历史的，不是永恒的，随着历史的发展和社会结构的变化，人们会对民主实现形式提出新诉求。当“群众运动”的大众民主实践完成它的启蒙使命后，在精英与人民群众之间就必须保持平衡，如果偏执于其中一方，就会束缚人民群众主体性。一个健全的社会，精英与人民群众之间应该存在一定的流动性，并不能全然固化，而“群众运动”背后的阶层成分划分，直接影响到精英与人民群众之间的“代际公平”。在任何时代，率先行动起来的群众，往往不是普通人，而是精英群体或群众中的精英。如果一个社会以抑制精英群体为维持社会秩序正常运行的代价，整个社会可能看似秩序井然，实则潜伏危机。这种危机不是来源于精英群体，而是来源于民众不断觉醒的主体意识，这种主体意识潜藏着冲破固化的政治参与模式的冲动。不可否认，“群众运动”作为国家在政治领域把民众组织起来的重要途径，在历史上曾发挥了民主意识整体启蒙的重要作用，而这种民主意识的整体启蒙也倒逼中国共产党不断推动社会主义制度的自我完善和发展。

四　社会主义探索中的“人民伟力”

新中国成立后，中国共产党迅速把人民群众组织起来投入社会生产，逐步恢复被连年战火摧毁的国民经济，保证人民群众的基本生活，同时，发扬自力更生、艰苦奋斗的革命精神，开展整治作风的运动，反对贪污浪费，严抓偷税漏税、行贿受贿等不法行为，把官僚主义作风扼杀在摇篮里。此外，国家还开展反对盗骗国家财产、盗窃经济情报，反对偷工减料等运动，极大地提高了人民群众的生产积极性，为改造国家的经济基础奠定了广泛的群众基础。由于复杂险恶的国内外局势，新中国成立后，并没有像中国历代王朝开国之初那样长期实施无为而治的“休养生息”政策，而是迅速采取积极有为的经济改造策略，着手建立中国的工业体系，力图从根本上改变中国贫穷落后的经济面貌。经历了百年屈辱，中国人民深知“落后就会挨打”的道理，普遍理解和支持国家迫切改变经济面貌的主张和策略。在物资极度短缺的年代，勤劳勇敢的中国人民在中国共产党的领导下，甘愿“勒紧裤带”支持国家建设，这是人类历史上极为罕见的伟大的民族精神。中国人民将国家理想、民族理想与个人理想高度统一起来，融入激情燃烧的岁月，人民主体性得到整体提升。“三大改造”完成，标志着社会主义制度在中国基本确立，至此，中国延续了几千年的剥削制度宣告终结。社会主义公有制的建立，使人们的劳动不再从属于资本，克服了劳动异化，为劳动者自由发展创造了有利条件。特别是农村，经过互助组、合作社，最终建立人民公社制度，将农民的小私有制整合起来，变成社会主义公有制（集体所有制），彻底废除了剥削制度的经济基础。中国共产党结束了传统农村的涣散状态，将中国数以亿计的农民组织起来，建设社会主义，极大地促进了农业的发展。虽然组织起来的农村、农业、农民并没有实现真正的社会化大生产，但正是这种高度组织化的农业生产方式为国家工业化提供了源源不断的资金，或者说，是中国农民用传统的生产方式苦苦支撑并推动着国家工业化和现代化的历史进程。在工业化方面，中国工人阶级在中国共产党的领导下大力弘扬自力更生、艰苦奋斗的优良作风，充分发挥社会主义集中力量办大事的制度优势，连续实施“五年计划”，初步建立了门类齐全的国家工业体系，在国防领域取得“两弹一星”事业的辉煌成就，打破了美、苏的核威胁，为中国争取更大的和平发展空间创造了条件，中国人民的自尊心和自信心随着综合国力的增强而逐步提升。

新中国成立后，中国共产党立即投入社会改造的伟大革命，全面开展移风易俗的社会风气改造。在社会生活方面，禁止鸦片、娼妓活动，全面取缔黄、赌、毒，“破四旧、立四新”，废除社会陋习，净化社会风气；在文化教育方面，开展群众性的扫盲运动①，提升了人民群众的文化水平；在医疗卫生方面，探索中国特色的“赤脚医生”医疗服务，满足人民群众在特定历史时期的基本医疗需求，大幅提高了人民群众的平均寿命；在意识形态上，坚持马列主义、毛泽东思想的指导地位，发扬勤俭节约、艰苦奋斗的作风，践行“为人民服务”的根本宗旨，倡导“人人为我，我为人人”的社会价值观，树立了影响深远的雷锋精神、铁人精神、焦裕禄精神等精神丰碑，为广大干部群众把个人价值与国家利益结合起来树立了时代的鲜活榜样。

新中国成立后近三十年，中国共产党通过高度组织化的形式有效整合了全国力量，完成“三大改造”，建立起社会主义制度，实现中国社会制度的历史性跨越。人民群众创造历史的潜能在高度组织化的社会结构中得

---

① 有资料显示，新中国成立之时，全国5.5亿人口中有4亿多是文盲，文盲率高达80%。文盲，成为中国发展道路上的拦路虎。扫盲成为摆在新政权面前的一个亟待解决的难题。1953年11月24日，政务院扫除文盲工作委员会发出《关于扫盲标准、扫盲毕业考试等暂行办法的通知》，规定扫盲标准为：干部和工人，一般可订为认识2000个常用字，能阅读通俗书报，能写二三百字的应用短文；农民一般订为能识1000个常用字，大体上能阅读通俗书报，能写常用的便条、收据；城市劳动人民一般订为能识1500个常用字，读、写标准参照工人、农民的标准。各省、市可根据具体情况，灵活掌握。根据群众要求，县扫盲工作委员会或教育科可给考试及格者发扫盲毕业证书。

到极大调动。由于社会阶级结构相对简单，人们的利益诉求也存在趋同化的倾向，所以，人们创造历史的潜能被激发后，也相对容易整合成趋同的历史合力。这与中国共产党人的实事求是和远见卓识是分不开的。正如毛泽东所言："共产党员应是实事求是的模范，又是具有远见卓识的模范。因为只有实事求是，才能完成确定的任务；只有远见卓识，才能不失前进的方向。"① 按照历史惯性，新成立的人民共和国应该实施休养生息的政策，不宜立即着手社会改造的事业，但是，富有远见卓识的中国共产党人并没有也不能选择"无为而治"执政方案。那种看似容易的选择方案，实际上潜藏着巨大的危机。新中国成立初期，如果中国共产党选择了长期休养生息的执政方案，那么，中国走上社会主义道路可能变得更加艰难，长期休养生息的结果不是让一个民族保持高昂斗志，而是让一个民族逐步在安逸的生活中走向没落。中国历代王朝的兴衰转变，莫不如此。休养生息并不能节制资本，反而可能导致资本肆意扩张和贫富差距不断扩大，从而扩大"人民主体"之间的差异和分歧，甚至会引发彼此间更加激烈的冲突和对抗。在新中国成立后近三十年的时间里，正是中国大力弘扬艰苦奋斗、自力更生的创造精神，而不是长期实施"无为而治"的休养生息，国民精神才能长期保持高昂的状态，避免了走向萎靡颓废的风险。

五 社会高度组织化与"自主活动"的张力

新中国成立初期，在中国共产党带领下，广大人民群众以满腔的热情在高度组织化的社会结构中通过集体行动创造了人民共和国一个个伟大奇迹，大大缩短了中国现代化的历史进程，充分显示了社会主义集中力量办大事的优越性。当然，这个阶段是中国的社会主义探索时期，由于缺乏历史经验，只能在探索的过程中不断积累正反两方面的经验，所以，探索的历程充满未知数。

尽管以毛泽东为代表的中国共产党人尤为谨慎地开展社会主义改造和建设，但仍不可避免出现失误，因为正确的认识往往以不断"试错"为历史前提。正如毛泽东《关于领导方法的若干问题》一文中所指出的：

① 《毛泽东选集》第2卷，人民出版社，1991，第522~523页。

“在我党的一切实际工作中，凡属正确的领导，必须是从群众中来，到群众中去。这就是说，将群众的意见（分散的无系统的意见）集中起来（经过研究，化为集中的系统的意见），又到群众中去作宣传解释，化为群众的意见，使群众坚持下去，见之于行动，并在群众行动中考验这些意见是否正确。然后再从群众中集中起来，再到群众中坚持下去。如此无限循环，一次比一次地更正确、更生动、更丰富。这就是马克思主义的认识论。”① 但是在社会主义探索时期，不可能全然从群众的眼前利益诉求出发，如果仅从眼前利益出发，就不能建立社会主义制度，而要超越人民群众眼前利益的历史局限性，就必须用国家和民族的长远利益统领眼前利益，这就要求中国共产党人具有远见卓识的战略定力，一方面要坚持社会主义的既定方向，另一方面要团结带领群众走向社会主义，并帮助群众克服与生俱来的利己主义倾向，在社会主义的既定方向与群众的眼前利益之间，开辟一条具有中国特点的社会主义改造和建设道路。

中国共产党作为领导核心，对社会主义改造和建设规律的认知转变直接影响人民群众创造历史的态度和行动。起初，人民群众以高昂的热情投入社会主义改造和建设，但随着从纠“左”向反右的转变，“左”的错误迅速在党内外蔓延，妄图通过拔高生产关系，实现“跑步”进入共产主义的目标，过分依靠人的精神力量，忽视人现实的物质利益，人民群众的实际生活水平却没有得到提高，也极大地挫伤了人民群众建设社会主义的积极性和主动性。比如，在“大跃进”过程中，人民群众虽然是实践的主体，但缺乏实践的主体性。缺乏主体性的主体，往往只是形而上学的、机械的主体，不是能动的主体，而事实的主体却变成了安排人们从事生产劳动的各种“计划”或“指令”。“计划”或“指令”虽然能为人民群众创造历史提出明确的目标任务，但它并不能代替人民群众创造历史的“自主活动”，并不是“计划”或“指令”规定的目标越大（如“人有多大胆，地有多大产”），人们创造历史的能力就越强，一旦它的实际内容超越了人们所能承受的范围，也会引起人们的逆反心理，甚至会加剧人们的挫败感。当“计划”或“指令”渗透到人们具体的劳动过程中时，人

① 《毛泽东选集》第3卷，人民出版社，1991，第899页。

们的创造性就会受到抑制，整个社会就会呈现齐一化的特点，社会生活的多样性空间就会被挤压。通过“计划”或“指令”把人们高度组织起来，追求形式上的“一大二公”，固然可以在短期内积聚全国之力建设社会主义，但通过挤压人们的生活资料增加国家资本的做法最终是不可持续的。在高度组织化的社会结构中，个体服从集体，个体个性与集体个性高度趋同，这虽然缩小了阶级内部的形式差别，但不能消除阶级内部的实质差别，工人与农民之间相互流动的制度壁垒也成为人们提升社会交往能力的制度障碍。人们创造历史的合力不仅仅是所有人创造能力的简单叠加，而且包括整个社会中的各个阶级之间形成的社会交往关系。如果这种关系和谐可持续发展，并且具有相互流动性，其历史合力就会表现出“正向溢出”效应，远远大于“1+1=2”的历史合力，而是“1+1>2 的历史合力”；如果各阶级之间的关系不和谐或者不可持续，其历史合力就会表现出“1+1<2”的特点，甚至出现“1+1<1”或“1+1<0”的情况。如果用数学等式或不等式来表达中国各阶级创造历史的合力在新中国成立近三十年中的历史变迁，它大致经历了两个阶段，即“文革”前“1+1>2”的历史合力，“文革”期间及“文革”结束后两年“1<1+1<2”的历史合力。如果任由“文革”发展下去，任由阶级斗争不断扩大化，“人民主体”间内耗不断增加，人人自危，社会主义制度将逐步走向僵化、固化，最终失去生命力，创造历史的合力也将从“1<1+1<2”转向“1+1<1”，甚至转向“1+1<0”。

整个社会主义探索时期，是实现中华民族伟大复兴的奠基时期，社会主义探索的道路异常艰辛曲折，中国人民创造历史的主体性也呈现螺旋式上升的曲折发展趋势。首先，国家从政治层面确立了人民民主专政的政体，人民群众的历史地位空前提高；其次，国家从经济层面确立了全民所有制经济和集体所有制经济，消灭了阶级剥削，实现了社会成员经济地位的平等；最后，在思想领域进行马克思主义宣传，使得精英文化逐步变为歌颂人民的大众文化。国家从宏观层面确立了人民主体地位，这是中国人民历史地位的伟大飞跃，是巨大的历史进步。

人民主体地位的实现道路是曲折的，其中一个重要原因就是过分依赖“计划”或“指令”，忽视发挥人的主观能动性与尊重客观规律的辩证统一，片面期望通过拔高政治上层建筑、经济上层建筑和观念上层建筑来实现人民主体地位。党内的“左”倾看似重视人的主观能动性，实则是极端主义，缺乏辩证思维，凡是容易采用“一刀切”的思维，倡导精神万能主义，把“计划”和“指令”当作唯一的“圣令”，忽视人们创造历史过程中的“自主活动”，忽视历史合力是由众多“自主活动”相互碰撞而成的这一客观事实，在实践中就表现出主观主义倾向，忽视群众多元化的利益诉求，从而肢解人民主体地位的多样性。社会主义探索时期，我们党更多从制度的静态层面对人民主体地位进行规定，而在现实的操作层面，党更多强调人民精神领域的主体性，忽视人民物质利益层面的主体性，因而存在物质利益与精神追求之间深刻对立的现象，这是我们全面开启建设社会主义国家新征程需要吸取的经验教训。

一个国家不仅需要把民众组织起来，也需要为人民群众开展创造历史的“自主活动”预留足够的空间，提高社会的开放性水平。如果一个社会高度组织化，但又缺乏相对开放和包容的自主空间，整个社会也将缺乏创造活力，比如“文革”十年间，人们普遍处于政治意识形态的高压之下，无政府主义和民粹主义泛滥，人民群众既已生成的主体性在发展过程中遇到难以继续提升的瓶颈，社会主义建设的路子日益走向封闭僵化的“死胡同”。但是，不能因此彻底否定社会主义探索时期取得的伟大成就，这一时期作为实现中华民族伟大复兴的奠基时期的历史地位不可动摇，人民群众创造历史的主体性整体提升的基本事实不容否定，人民群众创造历史的合力呈现高度组织化的发展态势不可忽视，需要我们不断总结这些历史经验。正如党的十八大重申，“在探索过程中，虽然经历了严重曲折，但党在社会主义建设中取得的独创性理论成果和巨大成就，为新的历史时期开创中国特色社会主义提供了宝贵经验、理论准备、物质基础”。[①] 社会主义探索时期，人民群众创造历史的主体性在形式上已经突破了那个时代的生产方式的限制，而生产方式未能及时发生变革，当时的制度也未给人们开展创造历史的“自主活动”预留足够的空间。在短期内，

① 胡锦涛：《坚定不移沿着中国特色社会主义道路前进 为全面建成小康社会而奋斗》，人民出版社，2012，第10页。

管得过死过严的“计划”或“指令”确实可以为国家积累大量资金，但从长期来看，它必定会削弱人民群众通过劳动实践创造历史的主体性，是不可持续的。尽管这一时期，人民主体性的发展遭遇严重挫折，但中国共产党和国家面临的不再是人民主体性的启蒙运动，而是在既已生成的基础上，对之进行疏导，积极为人民群众创造历史开辟新的场域和空间。

第四节　改革开放与人民主体性的全面释放

改革开放是决定当代中国命运的关键一招，这是毋庸置疑的基本事实，它使社会主义的中国逐步走出封闭僵化的老路，不断开辟和扩展中国特色社会主义道路。在中国道路上，中国共产党领导中国人民不断解放和发展生产力，促进综合国力的整体跃升，为广大人民群众开展创造历史的“自主活动”提供了更加广阔的空间和舞台。

一　“真理标准大讨论”与思想观念之变

学界普遍认为，中国的改革开放是从农村开始的，这一共识，是以安徽凤阳小岗村 18 位农民“立字据，分田地”的首创性实践为历史依据的。我们知道，发生在安徽凤阳小岗村“包产到户”的历史事件，只是一个必然中的偶然性历史事件，这一历史事件如果不发生在安徽凤阳小岗村，也会发生在其他省市某个农村；如果不是发生在农村，也会发生在某个城市的某个企业，因而，我们不应该过分关注这种偶然性的历史事件本身，而应该继续探索这种偶然性历史事件背后的历史动因。笔者认为，中国的改革开放从农村取得了现实的突破口，但它的起点并不是农村改革本身，而是一场影响当代中国发展走向的思想观念大变革，确切地说，是“真理标准大讨论”。

新中国成立后近三十年是人民主体性整体螺旋式上升的时期，而“两个凡是”的错误方针则是人民主体性在特定历史时期继续提升必须跨越的认识论障碍。“文革”结束后，中国虽然打倒了“四人帮”及其追随者，但人们的思维依然未能摆脱“以阶级斗争为纲”的错误思想的干扰，再加上华国锋等人坚持“两个凡是”（即“凡是毛主席作出的决策，我们都坚决维护；凡是毛主席的指示，我们都始终不渝地遵循”①）的错误方针，人们渴望变革的呼声越发强烈。“两个凡是”涉及的是真理是非的认识论问题，这种认识论是“文革”时期“一句顶一万句”的延续，严重违背了中国共产党人实事求是的思想路线。一场思想路线的拨乱反正成为广大党员干部群众迫切的呼唤。在中央相关领导的支持下，1978 年 5 月 11 日，《光明日报》发表了《实践是检验真理的唯一标准》一文，随后《人民日报》、《解放军报》及其他省市报刊纷纷转载，在举国上下引起了强烈反响，正所谓一石激起千层浪，一场关于“真理标准”问题的大讨论由此拉开序幕。这场讨论直接批判了“两个凡是”的错误方针，批判了形而上学的真理观，重申了马克思主义的实践真理观，提出“任何真理都需要不断接受实践的检验”的命题。“真理标准”问题的大讨论是一场广泛的“民意测试”（尤其是对知识精英的民意测试），也是一场影响深远的思想解放运动，它为中国共产党开启思想路线的拨乱反正、重新确立实事求是的思想路线奠定了思想舆论前提和群众基础。十一届三中全会高度评价了关于“真理标准”问题的大讨论，果断结束了“以阶级斗争为纲”的错误口号，把党和国家的工作重心转移到经济建设上来，彻底否定“两个凡是”的错误方针，重新确立了实事求是的思想路线。可以说，关于“真理标准”问题的大讨论，使人们开始破除陈旧狭隘的阶级是非观的困扰，逐步从形而上学的真理观中解放出来，逐步确立起马克思主义“实践观点”在社会意识领域的应有地位。关于“真理标准”问题大讨论的深入开展得到中央高层的认可，改变了以往动辄凭借狭隘的“阶级是非观”“乱扣帽子、乱打棍子”的做法，为人们开展创造历史的“自主活动”预留了较大的空间。正是这场思想解放运动带来了相对宽松的历史环境，1978 年 11 月，安徽凤阳小岗村 18 位村民“立字据，分田地”的首创性尝试才能获得实践检验的机会，否则，恐怕等不到实践检验，这 18 位农民就会被扣上“反革命”的帽子，或者，

---

① 《关于建国以来党的若干历史问题的决议》，中国共产党新闻网，http://cpc.people.com.cn/GB/64162/64168/64563/65374/4526454.html。

哪怕他们的首创性行动经得起实践的检验，他们也可能经不起狭隘阶级是非观的批判。所以，中国改革开放的起点不应该局限于农村改革这个突破口，而应该追溯到关于“真理标准”问题大讨论带来的思想观念之变革。

二　改革开放进程中的“行动着的群众”

党和国家逐步退出具体微观的经济活动，采用宏观调控的方式调节经济，为广大人民群众开展“摸着石头过河”的首创性经济实践预留了较大的自主空间，释放出积蓄多年的社会活力，极大地解放和发展了社会生产力，改变了中国贫穷落后的整体面貌，实现中华民族伟大复兴的中国梦迎来了“再组织化”的历史新任务。

十一届三中全会后，党和国家把工作重心从阶级斗争转移到经济建设上来，结束了“以阶级斗争为纲”的错误口号，终结了形而上学的绝对真理，把党在政治、经济、文化等方面的方针政策交由人民群众不断深化发展的实践去检验。党和国家依然要为人民群众的社会实践指明方向，但要逐步告别高度集中的“计划”“指令”，逐步从人民群众社会实践（生产劳动）的具体过程中退出，充分发挥人民群众在具体劳动过程中的首创精神。人民群众的首创性实践是改革开放需要不断总结和汲取的经验，改革政策要尊重和保护人民群众的首创精神。比如，安徽凤阳小岗村的18位农民订立字据，将集体土地包产到户，从而开启了中国农村改革的先河。诚如邓小平所说：“农村搞家庭联产承包，这个发明权是农民的。农村改革中的好多东西，都是基层创造出来，我们把它拿来加工提高作为全国的指导。”① 20世纪80年代初，家庭联产承包责任制在全国范围内推广，广大农民获得了农村集体土地的自主经营权，这提高了农民生产劳动的积极性，大幅度了提高农产品的产量，增加了劳动收入，改善了农民的生活。家庭联产承包责任制的实施，从某种意义上说，其实不是给农民提供直接的劳动产品，而是给农民提供开展“自主活动”的劳动机会，它使得农民对自己的劳动更加负责，因为劳动的质量将直接影响到自己的

① 《邓小平文选》第3卷，人民出版社，1993，第382页。

收入，从而避免了以往集体劳动过程中的“搭便车”现象。获得了土地的自主经营权，农民可以按照收入最大化的原则制订耕作计划，提高耕作的效率，从而使生产劳动更加符合客观规律。随着家庭联产承包责任制的深入实施，农村社会生产力得到极大解放，大批农村剩余劳动力从土地上解放，搞起家庭副业，开办集体企业，或者成为个体工商户，丰富社会总产品，人民群众的生活水平得到较大提高。进入21世纪以来，大量农村剩余劳动力涌入城市谋生、发展，在为城市经济发展提供了充足的人力资源的同时，也为广大农民共享城市文明提供了可能，有的人通过诚实劳动在城市立足，实现农民向市民的身份转变。2010年，国家统计局首次将“农民工”纳入统计范畴：“全年农民工总量为24223万人，比上年增长5.4%。其中，外出农民工15335万人，增长5.5%；本地农民工8888万人，增长5.2%。”① 到2015年底，“全国大陆总人口137462万人，比上年末增加680万人，其中城镇常住人口77116万人，占总人口比重（常住人口城镇化率）为56.10%，比上年末提高1.33个百分点”。“全国人户分离的人口2.94亿人，其中流动人口2.47亿人。”“全国就业人员77451万人，其中城镇就业人员40410万人。”“全国农民工总量27747万人，比上年增长1.3%。其中，外出农民工16884万人，增长0.4%；本地农民工10863万人，增长2.7%。”② 这些数据变化表明，改革开放40多年来，中国城乡人口结构发生了深刻变革，这都是人们思想解放意识到自己的利益并勇于为利益而奋斗的结果。

党和国家如果不对人民群众的首创性实践持包容和鼓励的态度，依然用各种条条框框把人民群众的交往活动限制在狭隘的地域范围内，以“阶级是非”为标准，设置各种活动禁区，那么，中国是很难走出封闭僵化的老路的，中国的社会活力不可能如此迅速地释放，中国也很难赢得三十多年高速发展的战略机遇期，中国也不可能在三十多年的时间里改变一穷二白的旧面貌。从经济指标上看，1978年，国内“工农业总产值达到五

---

① 《中华人民共和国2010年国民经济和社会发展统计公报》，国家统计局，http：//www.stats.gov.cn/tjsj/tjgb/ndtjgb/qgndtjgb/201102/t20110228_30025.html。

② 《中华人民共和国2015年国民经济和社会发展统计公报》，国家统计局，http：//www.stats.gov.cn/tjsj/zxfb/201602/t20160229_1323991.html。

千六百八十九亿八千万元”，“全国人口为九亿七千五百二十三万人”①，人均 GDP 为 583.43 元。到 2008 年，“全年国内生产总值 300670 亿元”，“年末全国总人口为 132802 万人”，“农村居民人均纯收入 4761 元，扣除价格上涨因素，比上年实际增长 8.0%；城镇居民人均可支配收入 15781 元，实际增长 8.4%。农村居民家庭食品消费支出占家庭消费总支出的比重为 43.7%，城镇居民家庭为 37.9%。按 2008 年农村贫困标准 1196 元测算，年末农村贫困人口为 4007 万人”②。再到 2015 年，中国经济虽然从“高速发展”向“中高速发展”逐步转轨，但依然保持着强劲的发展势头。“全年国内生产总值 676708 亿元，比上年增长 6.9%。”“全年全国居民人均可支配收入 21966 元，比上年增长 8.9%，扣除价格因素，实际增长 7.4%；全国居民人均可支配收入中位数 19281 元，增长 9.7%。按常住地分，城镇居民人均可支配收入 31195 元，比上年增长 8.2%，扣除价格因素，实际增长 6.6%；城镇居民人均可支配收入中位数为 29129 元，增长 9.4%。农村居民人均可支配收入 11422 元，比上年增长 8.9%，扣除价格因素，实际增长 7.5%；农村居民人均可支配收入中位数为 10291 元，增长 8.4%。全年农村居民人均纯收入为 10772 元。全国农民工人均月收入 3072 元，比上年增长 7.2%。”③ 在中国经济保持三十多年高速增长的同时，中国经济结构也发生了巨大变革，中国逐步放弃“一大二公”的发展策略，形成了以公有制经济为主体、多种所有制经济共同发展的基本格局。非公有制经济在社会生活中的地位越发凸显，从无到有，由弱变强，公有制经济虽然掌握国家经济命脉，但非公有制经济很好地弥补了公有制经济灵活性不足的问题，在促进社会就业方面，甚至发挥了主力军的作用。根据 2013 年《第三次全国经济普查主要数据公报》（第二号）相关数据，“在工业企业法人单位中，内资企业 229.3 万个，占 95.1%；港、澳、台商投资企业 5.7 万个，占 2.4%；外商投资企业 5.9 万个，占

① 《关于一九七八年国民经济计划执行结果的公报》，国家统计局，http://www.stats.gov.cn/tjsj/tjgb/ndtjgb/qgndtjgb/200203/t20020331_29991.html。

② 《中华人民共和国 2008 年国民经济和社会发展统计公报》，国家统计局，http://www.stats.gov.cn/tjsj/tjgb/ndtjgb/qgndtjgb/200902/t20090226_30023.html。

③ 《中华人民共和国 2015 年国民经济和社会发展统计公报》，国家统计局，http://www.stats.gov.cn/tjsj/zxfb/201602/t20160229_1323991.html。

2.5%。内资企业中，国有企业2万个，占全部企业的0.8%；集体企业4万个，占1.7%；私营企业176万个，占73%。在工业企业法人单位从业人员中，内资企业占80.3%，港、澳、台商投资企业占9.6%，外商投资企业占10.1%。内资企业中，国有企业占全部企业的3.4%，集体企业占1.2%，私营企业占44.7%”。[①] 可以说，几十年来，党和国家排除万难，不断打开促进经济发展的一道道“门”，“行动着的群众”跨出这一道道“门”，创造了中国经济腾飞的奇迹，“行动着的群众”逐步成为推动改革历史进程的主体和主角，并且，这样的“行动着的群众”的队伍还在不断壮大。改革开放之初，多数人可能对改革持观望的态度，只有少数人成为改革的先行者，积极投身改革实践，是先行者的成功刺激和激励了多数人。时至今日，绝大多数中国人已经接受了改革开放的历史事实，多数群众不再把自己当作改革的“旁观者”或者“局外人”，人们不仅意识到改革与自己的利益息息相关，而且意识到只有成为改革的实践主体，只有把改革当成“分内之事”才有可能抓住和抢占改革开放的先机，从而实现自己的“中国梦”。总体说来，三十多年的改革实践提升了人民主体地位，也培育了新形势下呼吁全面深化改革的群众基础。

改革开放之后，中国社会在一定程度上经历了一场“去组织化”的发展过程，人们的社会交往逐步超越单位和地域的局限，开始逐步融入社会化的浪潮，原有单位或地域对个体的约束力大为降低，人们的社会关系也变得更加多样和复杂。在短期内，人们的确获得了瞬间的解放，但人们也在长期“去组织化”的社会关系中变得孤独不安。个体虽然在“去组织化”的社会中获得了更大的自由空间，但个体失去了原有高度组织化的依托，抗风险的能力也在大大降低。过分迷恋“去组织化”带来的自由，必然导致人们排斥共同体，疏离共同体，缺乏归属感。随着时代的发展，为了克服“去组织化”带来的人际关系疏离化危机，人们必将以新的形式组织起来，结成新的共同体，共同应对发展中出现的新问题。“去组织化”并不是人们获得“真正自由”的正确出路，适时构建新的共同

---

① 《第三次全国经济普查主要数据公报》（第二号），国家统计局，http：//www. stats. gov. cn/tjsj/zxfb/201412/t20141216_653695. html。

体，才是人类进步的正确选择，由此可见，问题不在于要不要把人们组织起来创造历史，而在于怎样合理有效地把人们组织起来，让人们通过“自主活动”创造个人历史，再通过组织整合，形成合力，汇聚成社会历史。当然，“组织起来”是一个不断发展的历史性课题，随着社会存在的变革，任何组织形式都将成为历史性的存在，我们不能苛求一种组织形式一成不变地永世延续，社会组织结构也应该遵循“生产力决定生产关系，生产关系反作用于生产力”这条历史唯物主义的基本原理。在特定历史时期，“去组织化”的过程曾起到解放和发展生产力的作用，它使人们长期积蓄的能量打破组织固化、僵化的限制，获得了相对自由的发展空间。比如，改革开放初期，农村一些有一技之长的人，开始脱离生产队的集体劳动，搞起酿酒、养牛、放羊、养鸡、养鱼、屠宰、做生意等副业，率先发家致富，奔向小康，纷纷转到城镇发展。随着家庭联产承包责任制的普遍实施，人们纷纷脱离了生产队的集体劳动，精心经营自家的“一亩三分地”，劳动产量迅速提升，解决温饱问题。家庭剩余劳动力开始外出务工，在东部沿海城市谋生、谋发展，随着收入提高，很多农村剩余劳动力（20 世纪 60~90 年代生人）已经不情愿回到农村从事农业生产，老一辈职业农民已经年老力衰，绝大多数新生代农民（“90 后”或“00 后”）已经缺失农村劳动生存技能，农村就不可避免地面临劳动力不足的问题，大片良田、土地荒芜，造成土地资源闲置或浪费，当代中国甚至出现了“回不去的农村与留不下的城市”这种两难困境。农村“去组织化”释放的改革红利已经消失殆尽，农村的繁荣与复兴只能依靠新一轮的“组织化”来整合分散、零散的农村资源，比如发展新型产业合作社、创办特色的乡村企业、发展绿色无公害农业、发展农村生态旅游等。当然，新的组织化不是将现有农村资源简单叠加，或是回复到以往人民公社或生产大队的组织化，它必须引入外界的力量，农村的发展和繁荣必须充分发挥资本的正向功能，这也是新时代乡村振兴的重要途径。城市发展亦如是。历史发展到今天，我们不能片面强调“去组织化”解放和发展生产力的功能，我们应该更加注重通过“再组织化”来重新整合社会生产力，将个体碎片化、分散化的小生产力整合成社会化大生产的历史合力。仅仅依靠分散化、碎片化的小生产力，如果不适时将其整合成社会化的大生产力，我们恐怕很难如期实现中华民族伟大复兴的中国梦。

三 “人民主体”的结构变迁及多样化诉求

改革开放以来，党和国家逐步结束群众运动式的民主模式，根据中国社会阶层结构变化，适时调整政治纳新政策，提高民主政治的开放性和包容性，激励社会各阶层的精英分子参政议政，为推动国家治理能力和治理体系现代化注入新鲜血液。我国逐步完善和优化基层民主治理体系，探索一条坚持党的领导、人民当家作主、依法治国三者相统一的社会治理路径，“人民主体”间的利益共识已经超越以往阶级斗争“你死我活”的零和博弈，各利益主体间相互包容的“非零和博弈”已经成为凝聚历史合力的主流发展趋势。

改革开放以来，中国民主政治的发展更加突出开放性和包容性的特点。十一届三中全会之后，党和国家逐步把工作重心转移到经济建设上来，结束“政治挂帅”的狂热，也结束群众运动式的无序参与。正如1981年《关于建国以来党的若干历史问题的决议》指出：“‘文化大革命’名义上是直接依靠群众，实际上既脱离了党的组织，又脱离了广大群众。运动开始后，党的各级组织普遍受到冲击并陷于瘫痪、半瘫痪状态，党的各级领导干部普遍受到批判和斗争，广大党员被停止了组织生活，党长期依靠的许多积极分子和基本群众受到排斥。”① 十一届三中全会不仅实现了思想路线的拨乱反正，也实现了政治路线的拨乱反正，让国家政治生活逐步走上健康的轨道。在政治参与方面，更加关注和尊重“现实的人”，摆脱了以往对“人民”概念的抽象化、空洞化和无差化的认知，逐步承认各阶级在工农联盟战线中的实际差别，而不是人为地消灭这种差别，因为这种差别只能由社会发展进步来消灭。党和国家更加注重从“现实的人”出发去寻求社会主义的依靠力量，不断巩固和发展人民民主专政。党和国家适时推动中国社会主义制度的政治纳新。先是在邓小平领导下恢复了高考制度，使无数青年学子通过公平竞争获得人生出彩的

---

① 《关于建国以来党的若干历史问题的决议》，中国共产党新闻网，http：//cpc. people. com. cn/GB/64162/64168/64563/65374/4526453. html。

机会，结束了“文革”时期人民与人才（知识分子）被人为对立的局面，使整个社会迎来尊重知识、尊重人才的时代新气息。为知识分子“正名”，使他们丢掉了“臭老九”“右派分子”“知识越多越反动”等骂名，顺应了“科学技术是第一生产力”的时代发展趋势。正如江泽民所说：“包括知识分子在内的工人阶级，广大农民，始终是推动我国先进生产力发展和社会全面进步的根本力量。”① 改革开放以来，党和国家不仅高度重视对党内知识分子的培养，而且十分重视对党外知识分子的统战工作，引导他们发扬爱国主义精神，为中国特色社会主义建设贡献力量。2015年5月20日，习近平在中央统战工作会议上的讲话中强调：“党外知识分子工作，是统一战线的基础性、战略性工作。做党外知识分子工作，不仅要增强责任意识、配强工作力量，还要改进工作方法，学会同党外知识分子打交道特别是做思想政治工作的本领。要高度重视和做好新经济组织、新社会组织中的知识分子工作，引导他们发挥积极作用。”② 改革开放以来，随着中国教育事业的蓬勃发展，人们的受教育程度和知识水平普遍提高，党内外知识分子的队伍都在不断壮大。有序地将党外知识分子纳入体制内，充分显示中国特色社会主义政治制度固有的制度优势，显示了中国特色社会主义制度的包容性。

随着改革开放的深入发展，很多敢为人先的人跳出高度组织化的“铁饭碗”，自谋生路、自谋职业，在党和国家“让一部地区、一部分人通过诚实劳动和合法经营先富起来”的共同富裕的方针鼓励和引导下，通过“摸着石头过河”的尝试，抓住改革开放释放的各种红利和机遇，率先发家致富，成为“万元户”，甚至成为享誉全球的企业家。这些“行动着的群众”是各行各业的佼佼者，是先进生产力的代表，为中国经济的腾飞作出了不可忽视的重要贡献，党和国家理所当然要承认他们的地位，保护他们的合法权利，保护他们的创造精神。党和国家逐步重视将这些先进生产力的代表有序纳入国家政治体制的问题，江泽民提出的“三个代表”重要思想，具有极强的针对性。“三个代表”重要思想为中国广

① 《党的十六大报告学习辅导百问》，党建读物出版社，2002，第13页。

② 习近平：《巩固发展最广泛的爱国统一战线 为实现中国梦提供广泛力量支持》，《人民日报》2015年5月21日，第1版。

大民营企业家参政议政打开了历史之门，这极大地激发了民营企业家的积极性，增强了他们的安全感和归属感。中国特色社会主义进入新时代，习近平同志强调："培养使用党外代表人士，是我们党的一贯政策。要加大党外代表人士培养、选拔、使用工作力度，努力培养造就一支自觉接受中国共产党领导、坚定不移地走中国特色社会主义道路、具有较强代表性和参政议政能力的党外代表人士队伍。党外代表人士工作的重点是科学使用、发挥作用，关键是加强培养、提高素质。要引导党外优秀人才自觉学习中国特色社会主义理论，自觉践行社会主义核心价值观，自觉弘扬中华传统美德。"① 将杰出的党外人士吸纳到政治体制中来，有利于增强中国政治制度的代表性，激励广大党外杰出分子发扬榜样的担当精神，鼓励他们为国家的发展和社会的进步作出新贡献。改革开放以来，特别是21世纪以来，党和国家逐步明确承认各行各业的精英分子"中国特色社会主义事业的建设者"的历史地位，适时通过有序的政治纳新将他们团结起来，充分发挥了他们的聪明才智。当这些"率先行动起来的群众"的合法权益得到党和国家的承认和保护，整个社会就更能释放出敢为人先的竞争活力和敢拼敢为的实干精神，逐步变革那些僵化、固化的思维，带动更多的群众行动起来，用现实的奋斗争取人生出彩的机会，从而改变命运，创造更加辉煌的历史。

基层民主是广大人民群众反映利益诉求、影响国家政治决策和改革走向的基本途径，也是人民改革主体地位的重要体现。改革开放以来，党和国家结束了"大鸣""大放""大字报"等群众运动式的基层民主，更加注重基层民主的质量和程序化，将基层民主纳入法治化的轨道，将党的领导贯穿民主实践的全过程，逐步探索出一条坚持党的领导、人民当家作主和依法治国相统一的现代化国家治理道路。改革开放之初，人民群众参与改革的渠道相对单一闭塞，人民群众可能无法直接表达自己的改革主张，或者是旧有的机制体制无法及时回应人民群众的改革诉求。随着改革开放的不断深入，广大人民群众通过"摸着石头过河"的探索精神，创新基

---

① 习近平：《巩固发展最广泛的爱国统一战线 为实现中国梦提供广泛力量支持》，《人民日报》2015年5月21日，第1版。

层民主实践途径，扩展基层民主的深度和广度，不断提高民主参与的质量。比如，浙江温岭的民主恳谈制度就是广大人民群众有序参与地方政府改革实践的有益探索。我们需要看到，改革开放以来，人民群众对基层民主的态度也经历了一个认知转变的过程。“文革”时期的群众运动式的民主非但未能很好地发挥集中民意的作用，反而出现了用形式上的民主掩盖真实民意的问题。当形式的民主与真实的民意相背离，民主就异化成折腾老百姓的工具，而真正掌握和使用这个工具的人并不是广大人民群众，而是那些在“文革”中发迹的投机分子和阴谋家。十一届三中全会后，广大人民群众摆脱“政治挂帅”的干扰，逐渐将主要精力投入现实的生产生活，随着人们生活水平和知识水平的普遍提高，政治参与意识和参与热情也逐渐增强，人们重拾对民主政治的兴趣。我们当今所处的时代，人们对民主政治的认知已经超越了“专政”的范畴，不再把它当作“人斗人”的专政工具，而是把它当作一种表达利益诉求的有效途径。当代基层民主政治作为整合集体意志凝聚历史合力的基本形式，已经超越了以往阶级斗争“你死我活”的零和博弈，社会各阶层之间需要通过协商对话的形式达成相互理解、相互包容的利益共识。党和国家大力推动协商民主机制建设，充分说明“人民主体”间已经很难通过简单化、齐一化的方式达成利益共识，而利益共识本身就是众多意志主体“非零和博弈”的结果。党和国家并没有对“人民主体”间“非零和博弈”的具体形式做出规定，而是将其具体实现形式交由基层群众通过“自主活动”去探索。当然，基层群众的“自主活动”也不能脱离党的领导和依法治国的基本方略。基层群众的“自主活动”是在基层党组织领导下依法进行的实践探索，绝不能让无政府主义在基层民主治理体系中泛滥。

党和国家既要善于听取社会精英的远见卓识，又要凝聚人民群众的主体力量。历史经验已经深刻表明，一个国家的社会精英如果脱离人民群众，就会沦为精致的利己主义者，终将为人民群众所抛弃；如果一个国家只重视“人民群众”这个抽象概念，就会陷入民粹主义的泥潭，历史悲剧就有可能重演。党和国家带领人民实现中华民族伟大复兴的中国梦，决不容许将“人民”与“人才”对立起来的历史悲剧重演。

四 “人民主体”的精神诉求日益提升

党和国家重新确立实事求是的思想路线，号召广大党员干部群众解放思想、开动脑筋，终结意识形态领域的阶级斗争，保障公民言论自由权，营造了相对宽松的思想舆论氛围，破除科学研究的思想禁区，鼓励向外国学习先进科学文化，促进中国与世界的人文交流交往。中国人民逐渐融入这种世界历史性的交往之中（包括与域内各族人民扩大化的交往，也包括与域外各国人民之间的交往），开阔了眼界，提高了认识世界的能力，也增强了改造世界的本领。

在相对宽松的政治环境和舆论环境下，中国的文化事业和文化产业取得了长足发展，为中国人民开展创造历史的“自主活动”提供了源源不断的、种类繁多的精神食粮，社会文化形态逐步呈现一元主导、多元共存的格局，人们思想的可选择性不断增强，人们思维的自主性随之提高。然而，众多的文化产品质量参差不齐，也增大了人们辨别真伪的难度。有的披着“去意识形态化”的外衣推行西方“普世价值”观，有的打着弘扬传统文化的旗号宣扬复古主义思潮，有的打着“新解”马克思主义的幌子“肢解”马克思主义的整体性，还有的打着解放思想的招牌推行历史虚无主义，等等。人们一旦接受了某一种价值观念，就会把它当作“批判的武器”指导自己的实践活动，而不管这种“批判的武器”是否经得起“实践的批判”。在信息化时代，人们获取知识的渠道更加通畅便捷，思想传播的速度超乎以往任何时代，人们思想观念和知识结构的更替也越发频繁，归根结底，思想观念之变源于社会环境之变和生产实践之变。改革开放以来，中国在对外交往中更多实施“引进来”的策略，而“引进来”的东西毕竟不是本土的东西，必须经过一个“本土化”的过程，才能转变成具有民族特色的东西，才能提高本国人民的实践“主体性”，否则，我们在科技文化领域就会依附西方、受制于西方。无论是在自然科学方面，还是在人文社会科学方面，我们在一些领域曾经历过一个不加取舍的“唯西是从”过程，导致我们在思维方式上长期“跟着西方跑”，丧失批判的主体性，最终导致我们的实践活动充满模仿性、缺少创造性。我们的模仿能力越强，越是容易形成发展的路径依赖，我们就越是不能提高自主创新能力，就越是难以赶超西方。改革开放以来，中国在哲学社会科学领域引进和翻译大量论著，培养了大批法学、政治学、社会学、经济学、外国文学等领域的专门人才，中国哲学社会科学学科门类日益齐全，中国学术争鸣的氛围也日益浓厚，但我们缺乏解决中国问题的中国话语体系。长期以来，一些人强调“解放思想”，却忘记了“为什么”要解放思想，结果导致为了解放思想而解放思想，在解放思想中迷失自我，丧失主体性。解放思想的目的在于重建自我、扬弃自我，提升实践主体性，而不是肢解自我、放弃自我，丧失实践主体性。习近平在《在哲学社会科学工作座谈会上的讲话》中强调：“我们的哲学社会科学有没有中国特色，归根到底要看有没有主体性、原创性。跟在别人后面亦步亦趋，不仅难以形成中国特色哲学社会科学，而且解决不了我国的实际问题。”“只有以我国实际为研究起点，提出具有主体性、原创性的理论观点，构建具有自身特质的学科体系、学术体系、话语体系，我国哲学社会科学才能形成自己的特色和优势。”① 随着中国崛起的步伐不断加快，域外文化“引进来”释放的思想解放动能正在逐步消退，在实现中华民族伟大复兴的新起点上，我们比以往更加迫切地需要对域外先进文化持批判性的学习态度，更加迫切地需要以中国问题为中心重建具有中华民族自我特色的文化主体性和自觉性，为中国人民开创美好的未来不断提供正确的价值导向和源源不断的智力支持。

五 “人民主体”呼唤稳健的实践规则

中国共产党坚持不忘初心，牢记使命。坚定不移地沿着改革开放的社会主义道路前进，不断扩展中国特色社会主义道路，增强开放性和包容性，不断通过改革来完善和发展中国特色社会主义，适时释放出新的改革红利，为广大人民群众创造历史提供更加公平的空间和舞台，在改革开放过程中逐步成长并成熟起来的中国人民也在呼唤更加公平的“人生出彩的机会”。

---

① 习近平：《在哲学社会科学工作座谈会上的讲话》，《人民日报》2016 年 5 月 19 日，第 2 版。

改革"为了谁"？这是改革的根本问题。毫无疑问，中国的改革是"为人民"的改革。改革开放40多年来，改革的侧重点实现了从"猫论"的工具理性向"以人为本"的价值理性的逐步转变。邓小平当初提出"猫论"针对的是"以阶级斗争为纲"的历史国情和现实情况。随着社会主要矛盾发生改变，大力发展生产力才是社会主义初级阶段的主要任务，而改革就是解放和发展生产力的重要手段，生产力中最核心的因素是人，改革的实质就是解放人民群众、解放劳动者。从某种意义上说，改革是一场解放思想、解放人的运动，马克思曾说："任何一种解放都是把人的世界和人的关系还给人自己。"① 因而，在本质上，邓小平提出的"猫论"是工具理性与价值理性的有效统一，而不应该是工具和价值的二元对立。然而，社会上还存在一些社会现象，某些地方政府和官员片面解读邓小平同志的"猫论"，狭隘地理解"以经济建设为中心"的指导方针，把经济建设视为改革的最终要求、根本目的，忽略了促进经济增长的手段选择，这就容易导致作为财富创造主体的劳动者沦为改革的牺牲者。在国企改制过程中，私有化浪潮曾疯狂吞噬国有财产，造成很多工人下岗失业。有的地方政府推出的所谓改革实际上就是为了GDP迅速增长而改、为自己官位的迅速升迁而改，而完全忽略增进人民福祉的目标。这种工具理性主导的改革虽然能在短期促进国家及地区的GDP总量大幅提升，但它派生出的问题远远大于短期的蝇头小利。改革者应该坚守对人民群众负责、对子孙后代负责的道德伦理和责任心，而不应该任由对GDP和政绩的狂热心理蒙蔽双眼，更不能让人民群众为这种错误的改革实践的后遗症买单。从某意义上说，胡锦涛提出的"以人为本"的科学发展观，就是对一些地方、个人片面强调"猫论"的价值观念的反思与扬弃。"以人为本"强调人的价值，把人当作最终目的，强调发展手段与人民利益的一致性。全面深化改革进入攻坚区和深水区，如何把人的世界和人的关系还给人自己，已经成为中国共产党新一届领导集体的重要使命。改革是一场解放运动，全面深化改革作为中国未来发展的重大战略部署，从本质上说，也是一种解放运动，而这一解放运动归根结底是实现人的解放。

---

① 《马克思恩格斯全集》第1卷，人民出版社，1956，第443页。

中国的改革开放是一场“普惠型”的变革运动。从总体来看，对比改革开放前后，人民群众的生活水平和生活质量发生了翻天覆地的变化，人民已经告别了当初物资匮乏的艰苦岁月，正昂首阔步朝着富强、民主、文明、和谐、美丽的社会主义现代化国家前进。改革开放是一场令绝大多数人获利的改革运动，在这场深刻的社会变革中，人民群众的“主人翁”意识大大提升，争取和实现利益的方式更加多元化和复杂化。中国40多年改革开放的“普惠性”又是不均衡的。由于改革的不均衡性，中国社会两极分化日益明显，贫富差距越来越大，城乡基本公共服务资源也有着天壤之别。我们不是用“不均衡性”来否定改革成果，而是要正视“不均衡性”的历史事实的存在。改革开放是当代中国最大的红利，但改革红利固化的事实也正在日益弱化人民的利益主体地位。一方面，改革红利在区域间的固化导致区域发展严重失衡，地方保护主义的盛行导致改革红利无法顺利流向全社会，很多落后地区无法公平共享改革成果；另一方面，改革红利在城乡间的固化，导致改革资源大部分聚集在城市。这种城乡二元结构的存在，也导致农民与城市居民在分享改革成果上存在明显差距；改革红利在强势群体间的固化，导致社会贫富差距未能得到缩小。在利益分配过程中，强势群体作为改革的既得利益者，走向联合，严重阻碍全面深化改革各项举措的落实与推行，他们牢牢攥住利益分配的主导权，坚决阻碍改革红利向普通群体间流动。因此，这种改革红利在区域间、城乡间和群体间的固化，实际上体现了广大人民群众的利益主体地位遭遇了极大弱化，因此，面对这样的现象，人民群众对公平正义的呼声越来越强烈，对全方位、深层次的改革满怀期待。面对改革红利不断固化的现实国情和人民群众对人生出彩的热切期盼，中国共产党领导的全面深化改革不可避免地要触及某些既得利益集团，同时，不断开辟新的利益空间、为提升人民群众改革利益地位搭建广阔的舞台任重道远。此外，人民改革利益的实现不应该是野蛮的掠夺或者非法的分赃，而应该是依法的、合法的，要在全社会范围内营造依法获利的良好风气，坚决抵制任何不正当得利的行径。面对人民群众不断高涨的改革热情和层出不穷的改革实践，中国共产党亟须跳出“摸着石头过河”的“探险”改革模式，更加关注全面深化改革的全局性和系统性，在制度的顶层设计方面多作努力，以减小盲目的改革实践带来的风险。正如党的十八届四中全会强调的，要“规范社会行为，使我国社会在深刻变革中既生机勃勃又井然有序”，就“必须更好发挥法治的引领和规范作用”。[①] 纵观人民改革实践主体地位的历史变迁，我们国家亟须构建具有前瞻性的顶层设计，给人民群众的自主探索树立典范，保证人民群众创造历史的“自主活动”始终在中国共产党的领导下沿着中国道路前进。

改革开放之所以能够调动人民群众的积极性，根本原因不在于它直接向人民群众提供了多少实际的物质，而在于它给人民群众提供了大量机遇，它解放了人们的手脚。只要人们敢于去想，敢于去实践，就很有可能开辟出一片属于自己的天地。全面深化改革不应该是直接向人民群众发放现实的物质福利，而是向人民群众提供更加公正的竞争平台，使人民群众在这些宽广的平台上发挥主体性，开展“自主活动”，以更好地创造个体的历史，从而推动社会进步。改革开放 40 多年来，党和国家攻坚克难，逐步破除束缚人们开展“自主活动”的各种机制体制，广大人民群众获得了更加广阔的“自主活动”空间，释放出前所未有的创造性潜能，促进综合国力总体迅速提升，中华民族才能比以往任何时候都更加接近实现伟大复兴这个目标。需要指出的是，实现中华民族伟大复兴中国梦的道路需要不断探索，空间也需要不断拓展，中国共产党领导的每一轮改革都是一场解放运动，但每一轮改革释放的动能和红利具有历史性。我们不能奢求一轮改革释放出的动能像永动机一样永不消退，也不能奢望一次性改革就能解决前进中的所有问题。我们需要不断通过全面深化改革，完善和发展中国特色社会主义，才能为不断成长成熟的人民群众开展创造历史的“自主活动”提供更大的舞台和空间，才能不断满足人民群众的新期待。

纵观实现中华民族伟大复兴的奋斗历程与人民主体性的历史变迁，我们不难发现，当中国人民处于涣散的、无组织的自然状态之时，其主体意识也往往处于尚未觉醒的沉睡状态，人民群众虽然是形式上的历史主体，但只是被盲目的历史必然性支配着的潜在主体，不可能自然凝结成推动民

---

① 《中共中央关于全面推进依法治国若干重大问题的决定》，《人民日报》2014 年 10 月 29 日，第 1 版。

族伟大复兴的现实伟力。面对亡国灭种的历史危机，中华民族各阶级的先进分子探索救亡图存的道路，得出向西方学习的“共识”，从“开眼看世界”到“师夷长技以制夷”的物器之变，再从“君主立宪”到“三民主义”的观念之变，中华民族接受了民主思潮和共和实践的双重洗礼，普遍沉睡的主体意识局部被唤醒，但整个社会尚未被组织起来，依然处于涣散状态，军阀混战，民不聊生，中华民族亡国灭种的危机依然没有消除。中国共产党成立后，自觉将马克思主义与中国实际相结合，依靠群众、发动群众、组织群众，向群众灌输科学的革命思想，启发群众觉悟，唤醒群众斗志，提高他们革命的主体性，使他们逐步变成组织起来的“行动着的群众”，汇聚成推动历史发展的惊天伟力，最终将国内外一切反动派埋葬于人民战争的汪洋大海之中，实现中华民族伟大复兴迎来了新的历史篇章。新中国成立后，党和国家逐步通过高度集中的政治、经济、文化体制把人民群众广泛组织起来，在“一穷二白”的基础上建立起社会主义工业体系，为实现中华民族伟大复兴奠定了坚实的工业基础。在短期内，高度集中的政治、经济、文化体制确实可以集中举国之力，彰显社会主义“集中力量办大事”的优越性。从长期来看，“高度组织化”的社会结构也将挤压人民群众开展“自主活动”的空间，如果希冀用“高度组织化”的社会结构来替代人民群众创造历史的“自主活动”，那么，人民群众将丧失实际的主体地位，真正的主体就会变成高度集中的“计划”或“指令”，长此以往，主体就会变成制定“计划”或发布“指令”的少数人，社会主义就会逐步失去生机活力，就会逐步走向封闭僵化的死胡同。改革开放以来，党和国家逐步采用宏观调控的策略，从人民群众生产、生活的微观环节退出，为人民群众开展创造历史的“自主活动”预留了较大空间，释放了社会活力，极大地解放和发展了社会生产力，促进综合国力迅速提升，中华民族才能比以往任何时候都更加接近伟大复兴的梦想。实现中华民族伟大复兴中国梦的关键问题不在于“要不要”坚持和发挥人民主体性，而在于党和国家在不断变革的时代“如何”正确引导、整合、提升人民主体性，将中国人民的“自主活动”整合成伟大的历史合力。

第五章

提升人民主体性的主要挑战

改革开放40多年来，党和国家不断推进改革开放的基本国策，为人民群众开展创造历史的“自主活动”腾出较大空间，人们长期被压抑的主体性全面释放，促进了中国社会生产力的迅速发展，使中国GDP总量超越德国、日本，仅次于美国，稳居世界第二位，中华民族已经不断接近实现伟大复兴的梦想。人民主体性的全面释放为中国发展注入新活力，改变了中国整体贫穷落后的经济面貌，也改变了中国人民的精神面貌，它使中国人的生产、生活呈现更加多姿多彩的景象，古今思想的交融，东西思潮的交锋，多种文明形态的汇聚与碰撞，在当代中国体现得淋漓尽致。中国人由过去关系紧密的“单位人”向相对疏离的“社会人”转变，人们的交往开始打破地域的局限性，也开始打破阶层的限制，交往变得频繁而复杂。过去，人们是通过“组织起来”创造历史，现在，人们是通过竞争的法则优胜劣汰，人与人之间的交往看似更加频繁，但人与人之间的关系却在不断疏离，人与人之间的“张力”也有所增大。当然，我们需要看到的是，改革没有完成时，只有进行时，每一轮改革都不能解决或消除束缚人们思想和行动的所有机制障碍，改革发展之后也不是不会产生出新问题，发展起来之后产生的新问题也不见得比老问题容易解决，但发展起来之后，很多历史遗留的老问题将被发展起来的新问题取代，逐步退出历史舞台。在这个时代问题的“取代”与“被取代”的更替过程中，由人们的“自主活动”衍生出的一系列新问题也必然与历史遗留的老问题交织在一起，反过来制约人民群众开展创造历史的“自主活动”，扩大人们“自主活动”的张力，消解它们之间的合力，给党和国家在新的历史时期凝聚实现中华民族伟大复兴中国梦的历史合力提出不少新的现实挑战。因而，认真厘清并深刻认识这些妨碍人民主体性提升的新老问题或现实挑战，无疑对我们党在新的方位上领导人民继续推进实现中华民族伟大复兴中国梦的历史进程大有裨益。

第一节 “中国梦”大众化的认知挑战

坚持以我们正在做的事情为中心，深刻认识和准确把握当前的总任务，消除主体对目标任务的各种认知障碍和偏差，是党和国家有效推动实现中华民族伟大复兴历史进程的必要条件。党的十八大以来，以习近平同志为核心的党中央，高举中国特色社会主义伟大旗帜，立足世界格局和现实国情，把握和平与发展的时代主题，顺应人民群众的现实期待，在新的实践基础上推进新时代的理论创新，创造性地提出并深刻阐述了“中国梦”的内涵意蕴。“中国梦”同中国道路、中国力量等话语表达方式一样通俗易懂，言语质朴又内涵深刻，它不仅以极具亲和力的风格和通俗、淳朴的方式向人民群众表达了党的执政理念和现阶段的奋斗目标，而且蕴含着马克思主义本土化、大众化的一般属性。中国梦打通了学术话语与政治话语、中国话语与外国话语之间的显性阻隔，它对理想的表述更亲切、更具包容性和开放性，在一定程度上突破了传统政治话语体系的运行轨迹。程冠军认为，“‘中国梦’用最通俗易懂、最形象化的语言，向人民群众解读了中国特色社会主义道路，解读了人民期盼的共同富裕，解读了中华民族的伟大复兴，同时，让生活在当今时代的中国人民找到了自己的‘中国理想’”①。笔者认为，“中华民族伟大复兴”的实际内容借助本土化、民俗化的“梦”的表达形式，使得“中国梦”具备大众化的内在属性。但事物具备某种内在属性，并不代表就必然能实现某种价值目标，关键需要“现实的人”去推动，才能相得益彰。习近平也强调，“中国梦归根到底是人民的梦”。“中国梦”成为“人民的梦”的前提就是人民群众

① 程冠军：《“中国梦”很好地体现了“大众化”》，人民网，http：//theory. people. com. cn/n/2013/0513/c49151-21457625. html。

广泛了解它和讨论它，逐步意识到实现“中国梦”与切身利益的密切关联，并为之奋斗。正如邓小平所说：“人的因素重要，不是指普通的人，而是指认识到人民自己的利益并为之而奋斗的有坚定信念的人。”① 因此，要让“中国梦”走进群众生活，要让“为实现‘中国梦’而奋斗”的坚定信念内化成人民群众的自觉行动，就必须着眼于从事现实的生产生活的群众，深入推进“中国梦”的大众化。

“中国梦”的提出，赋予中国特色社会主义道路、理论、制度、文化新的理论内涵，为坚持和发展中国特色社会主义注入强大“正能量”，是马克思主义中国化、时代化和大众化的话语表达形式。当然，实现中华民族伟大复兴中国梦的奋斗目标并不是一党之私产，而是整个中华民族从深厚的历史积淀中迸发出的呼唤，是中国人民对祖国发展的新期待，其传播范围、作用对象绝不仅限于党内，而应该努力将“中国梦”的声音传播到世界的每一个角落，让“中国梦”的理想信念在群众心中落地生根、安营扎寨。②“中国梦”的价值追求走进群众生活，实质就是“中国梦”大众化的过程。推进“中国梦”大众化的首要前提就是要准确把握、认真领会其科学内涵、精神实质。所谓“中国梦”大众化，目前学术界对此问题的关注较少，并没有做出统一的界定。“中国梦”作为马克思主义大众化的重要理论成果之一，其大众化的历史进程必然符合马克思主义大众化的一般属性、路径和规律。“中国梦”为马克思主义大众化拓展了空间，丰富了马克思主义大众化的理论内容，而马克思主义大众化为“中国梦”大众化提供了理论指导，只有不断发展和创新马克思主义大众化，才能实现“中国梦”大众化。③ 在界定“中国梦”大众化之前，有几个问题需要厘清。首先，“中国梦”最早是习近平同志以中共中央总书记的身份提出的，后又以国家主席的身份再次进行了阐释，这彰显了“中国梦”由党内普及再向社会传播的独特轨迹；其次，“中国梦”的内涵表述——“国家富强、民族振兴、人民幸福”，依然属于抽象意义上的词语

① 《邓小平文选》第3卷，人民出版社，1993，第190页。

② 参见王学荣《通融与耦合：“中国梦”战略与生态文明理念关系探微》，《中国矿业大学学报》（社会科学版）2013年第4期。

③ 张浩：《深刻领会“中国梦”的重大意义》，《南方日报》2013年9月16日。

表达，需要进行通俗化的二次阐释，以进一步拉近党和群众的距离；最后，当前推进和维系“中国梦”传播的主体主要是组织、体制和制度，人民群众尚未成为“中国梦”大众化过程的主要力量。因此，“中国梦”大众化就是将中华民族伟大复兴“中国梦”的历史依据、现实基础、价值取向、内涵意蕴、路径表达等学术语言转化为简单、朴素、生动的群众喜闻乐见的语言，这样方能在群众中广泛传播，更加贴近生产生活、贴近人民群众，并逐渐内化成人民群众迫切需要的内在意向。

人们创造历史的“自主活动”只有在有组织的正确引导中才能凝聚成强大的历史合力，放任自流只会走向“人民主体”相互排斥的灾难深渊。因此，“中国梦”大众化就扮演了促成事物“质的飞跃”的“批判的批判”的角色，是净化社会风气、凝聚社会共识，科学引导人民主体性发挥的必要选择。毫无疑问，推进“中国梦”大众化对提升人民主体性是必要的，但是，由于各方面的因素限制，在推进“中国梦”的大众化的过程中可能出现这样或那样的问题，这些问题对人们“自主活动”产生的误导也不容忽视。

一　宣教主体信心不足的问题

推进“中国梦”大众化，既要遵循由点到线、由线到面的传播路径，也要符合自上而下、先精英后民众的推进战略。党员干部是“中国梦”大众化的推进主体，他们的宣讲能力直接决定了“中国梦”的传播效果。长期以来，许多不作为、乱作为、慢作为的党员干部习惯了形式主义的工作作风，在推进“中国梦”大众化过程中，懒得开动脑筋，创新理论传播的方式和途径，而是机械地将中央关于“中国梦”的讲话照搬过来，直接向群众灌输，这其实是一种形式主义、本本主义、教条主义的作风。此外，广大基层党员干部由于自身理论水平的限制，缺乏共产党人应有的理论自信，在面对人民群众时往往处于迷茫状态，心中缺乏“正能量”，同时，日常需要处理大量的事务性工作，长期身心疲惫、力不从心。因此，他们在宣传“中国梦”之时，可能会出现心有余而力不足、缺乏理论底气和理论自信的现象，这将大大削弱“中国梦”大众化的力度和效果。甚至一些干部生活作风出现了问题，本身对“中国梦”这样的奋斗目标心存怀疑，物质的富裕已经冲淡了革命的斗志，生活富裕了，精气神没了，他们甚至不敢跟老百姓谈理想，一个重要原因就是党群关系、干群关系处理不好，出现了干部与群众互不信任的困局。群众不信任干部，情有可原，亡羊补牢，尚可改进；如果干部不信任群众，必然被群众抛弃。我们的党员干部和理论工作者只有底气十足，充满自信，才能为人民群众热火朝天的生活鼓与呼，才能为身处困境的群众“打气”，点亮他们希望的灯塔，为他们指明前进的方向。

二　内涵空洞化的问题

“中国梦”的提出本身就是对中国特色社会主义理论表达形式的某种创新，但其内涵依然具有抽象性，依然是一种隐约的抽象性。如果人民群众仅仅了解“中国梦”的表达形式，没有深入挖掘其精神实质，那么“中国梦”的本意则很有可能会被扭曲，更为严重的是，这种抽象、空洞的解释可能会逐渐消磨人民群众的政治参与热情。另外，虽然有些党员领导干部和理论工作者对“中国梦”的理论内涵倒背如流，他们却忽略了“中国梦”提出的历史逻辑和现实依据的深刻内涵，草率地、空洞地将“中国梦”的内涵传达给群众，这种“空对空”的大众化，非但不能增进人民群众对“中国梦”的了解，反而可能会使他们对“中国梦”产生抵触心理，发出“生活过得好好的，做什么梦”的感慨。与此同时，很多人仅把“中国梦”视为中国特色社会主义奋斗目标的一种通俗表达，故而在推进“中国梦”大众化的过程中，局限于对“中国梦”内涵的解读而忽略其创新性，这必然导致新颖的、通俗化的“中国梦”被枯燥乏味的内涵解读边缘化。宣传过程中出现的“中国梦”内涵空洞化，归根到底是我们的领导干部和理论工作者没有深入了解群众的现实生活，还没有把自己摆到“群众的自己人”的位置上。民族复兴的伟大梦想既来自对历史的传承，更来自对现实生活的迫切期待。如果我们的党员干部或理论工作者能够多关心一下服务对象的现实生活情况，这些空洞化的问题自然能够得到解决。“中国梦”大众化过程中的内涵空洞化问题，不仅是一个理论问题，更是一个实践问题。如果能够把梦想与群众的切身利益连接在一起，让群众产生共鸣，“中国梦”就不会悬浮在天空，可望而不可即，而是像空气一样弥漫在人们的现实生活中，只有人们对美好生活充满了真切的向往，人们才会通过自己诚实的努力朝着梦想的方向前进。

三　外延泛化的问题

“中国梦”外延泛化是其大众化过程中经常出现的问题，对人们的“自主活动”具有很强的误导性。“中国梦”是事实判断与价值判断的统一，不能将二者割裂开来。有些人将“中国梦”的外延无限扩大，将之解读成所有中国人的梦想，所有中国人的梦想相叠加，就构成了“中国梦”；也有人认为中国人的所有梦想都是“中国梦”，对“中国梦”外延的认知泛化，是非常危险的。因为“所有中国人的梦想”或者“中国人的所有梦想”是一个庞大的范畴，这些梦想有好有坏，有合理的也有不合理的，有合法的也有不合法的，有合理的但不合法的，也有合法的但不合理的，有求真务实的也有不切实际的，有诚实守信的也有背信弃义的，有勤俭节约的也有铺张浪费的，有大公无私的也有中饱私囊的，有自力更生的也有“啃老”的，有崇尚科学的也有迷信鬼神的……因此，在“中国梦”大众化过程中我们必须旗帜鲜明，不能把所有中国人的梦想都装进“中国梦”的“大箩筐”里。“中国梦”外延的泛化是割裂事实判断与价值判断的结果，也即工具理性与价值理性对立的结果。在工具理性占据上风的时代，价值理性成为隐遁的上帝，失去了话语权，只有当人们精神上极度困惑之时，才会去寻求价值理性的抚慰。这就要求我们的宣教主体一定要把握住“中国梦”事实性与价值性相统一的原则，不能一味迎合少部分群体急功近利、毕其功于一役的暴发户心态，将“中国梦”的外延无限扩大，最终造成对“中国梦”的片面误读。“中国梦”外延泛化的后果是危险的，有的人打着追求梦想之名，行损人利己之实，它会将人们创造历史的“自主活动”引向法律管制的边界，甚至触碰和挑战法制和道德的双重底线。

四　结构碎片化的问题

习近平总书记提出“中国梦”一词后，一些地方根据自己的地方特色提出所谓的地方“中国梦”，使得“中国梦”地域化、泛化现象泛滥成灾，这也是“中国梦”大众化过程中值得我们注意的重要现象。这些提法看似创新性十足，实际上不利于推进“中国梦”的大众化进程。很多“地区梦”的提出不仅人云亦云、简单重复，而且可能会出现彼此冲突的问题，特别是民族和宗教信仰存在较大差异的地方，可能会出现“地区梦”之间的矛盾，这些矛盾的出现不利于民族团结和地区稳定。因此，“中国梦”的地区化问题需要引起我们的高度警惕，不能因为赶时髦、凑热闹，就争相提出五花八门的“地区梦”。“中国梦”结构的碎片化，有可能加剧区域间的矛盾冲突，尤其是贫富差距较大的地区之间的冲突，不利于实现共同富裕的“中国梦”。在推进“中国梦”大众化的过程中，我们特别要从整体上把握“中国梦”，不能用“地区梦”肆意肢解作为整体的“中国梦”，我们强调的中华民族伟大复兴并非局部的复兴，而是全面的、整体的复兴。如果“中国梦”的结构被肢解成碎片，那么，“人民主体”间也会因为发展不平衡的问题而产生嫌隙，甚至引发彼此敌对、仇视或斗争，不利于国家发挥最大的整合功能。

五　受众定位固化的问题

改革开放 40 多年来，中国社会阶级结构已经发生巨大变化，“人民主体”的内涵也在不断发展，新生社会阶层迫切需要获得身份确认，推进“中国梦”大众化过程中，需要从传统阶级结构去进行整体宣教，也要适度关怀那些新生的社会阶层，彰显社会主义制度的包容性和开放性。我们需要克服那种形而上学的阶级观，从社会的动态发展中去把握阶级、阶层结构的历史变迁。例如，社会流动人口因自身的流动性和分散性，成为推进“中国梦”大众化的难点和薄弱环节。据统计，2012 年全国农民工总数量为 26261 万人，比上年增长 3.9%，其中外出农民工 16336 万人，增长 3.0%。[①] 农民工等社会流动人口流动性大的特点，使得向他们集中宣传“中国梦”成为一大困难，再加上一些人偏执地认为社会流动人口文化素质普遍不高，没有能力理解“中国梦”的深刻内涵及其历史逻辑，

---

① 中华人民共和国国家统计局：《中华人民共和国 2012 年国民经济和社会发展统计公报》，《中国统计》2013 年第 3 期。

因此没有必要向他们宣传“中国梦”，故而把以农民工为主体的社会流动人口排除在推进“中国梦”大众化的范围之外。但是，近年来农民工的结构发生了前所未有的巨大变化，有大批新生代农民工补充到旧有的农民工队伍里，相比以前农民工的整体素质有了显著提高，并不像某些人认为的那样，社会流动人口没有能力理解“中国梦”，没有兴趣了解“中国梦”。我们要坚决反对以“没有能力理解”“没有兴趣了解”中国梦为借口和托词而不愿意在这一群体中推进“中国梦”大众化的行为。作为人民群众的一分子，社会流动人口不仅需要了解“中国梦”，而且必须了解“中国梦”。实现中华民族伟大复兴的“中国梦”离不开每一个中国人的贡献。

第二节　社会思潮多元化与主体迷失的挑战

人们开展“自主活动”需要社会主流意识形态的正确引导。如果主流意识形态未能及时明确提出各社会阶层的历史使命，那就很难将各阶层的社会意识汇聚到社会主义的轨道上来。物化意识与物化结构充斥到新生阶级的头脑，使得新时代的新生阶层无法明确自身的历史使命，从而疏离社会主义理想。当代中国社会阶级变迁在某种程度上造成主流意识形态“空场”，为各种错误的社会意识攻占新生阶层的头脑提供了可乘之机。与此同时，中国各社会阶层的社会意识之间存在较大张力，加剧各阶层之间的隔阂与疏离。主流意识形态在提炼和整合各阶层的社会意识方面，显得疲软无力，反倒是一些社会思潮因其“片面性”和“极端化”而赢得了不少人的青睐。国家政权体系对主流意识形态的确立和运行发挥着至关重要的作用，一旦离开国家政权的支持和维系，它就会面临边缘化的危机。改革开放以来，国家层面一贯强调马克思主义的指导地位，但马克思主义一定程度上在人们的日常生活领域仍存在“失语”的问题。资产阶级自由化思潮却披上“普世价值”的外衣在人们的日常生活领域“入场”，不断冲击着人们的精神世界，这就不可避免地给人们的“自主活动”带来误导。

一　信仰危机与主体迷失

信仰危机曾是实现中华民族伟大复兴中国梦面临的突出问题。信仰问题直接涉及一个国家、一个民族从哪里来、要到哪里去、要过什么样的生活、要达到什么样的文明程度等方向性问题。造成信仰危机的因素是多方面的，但主要是政治因素、经济因素和文化因素。政治信仰危机是民众对国家政权合法性表现出的不信任状态，暴恐事件和恶性犯罪事件危害着人们的正常生活秩序。国家权力的配置方面不尽合理，政府部门之间相互扯皮、多重管理、“有利就上、无利就让”的现象时有发生。执政党内部的“四风问题”直接影响民众对党的性质的判断，从而造成民众对党领导下的政治体系的非议。经济信仰危机主要体现在民众对共同富裕理念的质疑上，必须看到长期以来，贫富差距不断扩大的问题始终没有得到解决是不争的事实。当民众对共同富裕失去信心，“仁义值千金”的传统信念就会动摇，人们就可能卷入毫无原则、毫无顾虑的利益争夺之中。文化信仰危机是政治信仰危机和经济信仰危机的必然结果。文化信仰危机对凝聚多民族的国家共识不得不说是一个巨大的考验。随着市场化不断推进，很多民族的风俗习惯正在市场化的浪潮中消失，很多族群逐渐失去本民族的精神依靠，这就必然阻碍民族大融合、大团结，如“东突”分裂势力等打着民族主义的旗号，大搞民族分裂的破坏活动。如果中华民族共同体的认同危机渗透到人们社会生活的各个场域，我们就很难凝聚实现伟大复兴的整体共识，就很难最大限度整合实现中国梦的历史合力。

二 “弱势心态”溶蚀主体的正向担当

“弱势心态”蔓延作为主流意识形态边缘化的重要表现，已经成为当代中国不可回避的现实问题，它不断侵蚀着人民的实践主体性。有数据显示，认为自己是“弱势群体”的党政干部受访者达45.1%；公司白领受访者达57.8%；知识分子受访者达55.4%；而网络调查显示，认为自己是“弱势群体”的则高达七成。[①]“弱势群体”这一概念已经超越了以经济收入来区分群体差别的界限，比如很多令人羡慕的政府公务员、公司白领和知识精英，认为自己属于“弱势群体”这个范畴，表明“弱势群体”的标识已经不再是农民（工）、下岗职工、地摊小贩等低收入群体的“专

---

① 《“弱势”心态蔓延》，《人民论坛》2010年第34期。

利”，它已经成为很多人对残酷的现实倍感无奈的“代名词”。“弱势群体”是相对的，“弱势心态”却是绝对的。从整个中国历史来看，中国其实不存在绝对的“弱势群体”概念，但从现实的横向来分析，中国的确存在跨越阶层差别的“弱势心态”，这股“弱势心态”就是典型的负能量。首先，被“弱势心态”影响的人，往往会把自己定格为“天生的弱者”，理所当然获得政府的同情和关心。他们的目的不是为实现“中国梦”做点什么，而是盘算能在实现“中国梦”过程中得到什么。其次，被“弱势心态”俘虏的人，往往不关心实现“中国梦”的艰苦奋斗过程，只关心“人民幸福”的结果。他们认为“中国梦”是精英们的理想，自己的行动无法影响到“中国梦”的实现进程。于是，他们轻而易举地将“中国梦”的实践主体地位，拱手让给社会精英群体，让精英们替自己完成梦想。再次，被“弱势心态”充斥的人，他们虽然参与了实现“中国梦”的奋斗，但他们的奋斗往往按部就班，简单机械重复，缺乏实践的主体性。最后，被“弱势心态”操控的人，还往往会走向另一个极端，出现实践主体性的异化。当获得的利益与“中国梦”预期存在差距，或者当自身处境越发窘迫，有的人就开始抱怨社会，怨天尤人；有的人会破罐子破摔，甘愿从平凡走向平庸；还有的人会另辟蹊径，以违法的“弱势”方式实现暴富，比如，地沟油上餐桌，三聚氰胺喂奶牛，瘦肉精养猪；等等。这些行为无疑加剧了“弱势心态”的蔓延，在社会上形成恶性循环，最终会异化人民实现“中国梦”的实践主体性。可以说，“弱势心态”是人民群众成为历史主角不容忽视的认知障碍，是凝聚中国力量，实现“中国梦”不可回避的现实问题。

三　社会思潮多元化消解“人民主体”共识

当代中国是一个思想开放的社会，各种社会思潮交流交融交锋越发频繁，这些社会思潮在丰富我们的认知视野时，也对主流意识形态造成了不小冲击。主流意识形态在人们日常生活中“出场”，为自由主义的变种思潮形态“入场”提供了方便。人们逐渐拒斥主流意识形态，而其他社会思潮打着“去意识形态化”的旗号，渗透到人们的日常生活中，对人们开展“自主活动”形成各种误导，并不断消解“人民主体”间的价值共识。

其一，无政府主义潜滋暗长误导人民主体性。无政府主义者倡导个人的绝对自由，相信每个人都能按照自己善的意图行事，社会完全交由人民自治，不应该存在国家或者政府权威来干预。无政府主义存在一个基本的理论前提：原初状态下所有人是平等的，不存在阶级差别。然而，现实社会不仅存在阶级和阶层差别，甚至存在深刻的阶级对立。否定国家、政府等一切权威，一些人就会运用无政府主义的思维来对待社会生活，就必然衍生出全面违法乱纪的乱象。“文革”时期的乱并没有取得治的效果，反而让一个新生的政权走向封闭僵化的死胡同。社会主义市场经济初步建立的背景下，政府与市场的关系尚未理顺，政府对市场干预过多，造成市场主体失衡，违背公平原则。全能型政府的治理失败，使一些人走向极端，他们索性否定或抛弃政府，在实践中不断触碰法律的底线。其实，马克思并不反对政府权威，并不反对联合体。联合体是人们存在的社会基础，也是人民主体性得到提升的前提。任何一种共同体，都需要权威的存在，因而，否定一切权威的无政府主义是站不住脚的。人们开展创造历史的“自主活动”，不应该在无政府的原初状态下进行，而应该在有政府的现实社会完成。

其二，历史虚无主义暗流涌动消解人民主体性。历史虚无主义在当代中国依然很有市场，它通过扭曲、虚化历史，丑化历史人物，以达到否定党的领导之目的。历史虚无主义不承认历史发展规律，认为历史是“任人打扮的小姑娘”，历史是由强者随意改编的历史，具有主观随意性。历史虚无主义承认人的主体性，并且肆意扩大人的主体性，把人的主体性扩大到世界本源的高度，人类历史就不再是由实践创造的，而是由观念创造的。历史虚无主义通过否定中国共产党的奋斗历史，来否定中国共产党的执政地位及其合法性。中国共产党是中国人民的核心，一些人否定人民主体的核心，以达到“赞扬人民”的目的。事实上，人民群众是不能失去核心的，历史上，中国从未失去过核心，只是这些核心在历史上发挥的作用不同罢了。历史虚无主义承认人民主体地位，却否定人民主体的核心，这不利于形成人民主体性的历史合力，历史虚无主义的泛滥不可能凝聚出实现“中国梦”所需的磅礴力量。当前，无论是“左”的历史虚无主义，还是右的历史虚无主义，对人们开展“自主活动”都会造成误导。任何一个社会，人民主体性都是通过人民主体的核心带动起来的，离开了这个核心，它就会失去前进的方向。当前，历史虚无主义的一个重要支点就是“非毛化思潮”，这股思潮直接把中国共产党第一代领导人作为否定的对象，以从根本上否定中国共产党的领导权。其实，这股思潮来源于“文革”后对毛泽东的评价，一些人因为个人私怨，将愤慨的矛头指向毛泽东及其整个革命生涯。当然，历史虚无主义之所以能够如此泛滥，与我们的宣传思想工作也存在重大关系。一些人加入“非毛化思潮”中，杜撰、捏造毛泽东的绯闻，一些人借助“非毛化思潮”来为其推行全面“私有化”做舆论攻势和理论支撑，这种自私自利的做法，实则为政治投机，他们损害的不仅仅是毛泽东个人的名誉，也在有意肢解党和国家的历史合法性，甚至裁剪整个中华民族的历史，也必然误导青年一代，让青年人偏信历史虚无主义者编撰的“野史”。欲灭其国，必先灭其史。历史虚无主义思潮不应该成为“解放思想”的策略，采用历史虚无主义不可能达到解放思想之目的，它只会对人们的思想造成混乱，扰乱视听，让我们自觉放弃民族的优良传统，让我们这个民族自我“矮化”。强化人民主体性，必须旗帜鲜明地反对历史虚无主义，以保证人民群众正确认识历史，正确看待当代现实，坦然面向未来，保证历史、现实、未来的连续性和完整性。

其三，泛化的人道主义无孔不入地消融人民主体性。泛化的人道主义以“普世价值”的姿态登场，否定马克思主义的科学性与革命性，把马克思主义对人民群众的同情理解成“人道主义”哲学。人道主义的实质是强者以同情、怜悯的姿态对待弱者，马克思主义则把身处弱势地位的人民群众当成历史的主人，当成推动历史发展的动力。人道主义是社会精英对历史“群氓”的鄙夷的态度，而不是社会精英依靠群众创造历史的自觉。当然，马克思并不反对人道主义，但是不能因为他不反对，就把他的哲学过分解读成人道主义哲学，甚至把马克思主义人道主义化。人道主义只能解决弱势群体的燃眉之急，却不能解决他们长期的、持续的发展问题。人道主义可以在一定程度上抚慰那些受伤的心灵，却不能替代人们的“自主活动”。社会需要人道主义关怀，并且，这种关怀本身不应该是施舍，而应该以制度来规范，使之成为国家的制度关怀。当然，这种制度化的人道主义也要避开西方国家从摇篮到坟墓的高福利制度，高福利制度化的人道主义不能把“人的世界还给人自己”，甚至可能把人推向宠物的境地，让“现实的人”丧失劳动这种根本的“自主活动”。人道主义不应该让人变得堕落，沦为物的附属品，而应该使处于困境中的人重拾尊严，激活主体性。

其四，民粹主义沉渣泛起模糊人民主体性。民粹主义思潮在当代中国的影响不可小觑，这种思潮往往宣称自己站在“中下层群众”的立场上，从而与马克思主义主流意识形态争夺群众、蛊惑群众。中国历史上并没有民粹主义的传统，但在“文革”时期经历了民粹主义的实践，它对当代中国依然存在深刻影响，在政治意识领域，极容易对人们的政治行为产生误导。在治国理政方面，民粹主义对“群众运动”的逻辑推崇备至，而在“文革”时期，“群众运动”被推上了“王座”。改革开放之后，中国共产党在治国理政方面基本上告别了“群众运动”的范式，但是，“群众运动”的思维依然在新的历史形势下大量存在，比如，有的人大肆宣扬“法不责众”等观点。民粹主义演化成各种群体性事件，成为人民群众在极端情况下反映诉求的重要方式。民粹主义把人民直接参与国家政权作为人民当家作主的唯一形式。民粹主义是危险的，它摒弃了国家政权与人民群众之间的中间地带，当矛盾出现或激化之时，就极有可能导致国家政权与民众发生直接对抗。民粹主义在当代中国的发展，纠缠于“农民工人化”的问题，马克思在东方社会理论中早就认为，农民作为小生产者是不可能远离社会化大生产、大工业而进入社会主义的。当代中国的一些极左思潮大肆渲染毛泽东把广大农民组织起来的历史壮举，而不去充分考量毛泽东把农民组织起来（在农村）这一举措背后的真正原因。从人类历史上看，农民无产阶级化（工人化）是必然趋势，毛泽东实际上是通过发展国家大工业来酝酿这种“时势”。广大农民是不可能在农村就地实现无产阶级化的，因为农业本身也要走上现代化和工业化的道路。极左思潮抓住农民工人化过程中出现的一些问题不放，以此来否定改革开放，也同样是不可取的。民粹主义的社会主义强调的是“局限性的交往”，而真正的社会主义强调的是“世界历史性的交往”，农民从“村民”向“市民”的身份转变，不仅是概念的转化，更是社会交往的历史性飞跃。在局限性的社会交往中是不可能建立社会主义的，真正的社会主义，必须走向世界历史性的交往，农民“市民化”本身就顺应了社会交往扩大化的历史趋势。民粹主义等极左思潮指出农民市民化过程中出现的问题，确实需要解决，但问题的根本解决之道不是退回到农村，而应该顺应国家社会主义现代化和工业化的趋势。新时代乡村振兴同样需要借助现代化生产方式促进农村生产变革，重建安居乐业的生产生活方式。因而，如果只片面强调农民政治地位形式上降低的表现，就会忽视农民地位迎来上升趋势的事实，从而产生悲观主义情绪。民粹主义等极左思潮把历史发展看作“一步到位”的直线上升过程，从方法论而言，本质上是形而上学的。民粹主义扩大了人的政治主体性，甚至把政治当作人的活动中最重要的组成部分，把政治当作一切问题的解决之道，它不利于一个社会的发展和长治久安。那种期望天下大乱以达到天下大治的思维，极有可能导致“暴民的专政”。民粹主义的主体性主要集中在政治主体性之上，它是不平衡的主体性，民粹主义只是从理想化的思维中去把握人民的价值主体性，却忽视了实然层面（物质生产）的实践主体性。民粹主义对人民主体性的误导，亟须通过国家治理现代化的实践来纠正。

其五，后现代主义思潮消解社会主义接班人。西方后现代主义思潮主张“解构”的思维方式，反对事物的整体性。后现代主义者希望通过捕捉事物一个或者某几个横截面，就事物的横截面进行评析，而不是去把握事物的全貌，希望通过对横截面的随意理解，达到调侃甚至歪曲事物本质的目的。西方后现代主义思潮拒绝整体主义，因为整体主义会限制个体的发展，整体主义会让个性受制于群体压力之下，而无从获得自由的张扬。在后现代主义者看来，整体主义虽然可以通过信仰等形式，凝聚个体的共识，但个体也会受到来自信仰的压迫。追求个体人性解放的西方后现代主义思潮与整体主义之间的鸿沟很难通过共识而填补。

首先，后现代主义思潮模糊青少年的是非判断。西方后现代主义思潮的批判发挥到极致的时候，就会走向全面否定的极端，青少年作为西方后现代主义思潮的主要受众，也容易片面追求批判的全面性，而模糊基本的是非判断。一些青少年受到西方后现代主义思潮的影响，盲从于颠倒是非曲直的批判，用西方的标准审视中国传统美德，将中国传统是非判断说得一无是处。作为一个复杂的思想理论体系，后现代主义思潮各种思想混杂，消费主义、历史虚无主义、后现代主义等在报刊、影视、网络强势媒体的大肆宣扬、推波助澜下，与青少年的叛逆心理结合在一起，可能对他们的心灵起到极大的侵蚀作用，容易造成他们的思想意识、价值取向等发生混乱甚至扭曲。部分青少年甚至受后现代主义思潮的影响与蛊惑，以反主流文化为时髦，放弃信仰，消解崇高，怀疑马克思主义的真理性，对社会主义和共产主义产生悲观情绪，盲目崇拜资本主义的优越生活。另外，在前些年出现的中西文化比较热中，有些人受西方文化史观的影响，无视中国传统文化的精华，导致文化虚无主义愈演愈烈。[①] 当前，西方后现代主义思潮的广泛传播，无疑对培育和践行社会主义核心价值观、巩固马克思主义意识形态的主导地位、强化青少年是非判断造成现实挑战。

其次，后现代主义思潮侵蚀青少年积极有为的责任担当。对广大青少年来说，理想是未来发展的思想基础，信念是其健康人格形成的必要动力，崇高的理想信念，是青少年世界观形成的不可或缺的一部分，甚至是青年世界观的核心，但随着经济全球化的发展和我国对外开放的进一步深入，在市场经济的浪潮和各种社会思潮的共同冲击下，一些人逐渐觉得追求理想、膜拜崇高的品格和高尚的生活习惯已经过时，价值观日益现实化和极端个人化，因此，不同程度出现了理想信念模糊、责任意识淡薄等问题。在实现人生追求中，一部分青年逐渐丧失了远大的理想信念，过分强调物质利益而忽视了慷慨无私等中华传统美德，重视金钱利益而忽视自身的理想与追求，将个人主义奉为自己立身行事的基本准则，以自我为中心，只为满足、实现自我的各种需要、目标，而不去考虑对他人、家庭及社会应有的责任。基于实现个人理想的狭隘心理，没有将个人理想与社会理想联系起来，缺乏对自身负有的历史使命的正确认识和严肃的主人翁态度。人类社会中的每一个人实际上都肩负着或多或少、或大或小的责任。一些青少年把个人利益放在国家利益、集体利益之上，对祖国的前途、对社会主义现代化建设的伟大事业表现冷漠，完全忽略了对家国天下的责任，如以实用主义为自己的人生哲学，极少关注社会发展和公共事务，对

---

① 邢贲思、江涛：《当代西方思潮评析》，《中国社会科学》2000 年第 1 期。

社会上的不良现象缺乏批判精神甚至不管不问等，充分表明了其“事不关己高高挂起”“各人自扫门前雪”的心理意识。西方后现代主义思潮主张的自由原则，也会瓦解青少年尚未定型的组织性和纪律性，让青少年在盲目追求自由自在的生活中，逐渐形成以自我为中心，无视他人存在，甚至损人利己依然自得其乐，无视法律、崇尚暴力等倾向，也会使青少年无视学习的重要性而提前告别学习生涯走向社会工作岗位，给社会带来新的问题。

最后，后现代主义思潮诱使青少年养成享乐主义的生活习惯。全球化背景下，后现代主义思潮中“一切为了消费，目的就是消费”的观念在全社会的滋生泛滥，社会生活的各领域散发着浓烈的金钱气息，激发着人们强烈的消费欲望，对青少年非理性化的消费观念起着巨大的催化作用，使他们在消费观念上出现严重偏差，主要表现为炫耀消费、超前消费、时尚消费等异化价值观念。正如乔治·瑞泽尔所言：“我们并不是在购买我们所需要的东西，而是在购买符码告诉我们应该购买的那些东西。”[①] 即消费不再是生存意义上的消费，而是为了消费而消费。部分青少年过分追求物质利益，崇尚名牌，争相攀比，强烈的超前消费意识和过度的奢侈消费行为致使他们不仅将勤俭节约、艰苦朴素等传统美德抛诸脑后，且滋生出爱慕虚荣、贪图享受等与其身份极为不符的不良消费态度。甚至以“人生苦短，及时行乐”为口号，不顾个人能力和家庭消费水平，以追求“潮流”“前卫”、购买高档品牌为荣，把高消费水平当作人生发展的终极目标，导致人生观、价值观发生严重扭曲。综上，这些非理性化的消费观念有可能促使青少年面对问题倾向于用金钱利益衡量价值，以利益至上为处事原则，影响到他们一生的消费理念和价值观念，阻碍健康人格的形成。后现代主义并不能引导青少年超越物化意识与物化结构，它只会让青少年深陷其中不能自拔，充满幻想，变成帝国主义梦寐以求的“垮掉的一代”，如是，实现中华民族伟大复兴将痛失源源不断的后备力量。

---

① 〔美〕乔治·瑞泽尔：《后现代社会理论》，谢立中等译，华夏出版社，2003，第111页。

第三节　官本位与“人民本位”的矛盾对立

中国古代素有官本主义的传统，古代中国表面上是以皇权为中心的阶级社会，实质上是以官僚及官僚体系为“骨架”的社会。皇权是官僚结构体系的“金字塔”顶峰，官僚及官僚主义则是整个官僚统治体系的实体支撑和精神支柱。新中国成立之后，尽管在中国延续千年的官僚主义的封建思想已经在主导意识形态中被清除，但官本主义的血液依然在很多国人的血管中流淌。随着人们获得更大的自主空间，主体性得到全面释放，官本主义在新的历史条件下衍生出各种形态，从而不断滋生官本位价值错位的乱象。官本主义沉渣泛起，已经成为危及人民主体性提升的主要问题之一，也是实现中华民族伟大复兴中国梦必须清除的绊脚石。邓小平曾尖锐地批判官僚主义，其主要表现在“高高在上，滥用权力，脱离实际，脱离群众，好摆门面，好说空话，思想僵化，墨守成规，机构臃肿，人浮于事，办事拖拉，不讲效率，不负责任，不守信用，公文旅行，互相推诿，以至官气十足，动辄训人，打击报复，压制民主，欺上瞒下，专横跋扈，徇私行贿，贪赃枉法，等等”①。习近平在党的群众路线教育实践活动工作会议上对官僚主义进行了新概括，认为官僚主义主要是“脱离实际、脱离群众，高高在上、漠视现实，唯我独尊、自我膨胀。有的对实际情况不了解不关注，不愿深入困难艰苦地区，不愿帮助基层和群众解决实际问题，甚至不愿同基层和普通群众打交道，怕给自己添麻烦，工作上敷衍塞责、推诿扯皮、得过且过。有的不顾地方实际和群众意愿，喜欢拍脑袋决策、拍胸脯表态，盲目铺摊子、上项目，最后拍屁股走人，留下一堆后遗症。有的对上吹吹拍拍、曲意逢迎，对下吆五喝六、横眉竖目，门难进、脸难看、事难办，甚至不给钱不办事，收了钱乱办事。有的对待上级部署囫囵吞枣、断章取义，执行上级决定照本宣科、等因奉此，或者照猫画虎、生搬硬套，以前怎么做就怎么做，别人怎么做就怎么做，完全不顾本地本部门实际情况。有的官气十足、独断专行，老子天下第一，一切都

① 《邓小平文选》第2卷，人民出版社，1994，第327页。

要自己说了算，拒绝批评帮助，容不下他人，听不得不同意见”①。由于时代背景不同，党的领导人对官僚主义的阐述和概括存在差别。官僚主义的表现形式也会随着时代的发展而演变，时代越发达，社会越进步，官僚主义就会变得越发隐秘，会从赤裸裸的显性表达转变成更加柔和的隐性方式。无论时代如何发展，无论官僚主义以何种姿态“出场”，我们党反对官僚主义的决心从来都没有动摇过。当然，每个时代都需要解决当下最突出的问题，可能存在以一种新的官僚主义取代旧的官僚主义的阶段，原因在于那种新的官僚主义能够在社会治理中体现更高的效率，在一定程度上能够促进社会的发展，但任何一种官僚主义都必然走向历史的终结，这也是历史发展的必然趋势。

随着社会民主政治的发展，官僚主义随着人民主体性的普遍觉醒将日益成为众矢之的。尽管如此，这个时代依然没有找到医治官本主义的良方，它总是以各种形式在人们与权力打交道的时候出场。俞可平认为：“官本主义的实质是权力本位。”② 究其本质，官本主义是以“官”为核心构建的一套社会统治与管理体系，俗称官僚制，它是官本主义赖以存在的制度基础。通常，我们更多关注官僚们作风层面的官僚主义，但制度层面的官僚主义往往更加顽固。制度层面的官僚制首先确立了官本主义的制度基础，在权力的来源方面，没有把“主权在民”的理念贯穿其中，这样就会使制度的顶层设计以权力为中心，而操作权力的官僚们实际上窃取了公权的使用权，摇身一变成为权力的中心，成为权力的实际掌控者。列宁批评道：“官僚这个专干行政事务并在人民面前处于特权地位的特殊阶层。”③ 官本主义的实质就是“权力本位”僭越“人民本位”而产生的治理乱象。因此，“人民本位”的社会主义国家必须坚定不移地反对官本主义。

一 官本位与“人民本位”的根本对立

官本主义的“权力本位”与人民主体性的“人民本位”存在根本对

① 习近平：《在党的群众路线教育实践活动工作会议上的讲话》，人民网，http：//qzlx.people.com.cn/n/2013/0726/c365007-22344078.html。

② 俞可平：《官本主义引论——对中国传统社会的一种政治学反思》，《人民论坛·学术前沿》2013年第9期。

③ 《列宁全集》第2卷，人民出版社，1984，第437页。

立。官本主义的制度设计无视人民群众的主体地位，它不考虑人民群众的生产生活是否方便，只考虑统治方式是否能够有效控制人民。官僚主义制度突出了隶属关系和控制关系，这种制度设计的目的是控制人民，愚钝人民，玩弄人民，即使存在“保民”“养民”的理念，也不是把人民当作主体来看待，只是把人民当作“工具”来看待。官本位的制度设计往往有意无意地拒斥人民监督，认为人民群众不享有监督的权利，权力的来源不是人民权利，而是上帝的神圣权威，或者祖先的英明神武。如果仅仅在理念上坚持“国家权力属于人民”，在实际工作中，又将人民与权力隔离，或者将人民的监督权利冰封雪藏，人民就无从掌管和行使原本属于自己的权利，人民群众的国家主人地位就无从谈起，变成一纸空文，国家就将重新步入“权力本位”的深渊，而非成为“人民本位”的殿堂。当今很多官二代之所以嚣张跋扈，经常搞出“我爸是李刚”“我爸是市长”“我爸是局长”等令人啼笑皆非的言论，实际上就是公权力的“公属私有”逻辑在作祟。在权力运行中，官员的作风就成了权力运行的直接指挥棒，官员作风的好坏，直接决定了权力的性质。官本主义就是以“官”为本，把官员、官员体系、官员作风作为权力运行的主导者，即使在当代民主法治社会，也难免出现“公权私有”的现象，纵使存在制度性的监督，如果人民被排除在监督主体之外，则依然无法保证权力在阳光下运行。需要指出的是，“权力本位”与“人民本位”在社会主义国家本身应该是统一的，而不是对立的。官本主义颠倒“官”与“民”的主次关系，颠倒权力与人民的关系，官本主义与人民本位存在根本的对立。

二　奴仆心态与主体意识的对立

官本主义培育的是臣民的奴仆心态，不是现代公民的主体意识。当前，这种奴仆心态依然具有从官方机构向社会组织蔓延扩散的趋势，呈现奴仆心态民俗化的发展势头。官僚主义民俗化，随着体制内官僚主义不断向体制外扩散，人民群众面对这些令人深恶痛绝的官僚主义，却无能为力，只能屈从于官僚主义的淫威。从原本痛恨官僚主义转变为羡慕妒忌官僚主义，官僚主义就从不可告人的优越性变成公开的资本。人们一方面痛恨官僚主义，另一方面又不得不屈从官僚主义，长此以往，人们会被这种双重矛盾冲击得体无完肤、遍体鳞伤。一些人就会臣服于官僚主义，盼望着有朝一日成为官僚主义者，成为其中一员，也能过一把“官老爷”的“官瘾”。当人们曾经深恶痛绝的官僚主义发展成为隐性习惯，官僚主义民俗化过程就已经完成了。官僚主义民俗化使得奴仆心态不断加剧，使得人民经过几千年抗争而来的主体性在不知不觉中被蚕食或丧失，奴仆心态让社会成员丧失主体的担当精神和责任意识。一些人即使摆脱了奴仆地位，也依然没有跳出奴仆心态的困扰，反而越陷越深。在新的起点上，他已经做好了奴役他人的准备，并乐于享受奴役别人带来的乐趣。当一个国家的治理者和被治理者都热衷于奴役与被奴役的奋斗，而不努力实现对这种统治术的全面超越和扬弃，无论这种统治术曾经有怎样的辉煌，这个民族肯定会在悲剧的旋涡中挣扎徘徊。历史唯物主义认为，当一个社会制度发生根本性变革，这个社会的意识形态也会发生相应的变化，当然，这种变化往往又是不同步的。新中国成立，尤其是社会主义制度建立之后，中国人民从此翻身做了主人，这无疑是伟大的历史进步。一个人的历史地位应该与其主体意识同步，这个人才能协调发展。当时的中国人从旧社会的压迫下被解放，这种社会地位的解放往往伴随着旧有精神体系的解体。一个人由奴隶变成了主人，但其主体意识依然停留在旧社会的剥削意识之上，在其看来，获得主人地位就意味着可以剥削他人，而非意味着一种平等的、负责任的主人翁意识。当代中国的官本主义由体制内向体制外扩散，迎合了一群人的主人梦，也催生一群人的奴才梦和奴仆心态，而这正是进一步提升人民主体性面临的挑战。

三 特权主体性与大众主体性的对立

官僚主义维护的是在经济上占统治地位的特权阶级的利益，它代表特权阶级主体性，不是为民请命的精英主体性，更不是普通大众的主体性。特权阶层不一定是精英阶层，但精英阶层可以转化成特权阶层。官僚制一旦形成和巩固之后，就会有意在社会精英与普通大众之间深挖一条鸿沟，制造出社会精英与人民大众相对立的局面。官僚们在官僚制的保护下，开始了同人民大众、社会精英乃至特权阶层本身的博弈斗争，官僚们凭借执掌国家政权的优势，牢牢掌控着对社会资源的分配权。尽管有限的资源表面上向全体社会成员开放，但与社会相异化的官僚们因为自身利益的需要，早已为资源的“自由”流向设置了重重门槛，或者修筑暗门，这就为他们设租寻租提供了各种便利。官僚主义为社会各阶层获取资源设置的壁垒，实际上是为了实现权力与金钱的“联姻”，这种“联姻”的结果就是官僚资本主义。官僚主义充分调动了特权阶层的主体性，让特权阶层凭借经济优势不劳而获，实现对公共资源的掠夺。官僚主义限制社会精英阶层的主体性，让众多精英群体依靠真才实学都不能获取社会资源，都很难获得人生出彩的机会，这就迫使精英阶层向特权阶层和官僚阶层俯首称臣，以借助特权阶层的先天资源优势，获得人生出彩的机会。官僚主义迫使精英阶层倒向特权阶层，这就为继续愚弄和消磨人民群众的主体性储备了知识优势，很多网络大 V 就是典型代表。如果社会精英阶层与人民大众相疏离，甚至走向人民大众的对立面，人民大众内部就会弥漫着各种“宿命论”的悲观气氛，“人民主体”就有可能沦为实际的弱势群体。

腐败是人民群众深恶痛绝的事情，其实，我们不应把腐败归结为腐败本身，而应该把腐败归结为腐败背后的官本主义制度。腐败是官本主义制度的必然产物。腐败有两种形式，一是“不作为”腐败，二是“作为”腐败，这两种腐败都由官本主义衍生出来。第一种腐败是官本主义的消极策略。这种消极应对策略产生于权力受到制度的规制，当权力行使者在行使权力过程中面临“费力不讨好”的境况时，他就有可能采取“多一事不如少一事”的消极态度，对出现的问题视而不见、坐视不理、麻木不仁。这种官本主义表现为当权者的责任理论缺失。过分迷信制度体制，制度体制变革的滞后性往往会加剧官本主义的不作为策略，并且，这种“不作为”还往往以“照章办事”的逻辑推演出来，从而滋生不作为腐败。不作为腐败看似清廉，实则不干实事、不谋正业，于国于民有百害而无一利。人民群众则备受这种不作为腐败的刁难，多走冤枉路，多走弯路。归结起来，不作为腐败是一种只方便统治（治理），毫不方便被统治者（被治理者）的官本主义。第二种腐败则是由官本主义的积极策略衍生出来的。当权力缺乏制度的规制，各个部门的权力就会无限膨胀，形成“九龙治水”的格局，这时候，权力的逐利性就会凸显。特别是一些部门片面理解“以经济建设为中心”，过度扩张经济部门，造成经济部门权力一家独大的局面。把“不争议”的原则渗透到“以经济建设为中心”所有领域，必然造成权力运行中的官僚资本主义。官本主义的积极策略遵循“市场原则”（交易潜规则），这种官僚主义牢牢把握“以经济建设为中心”的要旨，把权力当作商品来出售，以实现部门“经济”的增长。由于权力资源的权威性和稀缺性，在市场逻辑面前，权力的价值也变得更加昂贵。权力部门或主政官员设租寻租的集体腐败或个人腐败就是官本主义积极策略的产物，因为在交易背后，涉事各方存在“各取所需”“皆大欢喜”的客观事实。因而，彻底反腐败的问题，就演变成去除官本主义的问题。交易的载体是权力，出卖的是“人民主体”的意志，是权力行使者对权力所有者的背叛，社会主义的中国是绝不容许这类事情愈演愈烈的。

第四节　利益固化格局挤压“自主活动”的空间

党的十一届三中全会开启了中国“普惠式”改革的新时期。但在相当长时间内，中国改革开放的“普惠性”是不均衡的。一些人在改革开放进程中率先获利且不断做强做大，甚至在某些领域形成垄断局面。在改革开放尚未触及的诸多领域，一些群体凭借天然的垄断优势，阻碍改革开放持续推进。改革开放进程中这些新生的利益集团与改革开放尚未触及的利益集团为了维护其既得利益，就会在各自领域结成阻碍全面深化改革的壁垒，阻碍改革红利向全社会公平流动，加剧社会利益固化现象。由此，提升和强化人民主体性面临更多现实挑战。

何为利益固化？杨兴林认为：“利益固化本质上是指社会利益格局出现了某种静止不变的状态或趋势，强势者恒强，并且阻碍利益格局改革。”① 和军、李绍东认为：“所谓利益固化，是指既得利益集团、阶层或群体通过阻碍改革、僵化体制等途径，维持自身对既得利益的持续占有，导致利益在团体内固定下来的现状或趋势。”② 笔者认为，利益固化可以从以下几点进行把握。第一，利益固化是阶级社会的标志，它是经济上占

① 杨兴林：《关于突破利益固化藩篱的思考》，《青海社会科学》2013 年第 6 期。
② 和军、李绍东：《垄断利益固化机制与突破路径》，《理论导刊》2013 年第 2 期。

统治地位的阶级维持其统治地位的必要手段，只是这个统治阶级有人民大众或少数寡头之分，如果是共产主义的利益固化，那么人民都是利益的主体，也不见得是坏事。第二，利益固化不是天然形成的格局，不具备天然的正当性，它是竞争的结果（无论是公平竞争还是不公平竞争），正所谓，竞争必然导致垄断。公平竞争本来最能彰显人的自主能力，但是，不尽合理的竞争发展到垄断的地步，就会蚕食竞争者的主体性。第三，社会主义公有制利益固化的危害并不比资本主义私有制的利益固化危害小。当前的利益固化格局是改革不彻底的产物，只能通过增量改革和存量改革来打破僵局，让利益体系重新流动运转起来，形成流通的利益机制，让所有人行动起来，逐步摒弃既得利益者的守成心态。第四，利益固化格局不仅妨碍既得利益者自身解放，而且冻结了非既得利益者获得解放的先决条件。在利益固化格局下，处于主体地位的就不再是现实的人民大众，而是占有生产资料和大量资本的少数群体。更进一步看，是资本剥夺了人的主体地位，人一旦离开资本，就缺乏安全感，甚至不能满足生存的需要。利益固化格局让既得利益者暂时稳住了“奴隶”地位而不断加以捍卫，让非既得利益者为争取“奴隶”地位而拼命抗争。利益是人们奋斗的直接动力，但是，固化的利益格局则会让奋斗本身失去原有的意义。利益固化格局把“人”死死地捆绑在既有利益格局的框架内，如是，底层群体就很难通过诚实劳动获得人生出彩的机会，既得利益群体也很难摆脱资本和权力的双重束缚，很难解放成真正的有个性的个人，因而，利益固化与人民主体性的继续提升存在深刻的矛盾。

一　挤占“人民主体”的利益共享空间

自古以来，利益固化都是阶级统治不可或缺的要素，统治阶级依靠利益固化的格局结成联盟，共同剥削被统治阶级。利益固化存在于奴隶社会、封建社会、资本主义社会，也存在于社会主义初级阶段。改革开放前，社会主义的利益固化主要体现为计划经济取代了自由市场，全民所有制经济与集体所有制经济之间的差别，也就是城市与农村的差别，严格的户籍管理制度阻碍了人口的自由迁徙，工人与农民之间的阶级转化异常艰难，家庭出身决定人的命运，等等。改革开放后，新的利益固化格局逐渐在“私有化”的浪潮中形成，而此时，尚未被“私有化”的部分国企凭借其事实垄断地位逐渐形成了利益固化的格局。当然，利益固化格局的根源在于经济领域，但它必然辐射到政治、文化等领域。利益固化是一个历史问题，它会随着历史发展而呈现不同的样式。

利益固化使得权贵阶层成功僭越人民利益主体地位，迫使中产阶层不能成为独立的阶层，而依附权贵阶层。一些社会政治精英、经济精英、知识精英逐渐与权贵阶层结成利益联盟，以阻碍利益向中下层群众流动。他们凭借掌握社会资源的优势，逐渐在政治领域、经济领域和知识领域形成垄断，他们垄断、独占了各个利益领域的主体地位，而广大人民群众在众多领域的利益主体地位实际上被他们取代。通常情况下，中下层群众忙于生计，没有闲暇参与国家与社会的管理和决策，部分精英阶层凭借他们长期积累的参政议政优势，通过各种途径侵占或者挤压普通群众的政治、经济、文化共享空间。一些部门通过“立法”，把不合理的利益合法化，以借助“合法”的外衣保护既有的利益固化格局；一些部门凭借先天的垄断优势，单方制定交易规则，让人民群众为其谋取私利买单。社会主义的中国，人民群众是利益的创造主体，也理所当然是利益的享有主体。如何让利益的创造主体更多更公平地共享改革的利益成果，无疑考验着当代中国共产党的执政宗旨和执政智慧。

二　制约社会活力释放

社会持续健康发展离不开社会活力的释放，新旧利益固化的藩篱，无疑制约着社会活力的释放。社会活力的根源在于人们利益意识的觉醒和追求利益渠道的畅通。利益固化是改革不彻底的产物，在改革开放之前，也有利益固化格局的存在。改革开放，其目的在于打破高度集中的政治经济体制下形成的利益固化格局，实现利益格局的重新整合。

因而，十一届三中全会开启的改革，具有“普惠性”，它极大地释放了社会活力。整个社会充满积极有为、健康向上、敢为人先的正能量。比如，恢复高考，使数以万计的青年人通过自己的勤奋努力，成功改变了自己的命运，也使得“推荐制”的大学梦走向历史的终结。尽管当代有人在唾骂高考制度泯灭人性，但是，从整个受益面来说，它无疑是最公平的教育制度，正是它的普遍公平性，才吸引了每年几百万的高考大军。当然，恢复高考属于“存量”改革，极大地释放了社会活力，凝聚了无数青年学子、知识精英的广泛共识。在改革过程中，也会出现新的利益固化格局，这同样会制约社会活力的释放，对新生利益固化藩篱的改革，就属于增量改革。处理好存量改革与增量改革的关系，就必须科学把握改革的全局性和系统性。当代中国人面临的主要问题不是利益意识是否觉醒，而是追求利益的渠道是否畅通。利益固化格局的形成是多方面的因素共同作用的结果，最根本的原因在于资源的有限性。当然，人们思想观念的僵化也无疑是重要原因，它会在生产力进步的同时，让人们日益生成不思进取的“守成心态”，其结果依然会造成新的利益固化格局，这正对应了当代中国的国情。守成者们想方设法固守既得利益，在其他人追求利益的道路上设置各种障碍，以阻碍全面深化改革重新释放社会活力的步伐。利益固化格局使人的社会性得不到充分的表达，使人的才能得不到充分的施展，使人们的“自主活动”受到抑制，从而消磨社会活力，可以说，利益固化格局是一种限制生产力发展的狭隘格局，只有有序打破这种僵化、固化的格局，我们才能创造出实现中华民族伟大复兴所需的巨大生产力。

三　加剧“人民主体”间的内耗

利益固化格局一旦形成，必然导致社会利益结构的开放程度大大降低，人们为了争夺少数开放性的利益，就有可能将彼此间潜在的竞争和矛盾推向白热化的顶点。利益固化格局的形成，也势必使社会日益分化为两大对立群体——富裕群体与贫困群体。在富裕群体与贫困群体之间，中产阶层也很难保持其独立性，一方面，他们羡慕和向往权贵阶层奢华高品质的生活；另一方面，他们同情弱势群体，但又要努力与弱势群体划清界限，可以说，中产阶层处在两个对立阶层的夹缝之中，处境比较尴尬。中产阶层既要承担乐善好施、兼济天下的道义职责，又要顶住来自权贵群体的压力，努力避免沦为贫困阶层的风险。

利益固化格局使各群体为了争夺少数开放性的资源，产生激烈的矛盾、展开激烈的斗争，产生“内耗”，无法最大限度地凝聚实现中华民族伟大复兴中国梦的历史合力。很多人宁愿在争夺利益的分享权层面大费功夫，也不愿在创造利益的层面作出努力。一些人的主体性集中于人与人之间的争斗，而非用于生产实践。当前，在利益固化的格局下，一些人专注于再次分配，通过一些不尽合法合理的方式达到目的，这些行为损害的往往是无辜者的利益，对那些权贵阶层来说，其丝毫无损，如此只会徒增社会整体的信任危机。

在利益格局固化的背景下，有两种社会心理特别值得关注，一是仇官心理，二是仇富心理。之所以仇官，有两种可能，一是个体遭遇使然，也即普通群众在与一些党员干部打交道的时候，遭遇了门难进、脸难看、事难办等形形色色的刁难，或者在与同辈群体的交流交往中，散布着满天飞的腐败案例，形成"天下乌鸦一般黑"的经验认知；二是历史比较而言，尽管很多年轻人没有亲身经历过新中国成立后近 30 年的生活，但那个时代的政治清明却被广为传颂。当这两个原因结合起来，那些遭受刁难的群众，甚至一些毫无瓜葛的群众自然而然会产生"仇官"心理。"仇富"心理并不是说人们不向往富裕富足的生活，而是指一些人对富人的羡慕、妒忌、恨。羡慕和妒忌富人奢华、奢靡、腐朽的生活方式；恨为富不仁，也恨自己的无能为力。其实，更深层次的仇富，实际上是针对富人致富路径的"原罪"，事实上，一些富人的致富途径未必经得起社会主义法制的检验，也未必经得起社会主义道德的检验。

我国正处于社会矛盾高发期，利益固化涉及人民群众生产生活的方方面面，无疑是影响人民群众正常生活的最迫切、最直接、最现实的问题。这"三最"问题，加深了人民群众的内部矛盾，扩大了"人民主体"间的张力，损耗了"人民主体"间的共识，不利于凝聚实现中国梦的主体力量。实现"中国梦"，不能离开中国力量，力量不能仅凭口号来维系，必须依靠健全的利益流动机制，凝聚广泛而持久的力量。实现"中国梦"，必须打破利益固化的藩篱，减小"人民主体"间的张力，凝聚中国合力。实现中华民族伟大复兴"中国梦"必然伴随着利益格局的调整，现有的利益固化格局必然被打破。任何一个阶级社会都不能消除利益固化的格局，社会主义初级阶段也不例外，但在社会主义制度下，已经不允许通过革命的休克式疗法破除所有利益固化格局，只能通过全面深化改革促使利益格局的调整。但需要看到的是，仅仅依靠体制内的改革，恐怕进度和力度都比较疲软乏力，由现实的社会矛盾倒逼全面深化改革已经迫在眉睫。一个稳定的社会离不开一定程度的利益固化，但如果这个社会利益固化发展到利益僵化的程度，整个社会就会逐渐丧失批判的维度。实现中华民族伟大复兴中国梦需要营造和培育一个既稳定又开放的利益系统，让身处这个利益体系中的成员既有归属感又有紧迫感，也让身处利益体系之外的成员享有进入这个体系的机会。

第五节　评价机制工具理性化与主体价值异化

评价机制是人们社会交往的重要内容，社会的健康发展离不开一定的激励机制或评价机制。良好的评价机制可以为社会成员实现人生出彩提供正确的引导，片面的评价机制则会加剧社会矛盾。通常说来，一个国家的主流意识形态出现边缘化危机，政治生态存在较为严重的官本主义，经济领域利益格局固化，那么，它的评价机制偏向于保守。中国比较特殊，它的评价机制曾偏向“狂热”的工具理性主义。在特定的历史时期，这种评价机制虽然可以激发人们的创造潜能，具有解放人的功能，但从长远来看，无疑会加剧人们“自主活动”的异化，具有极强的误导作用。

这种工具理性主义的评价机制，它的哲学根基是唯心主义，是实践唯心主义，方法论上是形而上学的。所谓实践唯心主义，就是片面夸大实践的作用，以至于将人类的实践神化到“本体”的高度，认为人类能够超越现实的环境的限制通过实践创造历史。这种观点虽然坚持实践的立场，但它的实践活动不是由客观的历史环境决定的，而是由人内心的“局”决定的。这种实践唯心主义在“大跃进”时期表现得很严重，在改革开放之后，这种实践唯心主义又披上了“一件外衣”，以一种物化意识的形态出场。正如田心铭所言：“由于实践作为人类特有的能动的活动内在地包含着意识因素，所以夸大意识的唯心主义也有可能通过夸大实践而表现出来。笔者认为，把实践提到首位的哲学并不都是实践的唯物主义，也有实践的唯心主义，坚持马克思主义，不能不警惕和反对实践的唯心主义，即以强调实践为特征的唯心主义。今天我们看到的一些否定辩证唯物主义的观点，表现出不同程度的实践唯心主义的倾向，有的论者还直接以主张‘实践唯心主义’自我标榜。他们反对辩证唯物主义的真正原因正在于此。这样，他们在解读马克思的哲学思想时，一边夸大实践，一边又抽掉马克思主义的实践基础，也就不奇怪了，因为这两者同样都是背离马克思主义实践观的表现。”① 马克思主义强调实践在人类社会发展中的功能，但并没有将实践上升到“本体”的高度，实践活动虽然需要思想观念参与其中，实践在本质上依然是客观世界的物质活动，我们不能仅仅从“主体”的层面来理解实践，（马克思在《关于费尔巴哈的提纲》中的确提出要“从主体方面去理解”对象、现实和感性，把对象、现实和感性当作实践去理解，这是基于费尔巴哈形而上学的唯物主义而言的。马克思还指出：“唯心主义却把能动的方面抽象地发展了，当然，唯心主义是不知道现实的、感性的活动本身的。”② ）也不能仅仅从客体方面来理解实践活动，我们要从主体、客体相统一的角度来理解实践。我们要在客观物质世界这个“本体”基础上去发展社会实践的“主体”，努力使主观辩证法（逻辑）符合客观辩证法（规律），顺势而为，因时而谋，因势而变，在尊重客观规律的前提下发挥人的实践主体性，才符合真正的实践的唯物主义。

在实践唯心主义基础上建立的评价机制虽然也坚持“实践是检验真理的唯一标准”的观点，但它们的实践是经验的，是形而上学的，不是历史的。实践唯心主义的“实践”不是从长期的历史发展中去考察，而是从短期历史阶段去判定。正如李长征所言：“检验什么是真理或谬论的唯一标准，只能是某一理论所反映的一定历史阶段社会实践的总和，没有其他标准。这是实践标准的确定性，懂得这一点非常重要。同样，懂得在社会实践总过程中的某个历史时刻，实践标准具有‘不确定性’，也非常重要。否则，人们就会把个别、局部、片面的直观感觉和经验，以及暂时达到主观目的的实用主义，误为经过‘实践检验’的‘真理’，甚至是‘绝对真理’。例如，把一村、一年的经验在全国‘一刀切’式地推广，

① 田心铭：《辩证唯物主义和实践的唯心主义》，《毛泽东邓小平理论研究》2012 年第 3 期。

② 《马克思恩格斯选集》第 1 卷，人民出版社，2012，第 133 页。

以致将其神化、永恒化，就是这种错误的实践观和真理观的典型表现。总之，经验主义和实用主义的实践观和真理观，同马克思主义的实践观和真理观是完全对立的，我们在理论和实践上必须划清两种实践观和真理观的界限。”① 因而，在实践唯心主义基础上建立的评价机制必然是工具理性化的评价机制，这种评价机制倡导的经验主义和实用主义是从狭隘的历史观出发的，它注定是短视的，注定是缺乏远见的。工具理性化的评价机制，对人的实践具有巨大的误导作用，这种评价机制让实践主体误以为抓住了事物的表象就抓住了事物的本真，其实是舍本逐末。这种短视狭隘的评价机制不仅与马克思主义工具理性与价值理性相统一的评价机制相背离，而且对人民群众开展创造历史的“自主活动”具有极强的误导性。比如，在农村，农民不再依靠绿色农业发家致富，而是大量采用化肥、农药提高产量，减少劳作成本，导致土地土壤变得更加贫瘠，水土流失，土壤污染，农产品药物含量超标，等等，这些问题反过来又制约了农业的发展。工具理性化的评价机制之所以疯狂，根本原因就在于它内在的哲学根基是唯心主义的，甚至是主观唯心主义的，方法论上是形而上学的，在实践中，必须警惕实践唯心主义，遏制工具理性化的评价机制肆意扩张。

一 人的主体地位降格

评价机制的工具理性化促使人的主体地位被物僭越，强化人对物的依赖性。一个正常社会的评价标准应该是多元化的，而非一元化的。当前，在全世界范围内起主导作用的评价标准依然是生产力标准。在宏观层面，生产力标准作为根本性的评价标准，适用于判断社会是否进步等根本问题。在微观层面，根本标准不能直接运用于对人们具体行为的评价，具体行为需要具体的标准来规范和引导。生产力标准泛化是评价标准工具理性化的根本表现。当泛化的生产力标准充斥人们的具体行为评价，评价标准的工具理性化就暴露无遗。用生产力标准来衡量人们的具体行为，人的主体地位就会被代表生产力的物所取代。生产力本身只能作为一种事实判断，而不能作为价值判断。当事实标准取代价值标准成为唯一的评价标

① 李长征：《关于坚持四项基本原则的思考》，《探索》2011 年第 2 期。

准，人们就必然陷入“拜物教”的狂热之中。在唯生产力论英雄的时代，判断人们价值大小的标准都会打上生产力的烙印，生产力就会进一步演化成对资本、工具、权力、名望等客观物质的生产和占有。这样一来，实际上享有主体地位的就不再是“现实的人”，而是现实的物。当人的价值需要依靠他们对物的占有程度来表达，人就成为物的奴仆。这与“人是人的奴仆”相比，显然是历史的“倒退”，但是，这里的“倒退”相比以往原始社会、奴隶社会、封建社会依然具有进步性，毕竟它是站在更高生产力水平之上的“倒退”，这种形式上的“倒退”本身处在一个自我扬弃的过程之中，关键就在于人们如何在新的历史条件下重构与时俱进的价值评价机制，适时引导人们超越对物的依赖的历史必然性，重建和发展人的主体地位。

二 制约人的全面发展

评价机制的工具理性化使人变成“单向度”的人。改革开放前，工具理性化的评价标准也存在，比如，“宁要社会主义的草，不要资本主义的苗”，类似的表达实际上透露出对“主义”的片面理解，这种看似价值理性的东西，实际上与资本主义的“有用即为真理”如出一辙，其逻辑完全一致，都是形而上学的。改革开放之后，党的工作重心从阶级斗争转移到经济建设上来，特别是社会主义市场经济体制的建立，在“效率优先，兼顾公平”“让一部分人先富起来”等发展口号的引导下，人们逐步从精神世界的高压中解放出来，投身对现实物质利益的追求。物质利益逐步取代精神信仰成为当代中国社会的新指挥棒。物质利益的工具理性化是当代中国不可忽视的现实国情之一，它背后隐藏的是人们精神的主体性失落。人们不得不在工具理性的物质利益指挥棒下，追逐各种物质利益，人们不仅肉体从属于物质利益，而且思想也被充斥着物质利益的物化意识绑架。在物质利益的指挥棒下，人们的社会生活沦陷到赤裸裸的物质交易当中，被交易的不仅是物质利益本身，被出卖的还有人们与生俱来的个性。工具理性化的评价机制往往是标准化、齐一化的，人们在标准化、齐一化的评价机制面前，丧失了自主发展的空间，就像工业产品一样由一个模子刻出来。有人会认为，当今的时代，人们的个性得到了充分的发展，人们的个性选择不断增加，各种各样的“网红”就是例证。这些“网红”是否有其独立的个性呢？在笔者看来，“网红”们确实存在一些特性，但他们背后的“暴发户”心态才是普遍的共性，他们的个性被庸俗成功学绑架，实则无个性可言。实现中华民族伟大复兴中国梦，归根到底是实现人民的梦，是实现中国人民自由全面发展的梦，我们应该逐步破除和超越工具理性化的评价机制，工具理性化的评价机制也只是一种特定的历史存在，它只在特定历史时期发挥正向功能，随着社会的发展进步，它的负向功能就会凸显，进而制约人们个性的发展。

三　事实性与价值性相对立

评价机制工具理性化使人的主体地位出现事实性与价值性的分离。工具理性本应作为提升人民主体性的工具，应该受到人民主体性的指引，但是，如果工具理性从工具性上升为主体性，那么，人的主体性势必旁落。当人所从事的活动不是“自主活动”，而是通过精确算计之后的机械活动，人就会沦为工具的奴隶，而不再是工具的主人。特别是意义世界的价值情感，一旦被工具理性绑架，整个社会就会陷入意义普遍失落的境地。在以经济建设为中心的大背景下，它衍生出一些异化现象：把经济建设简单理解为挣钱，人就成了“为挣钱而生”的单向度的“经济人”；把占有金钱的多少作为衡量个人价值大小的主要依据；把所有能够换取金钱的一切手段视为真理；等等。实际上，工具理性膨胀的评价机制承认人的实践主体地位，承认人的实践主体性，但是，它漠视人的价值主体地位和价值主体性。工具理性膨胀的评价机制，使人的实践主体地位与价值主体地位相互分离。当人们所从事的活动与本来目的相背离时，他们就会感到压抑、反感，非但不能从“劳动”中获得快乐，反而会对劳动产生抱怨。工具理性膨胀的评价机制，加剧了人民主体性的扭曲。[①] 实现中华民族伟大复兴中国梦，坚持人民主体地位，必须变革工具理性膨胀的评价机制，才能把“人的世界还给人自己”。正如马克思所说：“任何一种解放都是

① 参见李包庚、周康林《论“中国梦”视域下的人民主体地位》，《中国矿业大学学报》（社会科学版）2014 年第 2 期。

把人的世界和人的关系还给人自己。"① 在实现"中国梦"的新时期，评价机制的变革与重构，同样肩负着解放人的历史使命。

问题是时代的声音，挑战是倒逼我们继续前行的动力。在实现中华民族伟大复兴中国梦的道路上，我们党没有迟疑退缩的选择，只有坚持"不忘初心，继续前进"的信念，迎难而上，攻坚克难，才能清除道路上的重重障碍，才能带领中国人民走在不断拓展的中国特色社会主义道路上，越走越稳，越走越好，越走越自信。我们当今所处的时代，处在深刻变革之中，我们比以往更需要大格局和大战略，既要着眼于现实问题本身，又要善于前瞻长远问题，从战略布局的高度做出提升人民主体性的顶层设计，在扩大人们创造历史的"自主空间"的同时，降低人们"自主活动"的互斥性，增强"人民主体"间的开放性和包容性，不断凝聚出实现中华民族伟大复兴中国梦的历史合力。

---

① 《马克思恩格斯全集》第 1 卷，人民出版社，1956，第 443 页。

第六章

新时代提升人民主体性的战略布局

坚持和强化人民主体性是实现中华民族伟大复兴中国梦的现实基础和价值旨归，在实现中国梦的新时期，必须毫不动摇地坚持和强化人民主体性，这既是从实现中华民族伟大复兴的奋斗历程与人民主体性历史变迁的逻辑同构中总结出来的根本经验，也是中国站在新的历史起点上，朝着中华民族伟大复兴中国梦奋进的根本选择。改革开放 40 多年来，人民主体性的全面释放使“人民主体”呈现更加复杂的时代特性，这是党和国家继续提升人民主体性不可回避的客观实际。人民群众是历史的创造者，这是随着历史活动深入发展而不断被印证的社会规律。人民群众创造历史的活动必然经历从“不自觉”向“自觉”的过程，从创造个人历史的角度而言，每个人的创造活动都是在前辈们遗留下的社会环境中展开，每个人的历史活动都具有自觉性，只是在每个人身上体现出的自觉程度有所不同，这就造成了个体历史成就的差别；但从创造社会历史的角度而言，需要生活在这个时代的人们拥有一个共同愿景，拥有一个促使人们行动起来的动机，这个动机越明确，人民群众创造历史的本质力量就越能够得到显现。当然，需要看到的是，尽管人们创造个人历史的活动与创造社会历史的活动是统一的，并不意味着所有个体创造历史的活动都符合历史发展的潮流和趋势，也不是说人们创造历史的社会合力就是天然形成的，更不是说人们的个人历史与社会历史之间不存在张力。相反，推动社会历史发展的合力恰恰是人们在社会交往中通过各种斗争博弈克服了彼此间的互斥性而形成的。

同样，实现中华民族伟大复兴中国梦的历史合力也不是天然形成的，它是几代、十几代中国人经过180多年的艰苦斗争，不断磨合形成的，尤其是在中国共产党从诞生到逐渐成长为中国人民的领导核心的艰苦奋斗中凝聚出来的。中国共产党的伟大功绩在于把一盘散沙的中国民众组织起来，使之汇聚成创造历史的合力，实现了民族独立的中国梦，正带领中国人民朝着国家富强和人民幸福的中国梦稳步前进，这是不容任何历史虚无主义来否定的，也是任何历史虚无主义都否定不了的。新时期，面对"人民主体性"全面释放带来的社会活力与张力，作为中国特色社会主义事业领导核心的中国共产党人已经作出战略部署和顶层设计，以重新整合社会力量，化张力为合力，继续提升人民主体性，为实现中华民族伟大复兴中国梦凝聚出新的中国力量。

这样的战略部署或顶层设计又是什么呢？笔者认为，这个顶层设计就是新时代坚持和发展中国特色社会主义的战略布局，即全面建成小康社会（全面建设社会主义现代化国家）、全面深化改革、全面依法治国、全面从严治党。"这'四个全面'，是从我国发展现实需要中得出来的，是从人民群众的热切期待中得出来的，是为推动解决我们面临的突出矛盾和问题提出来的，立足治国理政全局，抓住改革发展稳定关键，统领中国发展总纲，确立了新形势下党和国家各项工作的战略方向、重点领域、主攻目标。"① 有学者指出："四个'全面'加起来，相辅相成、相得益彰，如果把中国比作一列正在向着全面建成小康社会进发的列车，那么改革就是发动机，法治就是稳压器，党的领导就是火车头。"② 这一战略布局之中，包含了一脉相承的奋斗目标、奋勇前行的根本动力、行动过程的基本规范、组织整合的根本保证等一系列重大部署，是一个逻辑严密、严整的战略体系。因而，中国共产党在新的历史条件下提升人民主体性就必须在"四个全面"战略布局中进行，以削减"人民主体"间的张力，增强"人民主体"间的合力，把整个社会重新组织起来，带领中国人民朝着中华民族伟大复兴中国梦继续奋斗。

---

① 《引领民族复兴的战略布局——一论协调推进"四个全面"》，《人民日报》2015年2月25日，第7版。

② 秦宣：《"四个全面"：形成发展、科学内涵和战略意义》，《思想理论教育导刊》2015年第6期。

第一节 “明确的积极的纲领”——全面建设社会主义现代化国家

一 历史活动与“明确的积极的纲领”

马克思主义认为，决定历史发展的是“行动着的群众”，而让群众行动起来的往往是“明确的积极的纲领”①，这个纲领不是来源于“上帝的天恩”，也不是来源于被“上帝的天恩”选中的个别英雄人物的聪明才智，而是来源于“使广大群众、使整个整个的民族，并且在每一民族中间又是使整个整个阶级行动起来的动机”。② 一个时代如果缺乏这种积极的动机或纲领，就注定只能原地踏步，不可能获得巨大进步。逆水行舟，不进则退，这样的时代，也不可能成为伟大的时代，更不可能跨越历史周期律。恩格斯曾说：“一个新的纲领毕竟总是一面公开树立起来的旗帜。”③ 有了这面旗帜，生活在这个时代的人们才有所趋赴，才能共同开创新的社会历史。

中国共产党从成立以来，非常注重行动纲领的问题。早在 1921 年，中国共产党就确立了“以无产阶级革命军队推翻资产阶级，由劳动阶级重建国家，直至消灭阶级差别”“采用无产阶级专政，以达到阶级斗争的目的——消灭阶级”“废除资本私有制，没收一切生产资料，如机器、土地、厂房、半成品等，归社会所有”的最高纲领——共产主义纲领。④ 中共二大根据革命斗争实际需要，提出更加明确的历史任务，“中国共产党是中国无产阶级政党。他的目的是要组织无产阶级，用阶级斗争的手段，建立劳农专政的政治，铲除私有财产制度，渐次达到一个共产主义的社会”⑤。“渐次”一词，包含了党的最低纲领（眼前任务），即打倒军

---

① 《马克思恩格斯选集》第 4 卷，人民出版社，2012，第 271 页。

② 《马克思恩格斯选集》第 4 卷，人民出版社，2012，第 255~256 页。

③ 《马克思恩格斯选集》第 3 卷，人民出版社，1995，第 325 页。

④ 《中国共产党纲领（英文译稿）》，人民网，http://cpc.people.com.cn/GB/64162/64168/64553/4427946.html。

⑤ 《中国共产党第二次全国代表大会宣言》，人民网，http://cpc.people.com.cn/GB/64162/64168/64554/4428164.html。

阀、国际帝国主义等内容，中共二大开启了中国共产党的最高纲领与最低纲领相统一的新篇章。此后，中国共产党就始终自觉地胸怀共产主义的崇高理想而又立足时代的主要社会矛盾开展革命、建设和改革等历史活动，不断根据中国社会主义建设的实际需要而提出新的奋斗目标，顺应了人民群众向往美好生活的热切期待。

二 实现全面建成小康社会的宏伟目标

改革开放以来，“小康社会”逐渐成为中国人民向往美好生活的代名词，邓小平“三步走”战略的前两步——“两个翻一番”直指“基本小康”，让人民群众对“小康社会”有了一个更加直观的认识。21 世纪初，党的十六大在“基本小康”得以实现的基础上提出“全面建设小康社会”的历史任务，“在二十一世纪头二十年，集中力量，全面建设惠及十几亿人口的更高水平的小康社会，使经济更加发展、民主更加健全、科教更加进步、文化更加繁荣、社会更加和谐、人民生活更加殷实”①。党的十七大提出“全面建成小康社会”的目标，“我们已经朝着十六大确立的全面建设小康社会的目标迈出坚实步伐，今后要继续努力奋斗，确保到二〇二〇年实现全面建成小康社会的奋斗目标”②。党的十八大重申了“全面建成小康社会”的历史任务，“确保到二〇二〇年实现全面建成小康社会的宏伟目标”。回顾来路，从“基本小康”到“全面建设小康社会”，再到“全面建成小康社会”，随着历史活动的不断深入，中国共产党的奋斗目标也更加明确，也更能够激发人民群众的创造热情。将实现小康社会的目标语词由“全面建设”改为“全面建成”，并不是简单的一次改变，而是蕴含着中国共产党人对全国人民的庄严承诺，正如习近平所说：“全面建成小康社会是我们的战略目标，到二〇二〇年实现这个目标，我们国家的发展水平就会迈上一个大台阶，我们所有奋斗都要聚焦于这个目标。”③“我们所有奋斗都要聚焦于这个目标”，说明“这个目标”已经成为我们

---

① 《十六大以来重要文献选编》上，中央文献出版社，2005，第 14 页。

② 《胡锦涛文选》第 2 卷，人民出版社，2016，第 627 页。

③ 《习近平关于协调推进“四个全面”战略布局论述摘编》，中央文献出版社，2015，第 17 页。

党和国家在新的历史时期的“行动纲领”，这个目标也有明确的数量化指标，即“到二〇二〇年国内生产总值和城乡居民人均收入比二〇一〇年翻一番，全面建成惠及十几亿人口的小康社会”①。历史任务越发紧迫，它释放出的改革红利和社会机遇更多，它的受益面也会更广，将为普通群众开展创造历史的“自主活动”提供更多的空间。因而，全面建成小康社会既是一项紧迫而艰巨的历史任务，也是一个提升人民主体性的千载难逢的历史机遇，并且，只有人民主体性被广泛激发出来，全面建成小康社会的艰巨性才能从根本上被克服。有学者认为，“全面建成小康社会的实践是发展中国特色社会主义事业的重要战略阶段，既是坚持以经济建设为中心，全面推进经济建设、政治建设、文化建设、社会建设、生态文明建设以及其他各方面建设的重要战略阶段，又是促进人的全面发展，坚持人民的主体地位，保障和改善民生，尊重人民首创精神，实现创业创新创幸福，实现社会公平正义，不断提高人民生活水平和生活质量，实现人民共同富裕的发展阶段”。② “全面建成小康社会”对生活在这个时代的中国人来说，是一个再明确不过的也再积极不过的奋斗纲领，我们这代人可以数着明确的时刻表、日程表去努力奋斗。当然，如果只守着时刻表观望、空想、幻想，而不是将自己的奋斗融入民族梦想中去，是不可能体验到这个“明确的积极的纲领”给人们带来的巨大鼓舞的。“中国已经进入全面建成小康社会的决定性阶段。实现这个目标是实现中华民族伟大复兴‘中国梦’的关键一步。”③ 这种期待，犹如坐上火车去长途旅行，尽管旅途劳顿，但在接近下一站的地方，总能激起人们对下一站的向往之情。

三 开启全面建设社会主义现代化国家新征程

党的十九大开启全面建设社会主义现代化国家的新征程，这是对“第一个百年”奋斗目标的延续。当然，中国特色社会主义事业这列火车

① 《习近平关于协调推进“四个全面”战略布局论述摘编》，中央文献出版社，2015，第29页。

② 张乾元、李琨：《“四个全面”开辟中国特色社会主义新境界》，《新疆师范大学学报》（哲学社会科学版）2015年第6期。

③ 《让全面小康激荡“中国梦”——二论协调推进“四个全面”》，《人民日报》2015年2月26日，第7版。

不会在“全面建成小康社会”这一站台停滞不前，它的目标是实现中华民族伟大复兴的中国梦，并以此为新的历史起点直指共产主义社会。只有努力将眼前这个战略目标实现好，我们才能更加从容地朝着下一个目标奋斗，否则，我们将在前行的道路上不堪重负。正如毛泽东所言，“只有现时的实际任务获得尽可能彻底的完成，才能有根据有基础地发展到将来的远大理想那个阶段去”。① 总而言之，党和国家确立“明确的积极的纲领”，有利于最大限度地激发人民群众的积极性和创造性，使人民群众能自觉把个体的奋斗和实现中华民族伟大复兴这一中国梦的伟大事业联系起来，达到创造个人历史与创造社会历史的有机统一。需要看到的是，“明确的积极的纲领”不是一成不变的，党的十九大提出新“三步走”战略，在全面建成小康社会的基础上，又将“基本实现社会主义现代化”的奋斗目标提前到 2035 年，这对奋斗在复兴之路上的中华民族而言，无疑是巨大的鼓舞和激励。

第二节　继续前行的活力与合力——全面深化改革

党的十一届三中全会开启了中国改革开放的伟大时代，极大地释放了社会活力，中国经济社会发展取得了举世瞩目的伟大成就。中国成功走出封闭僵化的“死胡同”，随着实践的深入发展，“普惠式”改革开放“不均衡性”的弊端逐渐暴露，加快社会利益固化格局的形成，成为人民群众开展“自主活动”的巨大障碍和挑战。如果不进行全面深化改革，中国道路依然存在重新陷入封闭僵化的风险。正如习近平强调的那样：“35 年来，我们党靠什么来振奋民心、统一思想、凝聚力量？靠什么来激发全体人民的创造精神和创造活力？靠什么来实现我国经济社会快速发展、在与资本主义竞争中赢得比较优势？靠的就是改革开放。”② 的确，中国改革开放的理论与实践极大地解放了人们的思想，释放了社会活力，“没有改革开放就没有当代中国的发展进步，改革开放是发展中国、发展社会主

① 《毛泽东著作专题摘编》下，中央文献出版社，2003，第 1893 页。

② 习近平：《关于〈中共中央关于全面深化改革若干重大问题的决定〉的说明》，《人民日报》2013 年 11 月 16 日，第 1 版。

义、发展马克思主义的强大动力。现在，解决我国进一步发展面临的一系列突出矛盾和挑战，必须深化改革开放。改革开放是决定当代中国命运的关键一招，也是决定实现‘两个一百年’奋斗目标、实现中华民族伟大复兴的关键一招”①。我们需要看到，在改革开放的过程中也一直贯穿着先易后难的辩证法的逻辑思路，主要表现为：第一步，解决相对简单的问题，在这一过程中积累经验，为之后顺利啃掉难度较大的“硬骨头”作理论和实践的铺垫；第二步，在经过40多年的改革开放之后，多数相对简单的问题早已在“释放社会活力”中，自动得以解决，但遗留下来的“硬骨头”单纯凭靠“释放社会活力”难以解决，所以，全面深化改革决不能仅仅着眼于简单层面的“释放社会活力”的问题，更要着眼于复杂层面的“凝聚历史合力”的问题。习近平强调：“全面深化改革是立足国家整体利益、根本利益、长远利益进行部署的，目的是要达到一加一大于二的效果，使整体利益产生乘数效应，避免一加一小于二的状况，防止局部利益相互掣肘、相互抵消。”② 历史发展到今天，我们要逐渐摆脱对以往改革开放中经验的依赖，“全面深化改革，关键要有新的谋划、新的举措。要有强烈的问题意识，以重大问题为导向，抓住重大问题、关键问题进一步研究思考，找出答案，着力推动解决我国发展面临的一系列突出矛盾和问题。解放思想的过程就是统一思想的过程，解放思想的目的是为了更好统一思想。思想统一了，才能最大限度凝聚改革共识，形成改革合力”③。所以，当代中国的改革开放要避免“为了解放思想而解放思想”“为了释放社会活力而释放社会活力”的惯性思维，我们迫切需要从“统一思想”高度来解放思想，也迫切需要从“凝聚历史合力”的高度来“释放社会活力”，为实现中华民族伟大复兴凝聚起强大的中国精神，汇聚强大的中国力量。中国共产党开辟的改革开放之路不是“千军万马过独木桥”，而是代表广大人民利益、促进人民全面发展的具有高度包容性

① 《习近平关于协调推进“四个全面”战略布局论述摘编》，中央文献出版社，2015，第52页。

② 《习近平关于协调推进“四个全面”战略布局论述摘编》，中央文献出版社，2015，第83页。

③ 《习近平关于协调推进“四个全面”战略布局论述摘编》，中央文献出版社，2015，第57~58页。

和开放性的康庄大道。全面深化改革，就是要坚持和强化人民群众的改革主体地位，就是要拓宽群众实现人生出彩的舞台和渠道，让人民群众共享全面深化改革带来的历史机遇，努力实现“释放社会活力”与“凝聚历史合力”的有机统一。正如习近平所言：“我们要通过深化改革，让一切劳动、知识、技术、管理、资本等要素的活力竞相迸发，让一切创造社会财富的源泉充分涌流。同时，要处理好活力和有序的关系，社会发展需要充满活力，但这种活力又必须是有序活动的。死水一潭不行，暗流汹涌也不行。”①

一 为“人民主体”开展“自主活动”松绑

全面深化改革是一个伟大的历史活动，也是一场深刻的解放运动。这场解放运动没有完成时，只有进行时。中国特色社会主义的问题和矛盾已经不能依靠革命的方法来解决，只能依靠全面深化改革来解决。但是，需要看到的是，全面深化改革与 1978 年以来的改革开放既是一脉相承的，又是与时俱进的，都是要解放和发展生产力，促进人的全面发展。因而，全面深化改革继续肩负着为人民群众“松绑”，让人民群众不断放开手脚开展“自主活动”的历史任务。因此，党的十八届三中全会强调：“全面深化改革的总目标是完善和发展中国特色社会主义制度，推进国家治理体系和治理能力现代化。”② “推进国家治理体系和治理能力现代化”就是要为人民群众开展“自主活动”提供方便，让治理信息多跑路，让人民群众少跑腿，国家治理现代化应该方便政府治理，更应该方便群众生产生活。这就要求作为治理主体的政府部门全面正确履行职能，“进一步简政放权，深化行政审批制度改革，最大限度减少中央政府对微观事务的管理，市场机制能有效调节的经济活动，一律取消审批，对保留的行政审批事项要规范管理、提高效率；直接面向基层、量大面广、由地方管理更方便有效的经济社会事项，一律下放地方和基层管理”③。由于权力具有扩张“恶”的本性，中国曾经历多轮简政放权，但随着社会的发展，繁杂

① 《习近平关于全面深化改革论述摘编》，中央文献出版社，2014，第 17 页。

② 《中共中央关于全面深化改革若干重大问题的决定》，人民出版社，2013，第 3 页。

③ 《中共中央关于全面深化改革若干重大问题的决定》，人民出版社，2013，第 17 页。

的行政审批制度依然束缚着人们的“自主活动”，一种行政审批取消，另一种行政审批又悄然出现，如此恶性循环，人民群众苦不堪言。因而，要治理权力扩张“恶”的本性，就必须“坚持用制度管权管事管人，让人民监督权力，让权力在阳光下运行，是把权力关进制度笼子的根本之策。必须构建决策科学、执行坚决、监督有力的权力运行体系，健全惩治和预防腐败体系，建设廉洁政治，努力实现干部清正、政府清廉、政治清明”①。其实，不仅如此，制度的笼子也应该由“人民主体”通过一定的制度安排来编织和看守，才能保证制度善的本质。给人民群众“松绑”的目的还在于解放和发展生产力，不能脱离社会主义的根本任务，习近平强调：“全面建成小康社会，实现社会主义现代化，实现中华民族伟大复兴，最根本最紧迫的任务还是进一步解放和发展社会生产力。”② 在马克思看来，“在一切生产工具中，最强大的一种生产力是革命阶级本身”③。所以，我们要解放和发展生产力，最根本的是要变革束缚人们开展“自主活动”的各种机制障碍，解放劳动者（尤其是科研技术人员），继续释放社会活力，充分发挥中国的人力资源优势，创造出更多、更大、更强的高级生产力，从根本上加速民族伟大复兴的历史进程。

二 为“人民主体”提供更宽更稳的发展舞台

给人民群众“松绑”就必须为其提供更宽更稳的平台，让人民群众获得解放的双手拥有用武之地，获得人生出彩的机会。改革开放以来，“市场”逐步取代“单位”成为人们开展“自主活动”的主要场域，但市场本身又具有盲目性，在市场这个实践场域里，人们的“自主活动”并非处在一个稳定的舞台之上，而是处在一个变幻莫测的风险旋涡之中。党的十八届三中全会开启的全面深化改革要搭建和完善的宽广舞台就是不断完善社会主义市场，这个市场不是资本主义市场。党的十八届三中全会指出：“紧紧围绕使市场在资源配置中起决定性作用深化经济体制改革，坚持和完善基本经济制度，加快完善现代市场体系、宏观调控体系、开放

① 《中共中央关于全面深化改革若干重大问题的决定》，人民出版社，2013，第 35 页。

② 《十八大以来重要文献选编》上，中央文献出版社，2014，第 549 页。

③ 《马克思恩格斯文集》第 1 卷，人民出版社，2009，第 655 页。

型经济体系，加快转变经济发展方式，加快建设创新型国家，推动经济更有效率、更加公平、更可持续发展。”① 改革开放以来，中国人从“单位人”向“社会人”转变，市场就成为人们相互交往的主要场域，越来越多的人在市场竞争的舞台，通过“摸着石头过河”的探索，获得成功，实现人生出彩。但无论是资本主义，还是社会主义，市场经济都必然存在风险，特别是在新的历史条件下，改革已经进入深水区，“摸着石头过河”存在的风险越来越大，如果弄不好，就可能走上改旗易帜的邪路。因此，围绕发挥市场决定性作用的全面深化改革，就必须逐步扬弃“摸着石头过河”的策略，以确保改革过程的稳定和发展平衡。正如习近平所言：“摸着石头过河和加强顶层设计是辩证统一的，推进局部的阶段性改革开放要在加强顶层设计的前提下进行，加强顶层设计要在推进局部的阶段性改革开放的基础上来谋划。要加强宏观思考和顶层设计，更加注重改革的系统性、整体性、协同性，同时也要继续鼓励大胆试验、大胆突破，不断把改革开放引向深入。”② 另外，中国共产党十一届三中全会开启的改革偏重于发挥人民首创精神，但这种“首创精神”大多停留在“摸着石头过河”的层面，充满不确定性。当改革进入深水区，人民群众开展“摸着石头过河”的“自主活动”，也有可能迷失方向。此外，改革是一场解放运动，“摸着石头过河”的解放只是少数人的解放，每一个时代敢于尝试新鲜事物的人毕竟只是少数，但随着历史活动的深入，历史舞台的扩大，“行动着的群众”也必将发展壮大。

在社会主义市场这个宽阔的舞台上，人民是改革的实践主体。马克思主义认为，社会生活在本质上是实践的，而实践又是人在改造世界中的对象性活动，所以，人民群众是实践的主体。习近平指出：“历史、现实、未来是相通的。历史是过去的现实，现实是未来的历史。”③ 只有实践才能让历史走向现实，也只有实践才能让未来变成历史，历史在本质上也是

---

① 《中共中央关于全面深化改革若干重大问题的决定》，人民出版社，2013，第3~4页。

② 《习近平谈治国理政》第1卷，外文出版社，2018，第68页。

③ 习近平：《以更大的政治勇气和智慧深化改革 朝着十八大指引的改革开放方向前进》，《人民日报》2013年1月2日，第1版。

实践的。“历史活动是群众的事业”，决定历史发展的是“行动着的群众”①。可见，实践主体与历史主体是一致的，都是人民群众。改革开放作为新时期最突出的一项事业，无愧为当代中国最伟大的实践，而其中践行改革开放的主体就是人民群众。中国共产党人是改革开放的发起者和发动者，广大人民群众则是推动改革事业不断前进的决定力量。我们要牢牢把握以下两点。第一，从“量”上来看，“实践主体”应该是多数人，其中包括社会精英在内，“现实的人”以有组织的方式，来共同参与有关改革政策的制定、执行和评估过程。第二，从“质”上来看，“实践主体”要求人民群众具备较高的改革“实践主体性”的认知，因为改革事业是关乎人民群众利益的，人民不应该以消极被动的心态去看待改革，而是应该保持主人翁的态度积极参与到改革事业中，毕竟改革的历史功绩是回馈给“群众自己的事业”的。正如习近平所强调的那样：“改革开放是亿万人民自己的事业，必须坚持尊重人民首创精神，坚持在党的领导下推进。改革开放是人民的要求和党的主张的统一，人民群众是历史的创造者和改革开放事业的实践主体。所以，必须坚持人民主体地位和党的领导的统一，紧紧依靠人民推进改革开放。改革开放在认识和实践上的每一次突破和发展，改革开放中每一个新生事物的产生和发展，改革开放每一个方面经验的创造和积累，无不来自亿万人民的实践和智慧。”② 新的历史时期，党和国家不仅要通过全面深化改革为人民群众开展“自主活动”搭建更加宽广稳固的舞台，而且要善于研究人民群众在这个舞台上的实践活动，从中吸取治国理政的伟大智慧，不断将之提炼成方针政策，使党和国家的方针政策更加顺应人民群众不断增长的新期待。

三　为“人民主体”提供更加公平的共享机制

人民群众在社会主义市场的舞台上开展实现人生出彩的“自主活动”，离不开公平正义的共享激励机制。马克思主义的人民主体观是事实性与价值性的统一体，人民是改革的实践主体，也必然是改革的价值主

---

① 《马克思恩格斯全集》第2卷，人民出版社，1957，第104页。

② 《习近平关于全面深化改革论述摘编》，中央文献出版社，2014，第138页。

体。人民是改革的价值主体，也有两个方面的内涵。第一，对作为改革者的中国共产党来说，为谁立命、为谁谋利、为谁改革即“为了谁”是一个方向性、根本性的问题。十八届三中全会明确指出，全面深化改革必须“以促进社会公平正义、增进人民福祉为出发点和落脚点”①。这就明确回答了改革“为了谁”这一根本性问题，也力证着我们党的改革目标正从国家本位、集体本位为主转向以人民本位为主，凸显了人民改革的价值主体地位。“为人民幸福而改革”表明了中国共产党人坚定不移的理想信念，可以理解为“要人民幸福”，这是人民是改革的价值主体的前提。第二，要把“人民要幸福”作为改革的价值主体的补充。邓小平曾多次指出，要把“人民高兴不高兴”“赞成不赞成”“答应不答应”“拥护不拥护”作为衡量一切工作成败得失的标准。党应该始终坚持群众路线，尊重人民群众对改革实践的态度和意见，人民群众的众多意见和建议中，蕴含着党全面深化改革的智慧和价值尺度。改革的着力点是把党“要人民幸福”与“人民要幸福”结合起来，不是把党的意志强加给人民，更不是听从群众中“尾巴主义”的使唤，丧失先进性。

在社会主义市场的舞台上，人民应该是利益的主体。利益主体是实践主体与价值主体的统一。利益是事实性和价值性相统一的集中体现，利益也是维系人民群众实践主体地位和价值评价主体地位的核心要素。马克思曾说：“人们奋斗所争取的一切，都同他们的利益有关。”② 追求利益是人民群众参与社会实践的直接动因，利益的大小则决定了人民群众参与社会实践的主体性程度。利益的满足是人民群众向往更高层次的价值追求的前提和阶梯，是提高人民群众实践主体性的根本动力。十八届三中全会指出：“必须更加注重改革的系统性、整体性、协同性，加快发展社会主义市场经济、民主政治、先进文化、和谐社会、生态文明，让一切劳动、知识、技术、管理、资本的活力竞相迸发，让一切创造社会财富的源泉充分涌流，让发展成果更多更公平惠及全体人民。”③ 人民群众是改革的利益主体，需要把握两点。第一，人民群众是改革中所获利益的创造主体，人

① 《中共中央关于全面深化改革若干重大问题的决定》，人民出版社，2013，第59页。

② 《马克思恩格斯全集》第1卷，人民出版社，1956，第82页。

③ 《中共中央关于全面深化改革若干重大问题的决定》，人民出版社，2013，第59页。

民群众在改革中向来追求把“蛋糕”做大，这也是人民能成为改革利益主体的前提。第二，人民是改革利益的共享主体。从共享的“受益面”上看，“主体”应该是全体中国人民，也即全体中国人都能从改革实践中获得利益，这是人民成为改革利益共享主体的前提。从“受益度”上看，“主体”背后隐含了改革利益公平分配的价值取向，即改革红利应该公平公正惠及全体中国人民，这是人民群众作为改革利益主体的“质”的飞跃。在党的十八届三中全会上，将“促进社会公平正义”定义为全面深化改革的出发点和落脚点，这正是坚持人民群众的改革利益主体地位的体现。习近平强调：“全面深化改革必须以促进社会公平正义、增进人民福祉为出发点和落脚点。这是坚持我们党全心全意为人民服务根本宗旨的必然要求。全面深化改革必须着眼创造更加公平正义的社会环境，不断克服各种有违公平正义的现象，使改革发展成果更多更公平惠及全体人民。如果不能给老百姓带来实实在在的利益，如果不能创造更加公平的社会环境，甚至导致更多不公平，改革就失去意义，也不可能持续。”① 只有在更加公平的社会环境中，才能增强人民群众普遍的获得感，人民群众才会真心拥护改革，党和国家才能不断夯实推进全面深化改革的群众基础。以促进社会公平正义为出发点和落脚点，要求中国的改革开放必须有坚定的立场和原则，根本原则就是坚持和完善中国特色社会主义，根本立场就是始终站在人民的立场上。我们的改革开放不能追求形式上的公平正义而丢失了根本原则和立场，我们要顶住外在的压力，在“改什么”与“不改什么”之间，我们要有清晰的判断。正如习近平所言：“我们党领导的改革历来是全面改革。问题的实质是改什么、不改什么，有些不能改的，再过多长时间也是不改，不能把这说成是不改革。我们不断推进改革，是为了推动党和人民事业更好发展，而不是为了迎合某些人的‘掌声’，不能把西方的理论、观点生搬硬套在自己身上。”②

---

① 《十八大以来重要文献选编》上，中央文献出版社，2014，第552~553页。

② 《习近平关于全面深化改革论述摘编》，中央文献出版社，2014，第20页。

第三节 复兴过程的基本规范——全面依法治国

无规矩不成方圆。中华民族一直以来都是讲规矩、守规矩的民族，为了应对时代的深刻变革，党和国家应该坚持和发展中华民族自己的“规矩”，结合时代的发展，不断推动我们的“规矩”与时俱进，使之不断深入群众的生产生活，成为人们开展“自主活动”的自觉遵循。“规矩”的层次有很多，各行各业都有自己的“规矩”，每个家庭都有别具特色的家风，每个人都有独特的行事风格，但对一个国家而言，应该树立起一个普遍的权威作为全体公民共同遵守的基本规范，这个普遍的权威只能是国家法律。由于传统“规矩”日益解体，其对公民行为的约束力大为降低，现代法治规矩又尚未完善，因此，中华民族比以往更加迫切地需要完善国家法律法规，推动国家治理体系和治理能力现代化，促进社会长期和谐稳定。党的十八届四中全会强调：“我们党要更好统筹国内国际两个大局，更好维护和运用我国发展的重要战略机遇期，更好统筹社会力量、平衡社会利益、调节社会关系、规范社会行为，使我国社会在深刻变革中既生机勃勃又井然有序，实现经济发展、政治清明、文化昌盛、社会公正、生态良好，实现我国和平发展的战略目标，必须更好发挥法治的引领和规范作用。”① “小智治事，中智治人，大智立法。治理一个国家、一个社会，关键是要立规矩、讲规矩、守规矩。法律是治国理政最大最重要的规矩。推进国家治理体系和治理能力现代化，必须坚持依法治国，为党和国家事业发展提供根本性、全局性、长期性的制度保障。我们提出全面推进依法治国，坚定不移厉行法治，一个重要意图就是为子孙万代计、为长远发展谋。”② 习近平还指出：“全面推进依法治国，是我们党从坚持和发展中国特色社会主义出发、为更好治国理政提出的重大战略任务，也是事关我们党执政兴国的一个全局性问题。落实好这项重大战略任务，对推动经济持

---

① 《中共中央关于全面推进依法治国若干重大问题的决定》，《人民日报》2014 年 10 月 29 日，第 1 版。

② 《习近平关于协调推进“四个全面”战略布局论述摘编》，中央文献出版社，2015，第 100 页。

续健康发展、维护社会和谐稳定、实现社会公平正义，对全面建成小康社会、实现中华民族伟大复兴，都具有十分重大的意义。”① “行百里者半九十”，我们距离实现中华民族伟大复兴的目标越近，就越应该高举“法治”这个治国理政的最高“规矩”，捍卫人民群众的集体意志，在规范好人民群众创造历史“自主活动”的同时，切实尊重和保护人民群众的首创精神。全面推进依法治国，是中国治国理政理念和实践的大变革，中国历来就有依法治国的传统，古代，“刑不上大夫”，法律是“治民之法”，法律具有普遍性，但是其普遍性只针对普通老百姓；在当代中国的社会发展中，公民在法律面前是平等的，法律作为“治人之法”和“治事之法”的统一体在社会中对公民的行为具有一定的约束作用。社会主义法律本身就是人民意志的体现，是人民的自我规定，依法治国的实质就是用集体意志对人民群众的生产生活进行规范和治理，人民群众是治理的主体，人民群众及“自主活动”又是被治理的对象。全面推进依法治国战略不仅可以为人民群众开展创造历史的“自主活动”提供基本规范，而且可以为党依法执政、政府部门依法行政提供基本依据。

一　用法治降低“摸着石头过河”的重大风险

从1978年改革开放至今，勤劳勇敢的中国人民用汗水和智慧改变了中华民族贫穷落后的面貌，当前我国的改革开放已经进入深水区和攻坚区，要继续推进全面深化改革，必须发挥好广大中国人民的劳动创造精神。在40多年的改革开放历程中，“摸着石头过河”是党中央探索出的改革特色，立足基层，不断推进，但是在推进改革的过程中也出现了政治制度的顶层设计方面的不足。对此，要进行全面深化改革，党和政府就必须加强政治制度的顶层设计，减少改革阻力和风险，保证改革沿着中国特色社会主义方向前进。十八届三中全会指出：“坚持以人为本，尊重人民主体地位，发挥群众首创精神，紧紧依靠人民推动改革，促进人的全面发展；坚持正确处理改革发展稳定关系，胆子要大、步子要稳，加强顶层设

① 《习近平关于协调推进“四个全面”战略布局论述摘编》，中央文献出版社，2015，第96页。

计和摸着石头过河相结合，整体推进和重点突破相促进，提高改革决策科学性，广泛凝聚共识，形成改革合力。”① 底层制度建设是全面深化改革的基本点，基层群众、基层党员干部、地方政府要在法律允许的范围内积极大胆探索，才能更好地掌握并解决好人民群众的改革诉求。习近平强调：“摸着石头过河也是有规则的，要按照已经认识到的规律来办，在实践中再加深对规律的认识，而不是脚踩西瓜皮，滑到哪里算哪里。”② 所以，十八届四中全会进一步强调：“法律是治国之重器，良法是善治之前提。”③ 全面深化改革的实践主体是人民群众，人民群众的利益诉求在一定程度上决定着全面深化改革的方向，但是因为人民群众的个体独立性，其所反映的改革动向并非均是合理的，为保证改革方向的正确性，政府有关部门需要完善相关法律法规，在实际执法过程中坚持严格执法、公正执法，对违反法律规定的基层工作实践坚决予以取缔，切断违法犯罪行为的根源。要进一步推进全面深化改革，必须推进国家治理体系和治理能力现代化，提高党和政府的治理能力。国家治理现代化的提升不仅仅限于政府对社会的治理，更是指在满足人民群众最广大需求的同时构建起人民群众的国家认同和社会认同。中国共产党需要不断领导国家加强和完善法治的制度设计，对人民群众的改革实践经验进行有效取舍、提炼整合，以减少全面深化改革的诸多不确定性风险，及时有效地领导人民群众不断摆脱“摸着石头过河”的风险，不断超越和扬弃既往的实践方式，提升实践能力，促进人的全面发展。

二　用法治手段破除利益固化的藩篱

改革力量凝聚的核心要素是人民群众的利益，而利益固化是凝聚改革共识的最大障碍。党和政府只有依法拆除既得利益集团利益固化的“高墙”，才能使改革红利在全社会范围内公平流动，社会建设才能充满活

① 《中共中央关于全面深化改革若干重大问题的决定》，人民出版社，2013，第6~7页。

② 《习近平关于协调推进“四个全面”战略布局论述摘编》，中央文献出版社，2015，第71页。

③ 《中共中央关于全面推进依法治国若干重大问题的决定》，《人民日报》2014年10月29日，第1版。

力，才能最大限度满足人民群众利益，做大做好“蛋糕”。党的十八届三中全会指出，让一切劳动、知识、技术、管理、资本的活力竞相迸发，让一切创造社会财富的源泉充分涌流，让发展成果更多更公平惠及全体人民。要充分营造公平公正的利益创造与利益共享的局面，首先，必须严厉打击地方保护主义的猖狂气焰，为基层地方的建设营造公正清明的环境氛围，促进各区域间协调联动发展，让改革红利充分涌流。因为只有彻底突破地方保护主义对地方经济发展的限制，地方的优势才能够充分发挥，人民群众的主观能动性在富裕道路上才能够充分显现，国家的共同富裕目标才能够实现，人民群众对中华民族的认同感才能够不断增强，才能够更好地为实现伟大复兴的中国梦汇聚磅礴力量。其次，只有依法推进城乡二元结构的改革，推进乡村人口向城市流动，进行户籍制度改革，推进城乡服务均等化，才能进一步推动城市化建设进程，逐步缩小城乡差距。“推进农业转移人口市民化，逐步把符合条件的农业转移人口转为城镇居民。创新人口管理，加快户籍制度改革，全面放开建制镇和小城市落户限制，有序放开中等城市落户限制，合理确定大城市落户条件，严格控制特大城市人口规模。稳步推进城镇基本公共服务常住人口全覆盖，把进城落户农民完全纳入城镇住房和社会保障体系，在农村参加的养老保险和医疗保险规范接入城镇社保体系。”① 再次，依法破除国有企业利益固化格局，大力发展混合所有制经济，为实现全社会更大范围的“按劳分配”创造条件。十八届三中全会还指出：要“积极发展混合所有制经济。国有资本、集体资本、非公有资本等交叉持股、相互融合的混合所有制经济，是基本经济制度的重要实现形式，有利于国有资本放大功能、保值增值、提高竞争力，有利于各种所有制资本取长补短、相互促进、共同发展。允许更多国有经济和其他所有制经济发展成为混合所有制经济。国有资本投资项目允许非国有资本参股。允许混合所有制经济实行企业员工持股，形成资本所有者和劳动者利益共同体”。② 发展混合所有制经济，是为了在更大范围内为公平分配方式的实现创造有利条件，为实现共同富裕提供充分物质基

① 《中共中央关于全面深化改革若干重大问题的决定》，人民出版社，2013，第25页。
② 《中共中央关于全面深化改革若干重大问题的决定》，人民出版社，2013，第8~9页。

础支持，实现好、发展好人民改革的利益主体地位。最后，处理好政府与市场的关系，让市场在资源配置、经济发展中起决定性作用，让政府在促进公平正义环节发挥主导作用，通过法律法规进一步防止权力与资本"联姻"威胁广大人民群众的改革利益主体地位。十八届四中全会强调："社会主义市场经济本质上是法治经济。"① 社会主义市场经济不是不择手段、唯利益至上的经济，市场主体应该通过正当合法途径，获取对社会资源的支配权和使用权，支持社会主义经济建设事业的发展。

三　在法治殿堂中确立"至尊的神"

虽然中国自古以来就有法治传统，但是在古代，法治是"治民之法"、"吏民之法"或"官本之法"，不是现代意义上的"治事之法"，更谈不上"人民主体"之法。新中国成立之后，政府废除了封建主义、官僚资本主义的法治统治，并逐步确立起社会主义法治的基本框架。但是由于当时社会环境比较复杂，中国的法治建设未能取得预期成效，但在一定程度上仍然坚持革命战争年代"群众运动"的工作思路。不可否认，"群众运动"的方法在"推翻旧世界"的过程中发挥了不可替代的作用，在"建立新世界"的初期也能发挥积极作用。但在国家秩序步入正轨之后，"群众运动"的积极作用逐步弱化，负向功能越发凸显，日益成为我们党治国理政的"鸡肋"。改革开放以来，为应对社会局势的变化，党和国家开始摒弃"群众运动"的治国理政策略，着眼于社会主义法治建设，通过完整的法律行为规范制度，将广大群众的实践活动纳入法治建设的轨道中，人民群众逐渐从"群众运动"的群体压力中解放出来。"群众运动"在一定程度上遵循"人民群众是历史的创造者"的群众观点，但"群众运动"的治国理政策略是以阶级斗争异常严峻的基本形势为前提的，它背后存在"法不责众"的潜在风险，也容易造成人人自危。人民群众在这种紧张的时代背景下很难从容地发挥聪明才智，尤其是知识精英很难有"先吃螃蟹"的时代担当。实施依

① 《中共中央关于全面推进依法治国若干重大问题的决定》，《人民日报》2014年10月29日，第1版。

法治国战略鼓励一部分人率先通过合法途径“先吃螃蟹”富裕起来，但这并不会弱化广大人民的历史主体地位。党的十八届三中全会强调：“人民是依法治国的主体和力量源泉，人民代表大会制度是保证人民当家作主的根本政治制度。必须坚持法治建设为了人民、依靠人民、造福人民、保护人民，以保障人民根本权益为出发点和落脚点，保证人民依法享有广泛的权利和自由、承担应尽的义务，维护社会公平正义，促进共同富裕。必须保证人民在党的领导下，依照法律规定，通过各种途径和形式管理国家事务，管理经济文化事业，管理社会事务。必须使人民认识到法律既是保障自身权利的有力武器，也是必须遵守的行为规范，增强全社会学法尊法守法用法意识，使法律为人民所掌握、所遵守、所运用。”① 由此可见，依法治国战略的实施并没有限制个人主体自由、弱化人民的主体地位，而是为人民群众提供一种均等获益的机会，力图终结“法不责众”的实践逻辑，规范人们的社会行为，增强社会成员的法制观念和责任感。主体地位的提升，离不开主体责任意识的提升。习近平强调：“我国社会主义制度保证了人民当家作主的主体地位，也保证了人民在全面推进依法治国中的主体地位。这是我们的制度优势，也是中国特色社会主义法治区别于资本主义法治的根本所在。”② 在法理层面上，中国特色社会主义法治建设应该确立“人民至上”的准则，但把“人民主体”确立为法治殿堂的“至尊的神”并不是要把每一个群众当作“至善至美的神一样供奉”，而是要最大限度保证社会中每一个公民都能得到公平的法治对待，确立法治公平正义的神圣权威。“公正是法治的生命线。公平正义是我们党追求的一个非常崇高的价值，全心全意为人民服务的宗旨决定了我们必须追求公平正义，保护人民权益、伸张正义。全面依法治国，必须紧紧围绕保障和促进社会公平正义来进行。”③ 所以，“我们要依法公正对待人民群众的诉求，努力让人民群众在每一个司法案件中都能感受到

---

① 《中共中央关于全面推进依法治国若干重大问题的决定》，《人民日报》2014 年 10 月 29 日，第 1 版。

② 《习近平关于协调推进“四个全面”战略布局论述摘编》，中央文献出版社，2015，第 102 页。

③ 《习近平关于协调推进“四个全面”战略布局论述摘编》，中央文献出版社，2015，第 117~118 页。

公平正义，决不能让不公正的审判伤害人民群众感情、损害人民群众权益”①。促进司法公正是工作重点，“司法公正对社会公正具有重要引领作用，司法不公对社会公正具有致命破坏作用。必须完善司法管理体制和司法权力运行机制，规范司法行为，加强对司法活动的监督，努力让人民群众在每一个司法案件中感受到公平正义”②。全面推进依法治国，不仅包括依法治民、依法治世，还包括依法治官、依法治权，法治部门人员在行政执法过程中不能单纯追求行政执法的速度，不能让人民群众变成法治实施过程中的“受害者”。我们需要看到，全面推进依法治国不能离开党的领导，也不能弱化党的领导，离开了党的领导，法治将失去根本的政治保证，法治殿堂里的“至尊的神”——“人民主体”将被资本及资本家取代，法治公平正义的生命也将被剥夺，留下资本血淋淋的躯壳。习近平总书记强调：“把坚持党的领导、人民当家作主、依法治国有机统一起来是我国社会主义法治建设的一条基本经验。我国宪法以根本法的形式反映了党带领人民进行革命、建设、改革取得的成果，确立了在历史和人民选择中形成的中国共产党的领导地位。对这一点，要理直气壮讲、大张旗鼓讲。要向干部群众讲清楚我国社会主义法治的本质特征，做到正本清源、以正视听。”③

第四节　推进“伟大社会革命”的根本保障——全面从严治党

全面从严治党是提升人民主体性的根本保证。新民主主义革命以来的中国历史已经深刻地证明，在各个关键的历史时期，正是由于中国共产党对中国社会进行了有效的组织整合，人民群众的主体意识才迎来了觉醒萌芽、总体生成和全面释放的大好局面，人民群众创造历史的根本力量才能

① 习近平：《在首都各界纪念现行宪法公布施行 30 周年大会上的讲话》，《人民日报》2012 年 12 月 5 日，第 2 版。

② 《中共中央关于全面推进依法治国若干重大问题的决定》，《人民日报》2014 年 10 月 29 日，第 1 版。

③ 习近平：《关于〈中共中央关于全面推进依法治国若干重大问题的决定〉的说明》，《人民日报》2014 年 10 月 20 日，第 1 版。

不断经受住历史的考验，中华民族才能渡过一个个危难关头，不断接近伟大复兴的奋斗目标。毫无疑问，“办好中国的事情，关键在党。中国特色社会主义最本质的特征是中国共产党领导，中国特色社会主义制度的最大优势是中国共产党领导。坚持和完善党的领导，是党和国家的根本所在、命脉所在，是全国各族人民的利益所在、幸福所在”①。可见，中国共产党对中国社会进行有效组织整合是提升人民主体性的内在要求。

打铁必须自身硬，中国共产党作为“人民主体”的“主心骨”如果不足够强硬，就没有能力作为中华民族自强不息的“脊梁骨”而存在，也不能把组织性日益减弱、主体性越来越强的中国人再“组织”在一起，更难以将自身发展凝聚成高度组织化的战斗堡垒。我们深知，只有严明的纪律才能将一个拥有 9000 多万党员的执政党有效组织起来。党如果没有严明的纪律，就不可能将十几亿中国人有效组织起来，共同朝着实现中华民族伟大复兴“中国梦”奋斗。全面从严治党的关键在于补足共产党人精神上的“钙”。习近平总书记强调：将共产党人精神上的“钙”补足是进行全面从严治党的关键。“对马克思主义的信仰，对社会主义和共产主义的信念，是共产党人的政治灵魂，是共产党人经受住任何考验的精神支柱。形象地说，理想信念就是共产党人精神上的‘钙’，没有理想信念，理想信念不坚定，精神上就会‘缺钙’，就会得‘软骨病’。现实生活中，一些党员、干部出这样那样的问题，说到底是信仰迷茫、精神迷失。”②“缺钙”的“软骨病”会使中国共产党人的担当精神逐渐丧失，不再拥有堂堂正正做人的“骨气”，引以为豪的昂扬锐气和浩然正气被丢弃。以习近平同志为核心的党中央深谙“空谈误国，实干兴邦”的治国理政之道，只有实干的中国共产党才能调动人民群众实干的热情，说得再好，如果不把所说的内容落到实处，人民群众非但不拥护中国共产党，反而会把某些党员干部身上的歪风邪气扩散，让整个社会沉浸在形式主义的自娱自乐当中。在中国，与其说是官风引导民风，不如说是党风引

---

① 习近平：《在庆祝中国共产党成立 95 周年大会上的讲话》，《人民日报》2016 年 7 月 2 日，第 2 版。

② 习近平：《紧紧围绕坚持和发展中国特色社会主义 学习宣传贯彻党的十八大精神》，《人民日报》2012 年 11 月 19 日，第 2 版。

导民风。中国共产党作为“人民主体”的核心，只有这个核心敢于担当责任，“人民主体”才会跟着“主心骨”共赴时艰。中国共产党只有全面推进从严治党，补足了精神上的“钙”，严明党的纪律，提升长期执政的革命性，才能担起中华民族的“脊梁骨”之责，才能不断提升整个中华民族的精神状态，带领中华民族不断走向伟大复兴。

马克思主义执政党的革命性问题，长期以来是一个争论不休的话题。有的人注意到中国共产党执政环境的重大变迁，有意渲染“革命党”与“执政党”的非兼容性，进而片面鼓吹中国共产党应该从革命党转变为执政党；有的人虽声称自己坚守中国共产党革命历史的“道统”，但回避讨论变革时代下“坚守与创新”的重大课题。其实，“革命党”与“执政党”的争论是语词之争，更是方法论之争。这个方法论的聚焦点就是：在长期执政的历史视角下，中国共产党人是否还要继续保持革命性？党的十九大强调：“党在革命性锻造中更加坚强，焕发出新的强大生机活力，为党和国家事业发展提供了坚强政治保证。”① 这一重要观点的提出彻底地对上述存在争议的问题作出了清晰的、积极的回应。在“党的建设新的伟大工程”向纵深发展的新阶段，我们要在此基础上进一步探讨中国共产党长期执政的革命性，澄清一些争议，这对中国共产党领导人民群众继续推进“伟大社会革命”具有重要意义。

一 保持革命性是中国共产党长期执政的内在要求

马克思主义政党作为革命党的奋斗目标是实现共产主义远大理想，彻底的革命性体现在中国共产党有着毫无私利的伟大胸襟，承担着解放全人类的历史使命。马克思主义政党的革命性集中表现在以下几个方面：内在的革命理想、革命精神、革命斗志与外化的革命实践、革命纲领。完全的革命性是马克思主义政党成为真正的、现实的革命政党的必要的内在规定性，革命性从马克思主义政党成立便一直存在，伴随马克思主义政党存续和发展的始终，无论是在革命战争时期，还是执政时期，党都不可以弱

① 习近平：《决胜全面建成小康社会 夺取新时代中国特色社会主义伟大胜利——在中国共产党第十九次全国代表大会上的报告》，人民出版社，2017，第 9 页。

化、缺失或丧失革命性。苏共曾是一个长期执政的马克思主义政党，弱化革命性致使社会主义“苏联模式”走向僵化、固化的境地，丧失革命性导致“亡党亡国”，这样惨痛的历史教训何其深刻！习近平同志曾说：“只有回看走过的路、比较别人的路、远眺前行的路，弄清楚我们从哪儿来、往哪儿去，很多问题才能看得深、把得准。”① 中国共产党自成立以来，自觉担负着“为中国人民谋幸福，为中华民族谋复兴”的历史使命。自“推翻旧社会”的新民主主义革命到“建立新中国”的社会主义革命，从邓小平领导的改革开放“新的伟大革命”到“进行具有许多新的历史特点的伟大斗争”，中国在自始至终坚持的“伟大社会革命”中实现了从站起来、富起来到强起来的历史性跨越。我们回看走过的路、比较别人的路、远眺前行的路，就会更加深刻地认识到：继续推进“伟大社会革命”的根本政治前提是坚持中国共产党的领导。同时中国共产党长期执政必须保持革命性，则是不断推进“伟大社会革命”的内在要求。

第一，保持革命性诠释了“革命者”的政治逻辑。所有的政党都有自己所坚持的政治立场，都会遵循一定的政治逻辑，长期执政的中国共产党也是不例外的。我们党作为靠马克思主义武装起来的工人阶级的政党，马克思主义这一指导思想必须作为中心线贯穿党领导群众进行“伟大社会革命”的始终。中国共产党的政治逻辑就是“为中国人民谋幸福，为中华民族谋复兴”，从根本上讲，它源自坚定的理想信念。正如习近平同志所言：“坚定理想信念，坚守共产党人精神追求，始终是共产党人安身立命的根本。”② 中国共产党人精神上“缺钙”会导致其得“软骨病”，进而丧失担当精神，丧失昂扬锐气和浩然正气。共产党人的思想必须由马克思主义来武装，而不可以被自由主义思潮影响。因此，“在社会主义现代化建设的整个过程中，必须坚持四项基本原则，反对资产阶级自由化”③。当今世界，资本帝国主义没有放弃对中国实施和平演变的阴谋，它们通过各种“去意识形态化”或“去政治化”的假象向中国宣传自由

---

① 习近平：《以时不我待 只争朝夕的精神投入工作 开创新时代中国特色社会主义事业新局面》，《人民日报》2018 年 1 月 6 日，第 1 版。

② 《习近平谈治国理政》第 1 卷，外文出版社，2018，第 15 页。

③ 《中国共产党章程》，人民出版社，2017，第 10 页。

主义的精神鸦片。做到理想信念坚定第一步就是要清楚“我是谁”的政治定位，如果在这一前提性的问题上出现模糊不清或者认知错位，那么就会像衣服上的扣子，第一颗扣子都系错了，其余的扣子怎么会对呢？在对“我是谁”问题的回答上，习近平同志说：“不忘初心，牢记使命，就不要忘记我们是共产党人，我们是革命者，不要丧失了革命精神。”① 立场分明讲政治，中国共产党作为革命者，是在中国长期执政的革命者，更是作为领导中国人民坚定不移推进“伟大社会革命”的革命者而存在。对革命党或革命者来说，革命理想高于一切。因为“理想信念动摇是最危险的动摇，理想信念滑坡是最危险的滑坡。一个政党的衰落，往往从理想信念的丧失或缺失开始”②。根据历史经验，长期执政的革命政党一旦丧失革命精神或者革命性，则往往会在时代潮流中逐渐丧失进步性而沦为保守派，或者在社会基本矛盾运作中丢失应该具备的政治定力，而背离执政的初心和使命。由此，保持革命性全面揭示了中国共产党在长期执政历史长河中作为“革命者”的政治本色，它隐藏着“是革命党在长期执政，不是一般的政党在长期执政”的政治逻辑。

第二，保持革命性蕴藏着“革命辩证法”的方法论逻辑。社会主义制度作为马克思主义政党长期执政的前提，离不开制度基础，到今天为止，没有哪一个国家的共产党离开制度基础而能长期顺利执政。其实，在坚持社会主义制度下，共产党执政的环境并不是一成不变的，它是在社会基本矛盾运动的隐性支配下变化的。只有遵循生产力与生产关系、经济基础与上层建筑的基本矛盾运动规律，才能不断推进“伟大社会革命”，这是中国共产党巩固和拓展执政基础的根本保障，更是中国共产党长期执政必须遵循的基本规律。习近平同志强调，“要实现党和国家兴旺发达、长治久安，全党同志必须保持革命精神、革命斗志，勇于把我们党领导人民进行了97年的伟大社会革命继续推进下去”，“新时代中国特色社会主义是我们党领导人民进行伟大社会革命的成果，也是我

① 习近平：《以时不我待 只争朝夕的精神投入工作 开创新时代中国特色社会主义事业新局面》，《人民日报》2018年1月6日，第1版。

② 《习近平谈治国理政》第2卷，外文出版社，2017，第34页。

们党领导人民进行伟大社会革命的继续，必须一以贯之进行下去”。①我们应该看到，中国共产党领导人民进行了100年的“伟大社会革命”的主题是随着时代的发展而变化的，它具有十分鲜明的时代性和历史感，这个主题发生变化是根据中国社会发展不断变化的“历史逻辑”来辨别的。100年来，中国共产党在领导人民持续探索“伟大社会革命”的历史中，一直运用辩证唯物主义和历史唯物主义的“望远镜”和“显微镜”分析总结历史经验、考察社会现实问题、展望未来愿景，遵循马克思主义历史辩证法的革命本真态度。恩格斯曾说：“所谓‘社会主义社会’不是一种一成不变的东西，而应当和任何其他社会制度一样，把它看成是经常变化和改革的社会。”② 列宁也曾说：“马克思的全部理论，就是运用最彻底、最完整、最周密、内容最丰富的发展论去考察现代资本主义。自然，他也就要运用这个理论去考察资本主义的即将到来的崩溃和未来共产主义的未来的发展。”③ 运用最彻底的发展论去考察未来共产主义的“未来的发展”，就是认为要达到未来共产主义社会，党还需要努力，经历若干阶段，努力成长，进行持续不断的深入探索。当然，我们不能把马克思主义最彻底的发展论曲解成伯恩斯坦“运动就是一切，目的是微不足道的”的修正主义。中国共产党在领导人民推进“伟大社会革命”中确立领导地位并长期执政，根本原因在于其坚持了马克思主义立场鲜明的、有方向的革命辩证法，规避“脚踩西瓜皮，滑到哪里算哪里”的责任缺位问题。因此我们可以总结：中国社会主义建设规律中蕴藏着深刻的革命辩证法，保持革命性正是我们党在社会主义制度下长期执政所必须遵守的基本规律。

第三，保持革命性蕴含着“跳出历史周期率”的战略逻辑。中国历代王朝都曾希望千秋万载，然而，它们都没能跳出“其兴也勃焉，其亡也忽焉”的历史周期率魔咒。有人认为，“中国历代王朝皆亡于腐败”④。

---

① 习近平：《以时不我待 只争朝夕的精神投入工作 开创新时代中国特色社会主义事业新局面》，《人民日报》2018年1月6日，第1版。

② 《马克思恩格斯选集》第4卷，人民出版社，1995，第693页。

③ 《列宁专题文集 论社会主义》，人民出版社，2009，第25页。

④ 吴丕：《王朝消亡的真实原因与历史借鉴》，《人民论坛》2014年第7期。

其实，腐败作为一种社会现象，它的根源是什么？对此需要进一步追问。流水不腐，户枢不蠹。如果统治阶级缺乏自我革命的精神，缺乏自我革新的勇气，国家和社会必定会陷入死水般的沉寂。问题不在于有没有腐败，而在于如何对待腐败。如果把腐败当作一种纯粹自然而然的现象，任由腐败滋生蔓延，整个社会或是由于外敌入侵而陷入瓦解，或是由于内部矛盾集中爆发而走向自我崩溃。“跳出历史周期率”是一个长期而复杂的实践活动，它离不开顶层的战略设计。习近平同志曾说：“战略问题是一个政党、一个国家的根本性问题。战略上判断得准确，战略上谋划得科学，战略上赢得主动，党和人民事业就大有希望。”① 那么，中国共产党的战略逻辑又是什么呢？中国共产党虽然处在长期执政的环境中，但不可能回避历史周期率的时代课题，这个重大时代课题的答案隐藏在历史的深处。中国共产党领导人民持续推进“伟大社会革命”，人心始终是最大的政治，赢得人民支持和拥护始终是最大的战略逻辑。毛泽东在与黄炎培的“窑洞对”中明确指出：“我们已经找到新路，我们能跳出这周期率。这条新路，就是民主。只有让人民来监督政府，政府才不敢松懈；只有人人起来负责，才不会人亡政息。”② 显然，毛泽东所说的跳出历史周期率的“民主”并不是资产阶级的民主，而是社会主义的人民民主专政。正如党的十九大指出的：“我国是工人阶级领导的、以工农联盟为基础的人民民主专政的社会主义国家，国家一切权力属于人民。我国社会主义民主是维护人民根本利益的最广泛、最真实、最管用的民主。发展社会主义民主政治就是要体现人民意志、保障人民权益、激发人民创造活力，用制度体系保证人民当家作主。”③ 中国共产党领导的人民民主专政国家是历史的产物，随着中国特色社会主义不断取得历史性成就，人民民主专政的实际内涵也更加丰富和充实。马克思曾说：“工人阶级不能简单地掌握现成的国家机器，并运用它来达到自己的目的。”④ 相同的是，经过“伟大社会革命”

① 习近平：《在纪念邓小平同志诞辰 110 周年座谈会上的讲话》，《人民日报》2014 年 8 月 21 日，第 2 版。

② 黄炎培：《延安归来》，重庆国讯书店，1945，第 65 页。

③ 习近平：《决胜全面建成小康社会 夺取新时代中国特色社会主义伟大胜利——在中国共产党第十九次全国代表大会上的报告》，人民出版社，2017，第 35~36 页。

④ 《马克思恩格斯选集》第 3 卷，人民出版社，1995，第 52 页。

而建立起来的社会主义国家机器不是封闭的，它比资本主义制度下的国家机器更具开放性、包容性、适应性，更能适应经济社会的发展要求。社会主义的国家机器是不会人为废除的，它的废除只有自身可以进行，通过充分的发展才会自行消亡。党的十八大以来，以习近平同志为核心的党中央根据新的时代特征和实践要求，紧紧围绕实现社会主义现代化和实现中华民族伟大复兴的“总任务”，提出物质文明、精神文明、政治文明、社会文明、生态文明“五位一体”总体布局，提出全面建成小康社会、全面深化改革、全面依法治国、全面从严治党“四个全面”战略布局，提出创新、协调、绿色、开放、共享的“新发展理念”，中国特色社会主义进入新时代。在实现“两个一百年”奋斗目标的历史交汇期，党的十九大又提出向社会主义现代化强国进军的“两个十五年”新的战略安排，使得第二个百年奋斗目标日益成为“明确的积极的纲领”①。民族复兴的“总任务”，内涵不断扩展的“总体布局”，结构升级换代的“战略布局”，引领时代潮流的“新发展理念”，不断接近伟大复兴的“历史方位”，新时代“三步走”的战略安排，等等，这些都是长期执政的中国共产党坚持和完善中国特色社会主义的理论创新和实践成果。复兴战略的“阶段化”蕴藏着历史过程论的革命辩证法，从治国理政的战略高度谋复兴、谋发展，正是中国共产党引领中华民族不断超越历史周期率的重要探索。历史周期率不是闭合的圆环状，社会基本矛盾运动不断向执政者进行周期率挑战，对长期执政的中国共产党而言，“跳出历史周期率”是作为恒久的时代课题存在的。一个政党能在超越历史周期率的执政实践中坚持多久，关键取决于政党执政的战略逻辑。中国共产党长期执政的战略逻辑就是顺应社会基本矛盾运动，通过持续推进“伟大社会革命”而不断“跳出历史周期率”。在坚持和发展中国特色社会主义的新时代，中国共产党只有始终保持革命性，才能不断提高长期执政能力，经受时代发展提出的历史周期率考验，进而引领肩负复兴使命的中华民族在中国特色社会主义道路上行稳致远。

---

① 恩格斯还说：“这个纲领，不管它最初具有什么形式，都必须朝着预先可以确定的方向发展。”《马克思恩格斯选集》第 4 卷，人民出版社，1995，第 389 页。

二 关于执政革命性的若干问题及回应

中国共产党在长期执政的历史方位中依然具有顽强的革命性，任凭世情、国情、党情的深刻变化，始终将“不忘初心，牢记使命”写在奋斗的旗帜上。改革开放以来，中国共产党领导人民历经艰难险阻，在封闭僵化的老路与改旗易帜的邪路的“夹缝”中不断开辟和拓展新时代中国特色社会主义的康庄大道，中国特色社会主义实践每向前推进一步，都会遭受各种干扰、曲解、误解、误读，推进“伟大社会革命”的历程之艰辛可想而知。中国共产党长期执政的革命性等若干重大问题时常引起人们的激烈争论，这些争论不仅涉及语词概念之辨，而且涉及方法论之争。澄明以下几个重大问题，有助于我们更加全面准确地认识中国共产党长期执政的革命性。

其一，“伟大社会革命”决不局限于“阶级斗争”。马克思主义政党的革命性与革命实践活动是如影随形的。通常认为，革命就是阶级斗争的集中爆发，就是阶级革命或政治革命，就是“推翻旧世界，建立新世界”的阶级联合行动。在传统语境下，革命这一范畴充满阶级斗争的暴力色彩，以至于很多人不谈革命，畏惧革命，甚至“抹黑”革命。其实，在社会形态更替的“量变”与“质变”交互运动中，“革命是历史的火车头”①。当阶级矛盾在社会基本矛盾运动中跃升为社会主要矛盾，以阶级斗争为主要手段的暴力革命发挥着巨大作用，它直接加速人类历史更迭的进程。暴力革命在社会形态的更迭期扮演着“助产婆”的角色，无疑可以减轻人类历史进程“自然分娩”的阵痛。中国共产党在领导人民进行“推翻旧世界”的新民主主义革命的过程中，阶级斗争必然是革命的主题，在“建立新世界”的社会主义革命中，阶级斗争虽然长期存在，但革命的主题必然在新的社会要素推动下发生转变。如果将中国共产党领导人民进行的“伟大社会革命”限定在“阶级斗争”的范围内，就必然会将党的革命性与阶级斗争捆绑起来，甚至将二者等同起来。如此一来，判断中国共产党是否具有革命性，首先看它是否将阶级斗争确立为革命的主题，而阶级斗

① 《马克思恩格斯选集》第1卷，人民出版社，1995，第456页。

争的激烈程度成为判断党的革命性是否突出的主要依据。按此逻辑，中国共产党在长期执政的历史方位上，它的革命性无疑已经"弱化"了。事实上，早在1980年，邓小平同志就指出："革命是要搞阶级斗争，但革命不只是搞阶级斗争。生产力方面的革命也是革命，而且是很重要的革命，从历史的发展来讲是最根本的革命。"① 与"推翻旧世界"的阶级革命相比，"建立新世界"的"伟大社会革命"，其内涵更为深刻，情况更为复杂，任务也更为艰巨，必须经历一个更加长期的过程才能实现，领导"伟大社会革命"的中国共产党人须保持恒久的革命性，才能带领人民取得最终胜利。

其二，"政党转型论"决不能涉及党的性质。党的十三大报告对党所处的历史方位作出"处于执政地位"的重要判断，同时指出党面临的执政考验已经发生了深刻变化。"革命战争年代，共产党员要经受牺牲个人生命的考验；今天，必须经受执政和改革、开放的考验。"② 此后，关于"执政党"的理论研究成果稳步增加，进入21世纪，关于这一主题的研究成果大量涌现，"政党转型论"就是其中一个时常引起争论的话题。有学者认为，"革命党在完成建立新国家政权的任务后，必然面临着不断转型的重任"③。笔者认为，问题不在于要不要转型，而在于转什么，是转变党的性质还是转变党领导国家政权的方式。长期执政的中国共产党已经告别过去"群众运动"的执政方式，提倡科学执政、民主执政、依法执政。那么，是否可以依据执政方式的转变，而得出当代中国共产党必须从"革命党"向"执政党"转型的结论呢？我们知道，"革命党"反映的是无产阶级政党的根本政治立场、政治属性，它与资产阶级的"改革党""改良党"相对应，也与社会民主党相区别，它是区分政党政治属性和历史使命的重要标志。"执政党"与"在野党"相对应，它反映的是一个政党在国家政治权力架构中的实际地位。"革命党"与"执政党"是共产党的"一体两面"，它们是党在不同逻辑层面的规定，前者反映党的政治本

① 《邓小平文选》第2卷，人民出版社，1994，第311页。
② 《沿着有中国特色的社会主义道路前进》（1987年10月25日），人民网，http：//cpc.people.com.cn/GB/64162/64168/64566/65447/4526368.html。
③ 周淑真：《以政党转型促进中国民主政治发展》，《探索与争鸣》2012年第10期。

性，反映党深层次的历史使命；后者反映政党现实的政治地位，反映党与国家政权、其他政党之间的政治关系，反映的是党在完成历史使命过程中所处的具体方位。如果模糊二者的本质差别，将二者放到同一层级来比较，就自然会得出“政党转型论”。仔细推敲，“政党转型论”背后存在这样两套逻辑。第一，“革命党”不能长期执政或者不善于长期执政；第二，“执政党”必须放弃革命精神、革命斗志、革命纲领、革命理想、伟大斗争。归结起来，就是“执政党”不应该再谈革命、再搞各种形式的斗争，必须放弃“革命性”。可见，“政党转型论”最多只能涉及党领导国家政权的方式转型，如果涉及党的性质“转型”（从一个立场鲜明的革命党变成立场模糊的普通执政党），必须谨慎对待。“政党转型论”看到革命党“群众运动”的治国逻辑不利于推进国家治理体系和治理能力现代化的问题，这是值得肯定的，但就此模糊“革命党”与“执政党”的逻辑关系，进而制造“革命党”与“执政党”、“革命者”与“执政者”的深刻对立，显然是不科学、不严谨的。当代中国共产党既是长期执政的革命党，也是不断革命的执政党。保持革命性依然是中国共产党在长期执政的历史方位上必须坚守的政治属性。

其三，改革创新决不能盲目“去革命化”。十一届三中全会之后，中国共产党果断停止使用“以阶级斗争为纲”的错误口号，开始把党和国家的工作重心转移到社会主义现代化建设上来，开启了改革开放的新时代。这仿佛给人一种错觉，中国共产党不再“以阶级斗争为纲”，就意味着中国已经告别革命，进入“去革命化”的时代。尤其在苏东剧变之后，福山的“历史终结论”名噪一时，随之而来的“意识形态终结论”“革命终结论”等自由化思潮不绝于耳，“去革命化”也日益成为舆论界的一种时髦范式。尽管邓小平同志在改革开放初期就曾提出“实现干部队伍的革命化、年轻化、知识化、专业化”① 的重要命题，并将“革命化”摆在干部队伍“四化”建设的首位，但在随后的社会主义市场经济条件下，由于历史环境的限制，对于如何实现干部队伍“革命化”的问题，党没有充足的时间进行理论和实践的准备。“去革命化”的思维范式作为一种

① 《邓小平文选》第2卷，人民出版社，1994，第396页。

经济要素被开发出来，充斥着“去革命化”色彩的影视作品、文学作品、理论著作在市场洪流中大量涌现。“去革命化”思潮往往打着“解放思想”的旗号，通过所谓的“新解”对中国共产党的革命历史、革命传统、革命文化进行消解或曲解，通过亵渎革命精神、戏谑革命历史的形式取悦大众、娱乐大众，占领市场。社会上流行的“去革命化”的思潮逐步渗透到干部队伍中，导致很多领导干部在改革开放与市场经济的考验中自乱阵脚、丢失信念、迷失信仰。党的十八大以来习近平同志创造性地提出“伟大社会革命”这一概念，成功将革命、建设、改革三个历史阶段有机地“串联”和“并联”起来，从逻辑架构上使得中国共产党领导人民进行了100年的“伟大社会革命”呈现“一以贯之”的特性，可以说，这为我们在新时代回击“去革命化”的历史虚无主义提供了最强有力的理论支撑。习近平同志曾说：“党的先进性和党的执政地位都不是一劳永逸、一成不变的，过去先进不等于现在先进，现在先进不等于永远先进；过去拥有不等于现在拥有，现在拥有不等于永远拥有。”① 可见，持续推进“伟大社会革命”既是中国共产党保持先进性的重要动力生成机制，也是中国共产党巩固执政地位的重要法理支撑。片面鼓吹“去革命化”的改革创新与追求“去革命化”的先进性一样，都是非常危险的。

三　以党的自我革命推动“伟大社会革命”

中国共产党领导人民进行的“伟大社会革命”并没有终结，在几代人持续性的接力奋斗中，中国特色社会主义迈进新时代。中国共产党长期执政已经成为继续推进“伟大社会革命”的根本政治保证，保持革命性已经成为中国共产党保持先进性和巩固长期执政地位必须遵循的基本规律。对当代中国共产党而言，问题不在于“要不要”保持革命性，而在于要保持“什么样”的革命性。毛泽东同志在《实践论》中曾说：“社会的发展到了今天的时代，正确地认识世界和改造世界的责任，已经历史地落在无产阶级及其政党的肩上……无产阶级和革命人民改造世界的斗争，包括实现下述的任务：改造客观世界，也改造自己的主观世界——改造自

① 《习近平谈治国理政》第1卷，外文出版社，2018，第367页。

己的认识能力，改造主观世界同客观世界的关系。”① 毛泽东同志从哲学视角对无产阶级革命的丰富内涵进行了高度概括，它既包括改造客观世界的革命，也包括改造主观世界的革命，还包括改造主观世界同客观世界的关系的革命。这“三个层面”的革命具有统一性，但在不同的社会发展阶段，其所发挥的作用是有差别的。中国共产党在长期执政的历史方位上，随着社会主要矛盾的变迁，其革命性的内涵及侧重点必然会发生变化，必然会从“外因倒逼”向“内因驱使”转变。党的十九大强调：“勇于自我革命，从严管党治党，是我们党最鲜明的品格。”② 其实，习近平同志关于党的“自我革命”的论述与毛泽东同志关于无产阶级革命“三个层面”的概括是相通的，并且，党的“自我革命”始终贯穿于“三个层面”的革命实践。毋庸讳言，“自我革命”已经成为中国共产党在长期执政的历史方位上保持革命性的主要内容，也是中国共产党始终走在时代前列、赢得人民衷心拥护、经得起各种风浪考验的内在动因。正如习近平同志所言：“要把新时代坚持和发展中国特色社会主义这场伟大社会革命进行好，我们党必须勇于进行自我革命，把党建设得更加坚强有力。”③“我们党必须以党的自我革命来推动党领导人民进行的伟大社会革命”，这无疑为我们党在长期执政的历史方位中继续保持革命性指明了方向。

第一，坚持守正创新，高举中国特色社会主义伟大旗帜。马克思曾说：“历史活动是群众的活动，随着历史活动的深入，必将是群众队伍的扩大。”④ 在群众不断行动起来的历史活动中，“明确的积极的纲领”发挥了巨大的作用，它为“行动着的群众”指明方向。因而，对马克思主义执政党而言，“举什么旗，走什么路”决不是无关紧要的问题，而是一个带有根本性的方向问题。“方向决定道路，道路决定命运。”⑤ 方向错误

---

① 《毛泽东选集》第 1 卷，人民出版社，1991，第 296 页。

② 习近平：《决胜全面建成小康社会 夺取新时代中国特色社会主义伟大胜利——在中国共产党第十九次全国代表大会上的报告》，人民出版社，2017，第 26 页。

③ 习近平：《以时不我待 只争朝夕的精神投入工作 开创新时代中国特色社会主义事业新局面》，《人民日报》2018 年 1 月 6 日，第 1 版。

④ 《马克思恩格斯文集》第 1 卷，人民出版社，2009，第 287 页。

⑤ 习近平：《在庆祝中国共产党成立 95 周年大会上的讲话》，《人民日报》2016 年 7 月 2 日，第 2 版。

是颠覆性的错误，是不可挽回的错误。苏联从“封闭僵化的老路”转向“改旗易帜的邪路”，苏共领导人在这场无原则的、颠覆性的“自我革命”中高举了否定社会主义道路、否定党的领导的旗帜，导致亡党亡国的历史教训不得不引人深思。中国共产党在长期执政的历史方位中进行自我革命，决不能出现方向性错误，决不能走封闭僵化的老路，也决不能走向改旗易帜的邪路，只能坚定不移地走中国特色社会主义道路。中国特色社会主义从哪里来？习近平同志从“五个时间跨度”予以回答。他说：“中国特色社会主义不是从天上掉下来的，而是在改革开放40年的伟大实践中得来的，是在中华人民共和国成立近70年的持续探索中得来的，是在我们党领导人民进行伟大社会革命97年的实践中得来的，是在近代以来中华民族由衰到盛170多年的历史进程中得来的，是对中华文明5000多年的传承发展中得来的，是党和人民历经千辛万苦、付出各种代价取得的宝贵成果。”① 坚持和发展中国特色社会主义事关实现“两个一百年”奋斗目标，事关实现中华民族伟大复兴的中国梦，事关国家富强、民族振兴和人民幸福。习近平同志指出：“我们要永远记住，我们所进行的一切完善和改进，都是在既定方向上的继续前进，而不是改变方向，更不是要丢掉我们党、国家、人民安身立命的根本。”② 这个“既定方向”就是坚持和发展中国特色社会主义，只有在这个“既定方向”上进行自我革命、自我革新、自我净化、自我提高，才能防止颠覆性错误，才能顺利实现奋斗目标。党的十八大以来，以习近平同志为核心的党中央创造性地提出“五位一体”总体布局、“四个全面”战略布局、新发展理念、构建人类命运共同体等一系列新理念、新思想、新战略，这是中国共产党治国理政的理论与实践的一场深刻自我革命，使党和国家的事业在“既定方向”上发生历史性变革，推动中国特色社会主义进入新时代。因而，习近平同志进一步强调：“党要在新的历史方位上实现新时代党的历史使命，最根

① 习近平：《以时不我待 只争朝夕的精神投入工作 开创新时代中国特色社会主义事业新局面》，《人民日报》2018年1月6日，第1版。

② 习近平：《在纪念红军长征胜利80周年大会上的讲话》，《人民日报》2016年10月22日，第2版。

本的就是要高举中国特色社会主义伟大旗帜。”① 长期执政的中国共产党在进行自我革命的过程中必须立场鲜明地高举中国特色社会主义伟大旗帜，须臾不可偏离这个历史和实践都已经深刻证明了的正确航向。

第二，坚持固本培元，在深入推进“党的建设新的伟大工程”中锤炼过硬本领。中国特色社会主义伟大旗帜是否举得稳、举得高、举得正，关键在于“举旗人”。党的十九大强调，“中国特色社会主义最本质的特征是中国共产党领导，中国特色社会主义制度的最大优势是中国共产党领导，党是最高政治领导力量”②。中国共产党作为中国特色社会主义的“举旗人”，自身必须始终过硬，才能成为时代先锋和民族脊梁。党的十八大以来，以习近平同志为核心的党中央实施了全面从严治党的伟大工程，反腐败斗争形成压倒性态势，极大地改善了党内政治生态，同时，党面临的“四风问题”“四大考验”“四大危险”依然具有长期性、复杂性、尖锐性、反复性，影响党的先进性、弱化党的纯洁性的各种因素具有很强的破坏性和危险性，全面从严治党决不能“行百里者半九十”，必须不断向纵深推进。因而，党的十九大明确提出“新时代党的建设总要求”，即“坚持和加强党的全面领导，坚持党要管党、全面从严治党，以加强党的长期执政能力建设、先进性和纯洁性建设为主线，以党的政治建设为统领，以坚定理想信念宗旨为根基，以调动全党积极性、主动性、创造性为着力点，全面推进党的政治建设、思想建设、组织建设、作风建设、纪律建设，把制度建设贯穿其中，深入推进反腐败斗争，不断提高党的建设质量，把党建设成为始终走在时代前列、人民衷心拥护、勇于自我革命、经得起各种风浪考验、朝气蓬勃的马克思主义执政党”③。落实“新时代党的建设总要求”，建设伟大工程必须结合伟大斗争、伟大事业、伟大梦想的实践而展开，并且，建设伟大工程的实际成效还需要在推进伟大斗争、伟大事业、伟大梦想的实践中不断接受检验。中国共产党是在不

---

① 习近平：《以时不我待 只争朝夕的精神投入工作 开创新时代中国特色社会主义事业新局面》，《人民日报》2018 年 1 月 6 日，第 1 版。

② 习近平：《决胜全面建成小康社会 夺取新时代中国特色社会主义伟大胜利——在中国共产党第十九次全国代表大会上的报告》，人民出版社，2017，第 61~62 页。

③ 习近平：《决胜全面建成小康社会 夺取新时代中国特色社会主义伟大胜利——在中国共产党第十九次全国代表大会上的报告》，人民出版社，2017，第 20 页。

断推进伟大斗争中成长起来的，中国共产党的长期执政地位也是在伟大斗争中确立起来的。中国共产党领导人民进行的革命、建设、改革充满各种形式的斗争，回避斗争，回避矛盾，面对问题绕着走，是根本不能解决问题的。党的十九大还强调："社会是在矛盾运动中前进的，有矛盾就会有斗争。我们党要团结带领人民有效应对重大挑战、抵御重大风险、克服重大阻力、解决重大矛盾，必须进行具有许多新的历史特点的伟大斗争，任何贪图享受、消极懈怠、回避矛盾的思想和行为都是错误的。"① 因而，"全党要充分认识这场伟大斗争的长期性、复杂性、艰巨性，发扬斗争精神，提高斗争本领，不断夺取伟大斗争新胜利"②。党只有在伟大斗争中不断经受革命性锻造，牢固树立政治意识、大局意识、核心意识、看齐意识，才能始终保持激浊扬清的姿态，才能始终做到信念过硬、政治过硬、责任过硬、能力过硬、作风过硬即"五个过硬"，才能始终成为继续推进"伟大社会革命"的坚强领导核心。

第三，坚持以人民为中心，在社会基本矛盾运动中始终站稳人民立场。马克思主义具有鲜明的科学性、革命性、人民性，中国共产党从成立起就自觉以马克思主义的科学态度、革命精神和人民情怀武装头脑，并在"伟大社会革命"中确立了自己的初心和使命。习近平同志指出："中国共产党人的初心和使命，就是为中国人民谋幸福，为中华民族谋复兴。这个初心和使命是激励中国共产党人不断前进的根本动力。"③ 自成立以来，中国共产党领导人民推进"伟大社会革命"决不是仅凭满腔革命热情就能成功的，可以说，中国的"伟大社会革命"之所以能够不断取得伟大成就，这与中国共产党人秉持的马克思主义科学态度、革命精神、人民情怀是分不开的。在新时代，党的自我革命已经成为推动整个"伟大社会革命"的动力机制，具有牵一发而动全身的功能，推进党的自我革命同样需要遵循马克思主义经典作家所揭示的人类社会发展一般规律，即生产

---

① 习近平：《决胜全面建成小康社会 夺取新时代中国特色社会主义伟大胜利——在中国共产党第十九次全国代表大会上的报告》，人民出版社，2017，第15页。

② 习近平：《决胜全面建成小康社会 夺取新时代中国特色社会主义伟大胜利——在中国共产党第十九次全国代表大会上的报告》，人民出版社，2017，第16页。

③ 习近平：《决胜全面建成小康社会 夺取新时代中国特色社会主义伟大胜利——在中国共产党第十九次全国代表大会上的报告》，人民出版社，2017，第1页。

力与生产关系、经济基础与上层建筑的矛盾运动规律。社会基本矛盾运动作为人类社会发展的动力机制，它是客观的，往往通过一定的时代问题表现出来。马克思曾说："问题是时代的格言，是表现时代自己内心状态的最实际的呼声。"① 习近平同志也强调："时代是出卷人，我们是答卷人，人民是阅卷人。"② 人民群众是历史的创造者，是实践的主体，时代的问题就是藏在人民群众内心深处的呼唤。能否在社会基本矛盾运动中始终站在人民立场上，顺应人民呼唤，是检验一个政党是否具有真正的人民性的试金石。社会基本矛盾的实际内涵和表现形态不是一成不变的，它往往以社会主要矛盾的形式表现出来，而社会主要矛盾就是时代问题的显现。党的十九大指出："中国特色社会主义进入新时代，我国社会主要矛盾已经转化为人民日益增长的美好生活需要和不平衡不充分的发展之间的矛盾。"③ 在坚持和发展中国特色社会主义的新时代，党的自我革命必须遵循社会基本矛盾运动规律，必须顺应人民群众"日益增长的美好生活需要"，着力解决好发展不平衡不充分的问题，才能在社会主义初级阶段"变"的历史方位与"不变"的历史区间始终站稳人民立场，赢得人民衷心拥护而立于不败之地。

当今社会处在一个不断变革的时代，中国共产党必须始终坚定对马克思主义的信仰，坚定共产主义的理想信念和中国特色社会主义的共同理想，以防止走上改旗易帜的邪路；必须继续坚持改革创新的探索自觉，以赶上时代潮流，抓住历史发展机遇，避免重走封闭僵化的老路；必须始终坚守为人民服务的根本宗旨，切实做到立党为公、执政为民，情为民所系，权为民所用，以保持同人民群众的血肉联系。当代中国共产党执政的革命性实际上就是处理好变革时代下的坚守与创新的问题。只讲坚守，不谈创新，不是真正的马克思主义；只讲创新，不谈坚守，就会背离马克思主义。正如恩格斯所说："马克思的整个世界观不是教义，而是方法。它

---

① 《马克思恩格斯全集》第1卷，人民出版社，1995，第203页。

② 习近平：《以时不我待 只争朝夕的精神投入工作 开创新时代中国特色社会主义事业新局面》，《人民日报》2018年1月6日，第1版。

③ 习近平：《决胜全面建成小康社会 夺取新时代中国特色社会主义伟大胜利——在中国共产党第十九次全国代表大会上的报告》，人民出版社，2017，第11页。

提供的不是现成的教条，而是进一步研究的出发点和供这种研究使用的方法。”① 只有深刻领会马克思主义与时俱进的理论品质，才能以发展的马克思主义指导当代中国共产党的执政实践，才能切实提高自我革新的执政革命性。党的十八大以来，以习近平同志为核心的党中央以巨大的政治勇气，以刮骨疗毒的决心，以“空谈误国，实干兴邦”的办事风格，以“老虎苍蝇一起打”的零容忍，以“照镜子、正衣冠、洗洗澡、治治病”严厉查处人民群众深恶痛绝的“四风问题”，开启全面从严治党的新模式和“新常态”。我们有理由相信，这一系列举措，必定能为提升当代中国共产党长期执政的革命性提供强大的正能量，也必定能为人民群众开展创造历史的“自主活动”提供更加有效的组织整合保障。

① 《马克思恩格斯选集》第 4 卷，人民出版社，2012，第 664 页。

第七章

新时代提升人民主体性的基本策略

以习近平同志为核心的党中央根据改革开放40多年的实践，特别是党的十八大以来中国特色社会主义建设的新实践，提出了全面建成小康社会（全面建设社会主义现代化国家）、全面深化改革、全面依法治国、全面从严治党等一系列治国理政新理念、新思想、新战略，标志着中国共产党治国理政的理论与实践都达到了新的境界。“四个全面”战略布局指明了实现中华民族伟大复兴中国梦过程中的迫切任务、根本动力、基本规范和根本保障等重大问题，是当代中国共产党治国理政的顶层设计。在“四个全面”战略布局中，一个最为核心的关键词就是“人民”，它始终围绕巩固和提升人民主体地位展开，并且还为提升人民主体性提供了顶层设计。正如习近平所言：“在前进道路上，我们要始终坚持人民主体地位，充分调动工人阶级和广大劳动群众的积极性、主动性、创造性。人民是历史的创造者，是推动我国经济社会发展的基本力量和基本依靠。推进‘四个全面’战略布局，必须充分调动广大人民群众的积极性、主动性、创造性。”① 人民主体性是不断发展的，在实现中华民族伟大复兴中国梦的新时期，中国共产党面临的问题已经不是人民主体性的“启蒙”，而是在人民主体性总体生成和全面释放的基础上，按照中国特色社会主义“五位一体”总体布局和“四个全面”战略布局对之进行重新整合，使之提升到一个“活力与合力”相互促进、相得益彰的新境界。笔者认为，

① 习近平：《在庆祝“五一”国际劳动节暨表彰全国劳动模范和先进工作者大会上的讲话》，《人民日报》2015年4月29日，第2版。

"人民主体性"在新时代中国出场的核心议题依然是发展问题，在全面建成小康社会之后，实现中华民族伟大复兴中国梦进入提档升级的关键期，党和国家提升人民主体性面临着不断摆脱发展路径依赖，不断反思、扬弃、超越既往发展理念的新任务。

第一节　以更加积极有为的姿态争夺意识形态话语权

思想观念是人们行动的先导。使人们行动起来的不仅有现实层面的利益诱导，还有思想层面的精神刺激。人们的行动过程也夹杂着某种价值观念，正是这些思想观念参与到人们的实践活动中来，人们的实践活动才具有目的性，实践过程才具有能动性和创造性。从某种意义上说，人的现实境遇塑造了主体性的内在品格，特定的思想观念表达了主体性的形式。当某种思想观念迎合了人们的现实境遇，这种思想观念就有可能在特定历史时期武装人们的头脑。党的十一届三中全会以来，党和国家把工作重点转移到经济建设上来，在中国社会结构发生剧烈变革、西方自由主义思潮涌入、传统腐朽思想沉渣泛起的背景下，在人们日常生活领域，马克思主义意识形态话语权出现了"旁落"的危机，其他社会思潮趁机与马克思主义意识形态"争夺群众"，对人民群众开展创造历史的"自主活动"造成严重误导。党的十八大以来，党和国家高度重视意识形态工作，习近平在"8·19"讲话中强调："经济建设是党的中心工作，意识形态工作是党的一项极端重要的工作。党的十一届三中全会以来，我们党始终坚持以经济建设为中心，集中精力把经济建设搞上去、把人民生活搞上去。只要国内外大势没有发生根本变化，坚持以经济建设为中心就不能也不应该改变。这是坚持党的基本路线100年不动摇的根本要求，也是解决当代中国一切问题的根本要求。同时，只有物质文明建设和精神文明建设都搞好，国家物质力量和精神力量都增强，全国各族人民物质生活和精神生活都改善，中国特色社会主义事业才能顺利向前推进。"① 我们应该顺势转变意识形

① 习近平：《胸怀大局把握大势着眼大事 努力把宣传思想工作做得更好》，《人民日报》2013年8月21日，第1版。

态工作策略，采取更加积极有为的姿态重新夺回被其他社会思潮侵占的意识形态阵地和把持的话语权，巩固当代中国马克思主义对中国特色社会主义伟大实践的解释权，引导中国人民的“自主活动”朝着实现中华民族伟大复兴中国梦的既定方向，凝聚起强大的历史合力。

一　切实推动中国梦大众化

人民有信仰，民族有希望，国家才有力量。信仰不会自动生成，需要国家通过一定的机制提炼整合而成，并由国家向全体民众普及这种信仰，即信仰大众化。实现中华民族伟大复兴的中国梦作为中华民族180多年来孜孜以求的奋斗目标，也需要在不断变革的时代实现大众化，以成为每个中国人的奋斗底色。当前，一部分民众社会焦虑心态蔓延，导致主体性弱化或缺失。很多人因为一时或者较长时间生活不如意，就不再相信梦想，放弃梦想，甚至妨碍他人追求梦想。当然，也有一部分民众的主体性因过度膨胀而异化和扭曲。一些民众违法乱纪、暴力犯罪，希望实现心中的“暴富梦”。主体性过度膨胀会在社会上形成“明知是恶而为之”“明知是善而不为”的不良风气。社会风气恶性循环反过来加剧人民主体性的弱化、缺失，甚至异化、扭曲。面对这种“残酷”的社会现实，我们要在全社会大力弘扬正能量，抵御负能量，引导人民群众正确发挥主体性，逐渐“培育自尊自信、理性平和、积极向上的社会心态”①。中国梦是中华民族的梦想，它蕴含了中华民族向往美好生活的积极心态，彰显了中华民族自强不息、厚德载物的民族性格。中国梦对优秀传统的继承超越、对幸福生活的承载，使得它具有厚重的历史底蕴、深刻的现实基础和鲜明的方向指引，从而能够引领社会风尚、弘扬主旋律、传播正能量。因此，促进中国梦大众化是推进事物完成“质的飞跃”中极其重要的环节，也是净化社会风气、正确提升人民主体性的必要选择。

其一，提升宣教主体“化大众”的理论素养。宣教主体对中国梦所掌握的程度和深度是中国梦大众化的首要前提。中国梦要想实现大众化，

---

① 胡锦涛：《坚定不移沿着中国特色社会主义道路前进 为全面建成小康社会而奋斗》，人民出版社，2012，第32页。

首先要能被宣教主体内化和吸收，然后根据主体的具体情况，由他们之口，将原本具有高度概括性、抽象性、小众性的理论具体化、通俗化和普及化。广大党员干部和知识分子是推进中国梦大众化最主要的宣教主体。中国梦是由中国共产党人提出的，其大众化首先要在党内展开，这就要求各级党政干部（尤其是基层干部）、知识分子、高校教师等理论的前沿接受者自觉去了解、认真学习中国梦的历史背景、科学内涵、价值指向、实现路径等问题，实现对中国梦的全面把握和准确理解。对党组织来说，应该为党员干部推进中国梦大众化提供条件。具体而言：一是需要加大对党员干部理论培训的力度。特别是需要向他们着重阐明中国梦提出的历史背景和现实依据，阐明中国梦的历史底蕴和现实基础，让中国梦大众化的主体能具备一套完整的“内功心法”。二是加大对党员干部宣传技巧方面的培训力度。中国梦大众化不仅需要党员干部具备深厚的“内功”，而且需要着重培养他们使用“内功”的能力，广大党员干部要能自如地运用人民群众所喜闻乐见的表达方式去讲解、宣传中国梦。大众化的宣教主体只有“内功心法”和“外在功夫”都到位，才能在实践过程中真正实现用中国梦去“化大众”。

其二，探索多元化的传播方式。通俗化是中国梦大众化的题中应有之义，理论大众化就意味着理论的通俗化，因为再深刻的思想、再正确的理论，如果不借助通俗的语言来表达，那么普通大众是无法理解的，更别提牢记于心，所以只有做到通俗易懂，甚至朗朗上口，才能真正为大众所掌握。在中国梦大众化的宣传形式上，我们要立足实际生活、创新传播方式。在信息大爆炸的时代，媒体具有传播速度快、涵盖信息量大、使用群体广泛等特点。因此，全面普及中国梦也要借助媒体这一最有效的方式来推进。我们在利用传统媒体传播的同时，也要充分重视现代传媒，借鉴大众文化的运作方式，探索中国梦大众化的新出路。大众化主体可以将中国梦及其内容制成简讯、电影、电视剧、广告、动漫、游戏等，以生动活泼、易被人民群众接受的形式，使人们在学习、工作、生活中能够时时感受到中国梦，寓教于情、寓教于乐。

其三，注重生活化的语言表达。中国梦在国家层面体现为奋斗目标，然而并不是任何场合、任何时候都需要从国家层面去理解中国梦。仅从国家层面去解读中国梦，可能会使群众觉得中国梦与自己的切身利益关系不大，只强调“国家”而忽视“小家”，容易给群众造成“舍小家，为大家”的错觉。因此，在中国梦大众化的过程中，宣教主体完全可以跳出中国梦的国家语境。如将中国梦置于民族复兴的语境中，就可以理解为一种延续千年的民族情结；将中国梦置于梦想的语境中，就与“美国梦”“欧洲梦”形成鲜明对比，包含了“人民主体”的圆梦方式；将中国梦置于价值追求的语境中，就是人民群众对美好生活的向往。因此，如果中国梦大众化只谈民族和国家，而没有将其置于人民群众、人民利益的特定语境之中，就有可能脱离群众。但是，这并不意味着为了刻意迎合一些“不怀好意”的人，而让中国梦变成一个“万能筐”，让那些与社会主义核心价值观相背离的“梦想”进入，比如不能将中国梦错误地解读为“宪政梦”“普世价值梦”。我们在坚持群众路线的同时，应该明确、适时“亮剑”，有所为有所不为，对于支持什么、反对什么，褒奖什么、批评什么，要有鲜明态度，防止那些“阴谋家”“捣乱分子”借中国梦大众化之名扰乱视听、蛊惑民众。理论能不能受到群众的欢迎，首先要看群众是否听得懂、记得住。理论要实现大众化，首先要生活化，没有生活化，其他则无从谈起。语言生活化是理论能够被群众理解和接受的必备条件。在话语体系上，我们要在坚持中国梦基本观点的前提下，将其转化为百姓日常性的语言，不仅让大众听到，更重要的是让大众听懂和信服。因此，我们在宣传、普及和推广中国梦时要摆脱经院化倾向，不能仅仅热衷于概念的解析、文献的解读、逻辑的论证，动辄引经据典。应结合人民群众的生活实际，用最简单、最朴实、最生活化的语言解读中国梦，实现理论由抽象到具体、由深奥到通俗、由少数人理解到多数人理解的转变。在编写中国梦理论读物时，应善于用最新的素材，结合群众普遍关心的热点和难点问题，用大众化的、生动鲜活的群众语言来阐述理论问题，力求在话语体系上做到与百姓话语体系更贴近、更一致，真正使编写出来的理论读物让群众看得懂、喜欢看、用得上。在进行中国梦理论宣讲时更需要语言的通俗化，避免咬文嚼字、晦涩难懂，真正把“群众想听的”与“我们想说的”有机结合起来，解决理论宣讲“听不懂”、宣讲理论“用不着”的问题。

其四，科学把握受众的层次性。中国梦大众化的对象是人民群众。人民群众的范围十分广泛，在年龄、民族、职业、文化程度等方面存在很大的差异。因此，我们在推进中国梦大众化过程中必须充分认识这种差异性，考虑不同受众群体的内在需求，紧密结合他们的生活实际，做到有的放矢，实现由统一给予型向分层分众多样化转变，这样才能达到理想的效果。如在高校要紧紧围绕“培养什么样的人，如何培养人”这一实际，用校园文化语言解读中国梦；在农村要围绕“社会主义新农村建设”这一主题，用符合农民生活实际的乡土化语言解读中国梦；在企业要围绕“企业如何做大做强”这一目标，用能彰显企业文化的语言解读中国梦。中国梦大众化应该牢牢把握这样一条基本原则：中国梦归根到底是全体中国人民的梦。人民是一个具有独特政治属性、内容呈动态变化的词，现阶段包括全体社会主义劳动者、社会主义事业的建设者、拥护社会主义和祖国统一的爱国者。中国梦是全体中国人民的梦，不排斥任何一个社会阶层。中国梦大众化不能仅限于上层社会精英，社会中下层群众同样需要中国梦。因此，我们应该更加重视让中国梦走向社会中下层群众，让梦想之光为他们指明美好生活前进的方向，让梦想之光照亮他们的生活。如果放弃和忽视在社会中下层群众中推进中国梦大众化，就等于放弃了占社会绝大多数的中下层群众，那么中国梦也会被中下层群众边缘化，中国梦大众化也终将走向失败。因此，中国梦大众化应该把社会中下层群众考虑在内，不能让中国梦成为“暴发户梦”“升官发财梦”，更不能让中国梦成为社会中下层群众的“噩梦”。

二　以培育社会主义核心价值观巩固意识形态主阵地

在社会思潮多元化的时代背景下，我们需要承认“多元化”这一客观事实，在“多元化”的思潮中，提炼并倡导一种具有共识意义的核心价值观，以消解多元社会思潮与主流意识形态之间的张力。其实，党的十八大从国家、社会、个人三个层面提炼出的社会主义核心价值观就是具有共识意义的价值导向，它涵盖了民族精神与时代精神的实质内容，培育和践行社会主义核心价值观，实质上就是在弘扬中国精神。意识形态的主阵地是主流媒体，更存在于人们的日常生活中。当人们的日常生活中渗透着马克思主义的批判精神，当社会主义核心价值观在人们的社会生活中发挥主导作用，那就等于我们真正掌控了意识形态的主阵地，我们就能凝聚实现中国梦的多元共识。社会主义核心价值观本身是一种意识形态，并且是由国家政权倡导的意识形态，它要变成群众的自觉行动，就必须掌握人的根本。从社会主义核心价值观的内容上看，24 个字反映了国家、社会和公民个人的整体需求，这说明社会主义核心价值观具备抓住人的根本的内在属性。然而，社会主义核心价值观具备“说服人”的内在属性不意味着能自然完成掌握群众和激发群众开展“自主活动”的历史使命，这种“说服人”的属性只是必要条件，但还不是充要条件。在培育和践行社会主义核心价值观的过程中，同样需要抓住“现实的个人”的根本，突出“现实的个人”在认同、践行社会主义核心价值观中的主体性。

（一）社会主义核心价值观的三重认知

中国共产党从成立至今的历史，是一部坚持和发挥人民主体性，逐步实现人民主体地位的奋斗史。纵观中国共产党的发展史，我们不难发现，在人民群众的主体性得到充分调动和发挥之时，党和人民的事业就会欣欣向荣；当人民群众的主体性受到挫折和抑制之时，革命事业和社会主义事业就会面临困境，甚至走向失败的深渊。因此，必须不断强化人民主体性，而向来秉持与时俱进的中国共产党应该始终以强化人民主体性为己任。

1. 社会主义核心价值观是“谁”的价值观

价值观不能脱离主体而存在，社会主义核心价值观的主体是“谁”？也即社会主义核心价值观是“谁”的价值观？这个问题是培育社会主义核心价值观的首要问题。当前，理论界比较倾向于从国家、社会和个人三个层面来解读社会主义核心价值观，按照层次来划分，核心价值观的主体包括国家、社会和个人。核心价值观是由中国共产党从人民群众的实践中提炼出来的，它深刻地反映了广大人民群众对真、善、美的追求。这是不是说我们的社会主义核心价值观是所有社会主义国家的价值观呢？显然不是，如果是，那就与“普世价值”之类的文化霸权没有任何区别。我们的核心价值观既有深厚的历史文化底蕴，又有鲜明的时代特色。西方“普世价值”以资产阶级自由化为主要特色，社会主义核心价值观以坚持四项基本原则为前提，离开了四项基本原则，社会主义核心价值观就会变成“普世价值”。由此可见，我们的社会主义核心价值观的主体是有国界的。它的主体是包括中国共产党人在内的全体中国人民，也就是说，社会主义核心价值观是全体中国人民的价值观。

2. 社会主义核心价值观为“谁”服务

社会主义的本质决定了核心价值观的“人民价值主体性”，它与中国以往任何历史时代的核心价值观都有着本质的区别。封建社会以“三纲五常”为主的社会核心价值观在一定程度上规范了封建社会秩序，但是，这种规范不是以社会成员平等为前提，也不是以促进人民群众全面发展和解放为目的，而是以民众无条件服从以封建君王为轴心的统治集团为前提。在封建社会核心价值观的束缚下，人民群众成为这种价值观的执行主体，却不能成为这种价值观的享有主体，人民群众丧失了社会核心价值观的价值主体地位，而成为社会核心价值观的执行工具，失去了生活的尊严。封建统治者认识到人民群众在历史中的重要作用，却由于阶级的局限性，没有承认人民群众历史地位的勇气，于是搞出了以“三纲五常”为核心的宗法伦理价值观，以期抑制人民群众的主体性，让人民群众永远成为历史的工具，而不是历史的真正主体。社会主义核心价值观是在社会主义制度基础之上建立起来的，它反映了当代中国人民在实现社会主义现代化过程中的总体精神追求。社会主义核心价值观与封建社会核心价值观的本质区别在于它们为“谁”服务，社会主义核心价值观为人民服务。

3. 社会主义核心价值观由“谁”实践

社会主义核心价值观是人民的价值观，为人民服务，理所当然由人民来实践。封建社会的核心价值观也是由人民群众来实践的，但是，人民群众是以一种被动的姿态去实践，不是以主体的姿态去实践，根本原因在于封建社会的核心价值观不属于人民群众，它是为地主阶级辩护的工具。社会主义核心价值观属于国家、属于社会、属于人民，为国家、社会、人民服务，坚持人民主体性不是进行非此即彼的是非选择，不是为了凸显“人民主体”，否认国家和社会在培育社会主义核心价值观中的作用，而是实现三者的有机结合。坚持人民主体性是相对以往人民主体性缺失或弱化而言，不能否认党、国家、政府、社会在培育社会主义核心价值观中的地位，强调人民主体性不是推销无政府主义，不是让社会陷入一片“主体性”膨胀和异化的狂欢之中。列宁曾指出：“一个国家的力量在于群众的觉悟。只有当群众知道一切，能判断一切，并自觉地从事一切的时候，国家才有力量。”① 在培育社会主义核心价值观中坚持人民主体性的实践意义就在于摒弃单一主体思维，树立多元主体思维，进一步明确人民主体性并不妨碍国家和社会在培育社会主义核心价值观中的地位和作用。培育社会主义核心价值观必须由国家、社会和人民群众共同实践，离开任何一方，都是徒劳。

（二）科学把握培育社会主义核心价值观的人民主体性原则

我们提炼的社会主义核心价值观客观上反映了广大人民群众的内心愿望和价值追求，因此，培育社会主义核心价值观，关键就在于科学把握社会主义核心价值观的人民主体性这条根本原则。人民主体性主要表现在实践主体性和利益主体性、价值主体性三个层面，培育社会主义核心价值观，应该从这三个层面去深刻理解和把握人民主体性的精髓，充分调动国家、社会和人民群众培育与践行社会主义核心价值观的积极性。

1. 强化人民实践主体性：培育社会主义核心价值观的现实基础

人民是实践的主体，如果缺乏主体性，就不能充分开展“自主活动”，从某种意义上说，就不是真正的主体，只是形式上的主体。因此，培育社会主义核心价值观，应该把强化人民实践主体性作为基础的基础。革命战争时期，以毛泽东同志为核心的中国共产党人就开始了改造党员和革命群众精神面貌的探索。特别是抗日战争和解放战争时期，中国共产党人在发扬“自力更生，艰苦奋斗”的作风中培育了延安精神，并在此基础上提炼出“为人民服务”的根本宗旨。这是中国共产党在改造党员及革命群众价值观的探索中找到的新出路。新中国成立后，随着中国共产党从区域性执政转向全国性执政，其面临着继续改造人民群众价值观、发扬艰苦奋斗的精神、带领人民群众共同建设社会主义的历史使命。中国共产党密切联系群众，围绕“为人民服务”的宗旨，从人民群众的具体实践中，先后培育了家喻户晓的、活生生的“雷锋精神”“大庆精神”，涌现出雷锋、焦裕禄、王进喜等一批时代楷模，对引导思想意识尚待提高的人民群众投身社会主义建设、重塑整个中华民族的价值观发挥了重要作

---

① 《列宁选集》第3卷，人民出版社，2012，第347页。

用。虽然由于时代的局限性，“为人民服务”的形式和内容在“文革”期间逐渐单一僵化，甚至出现了严重的形式主义，但这并没有影响党对社会主义核心价值观的探索和培育。党的十一届三中全会上，中国共产党根据世情、国情、党情，重新确立了“解放思想，实事求是”的思想路线，从而丰富了“为人民服务”的内容和形式，释放了社会活力，增强了人们思想的独立性，强化了人民群众在重塑价值体系过程中的实践主体性。因而，“要树立以人民为中心的工作导向，把服务群众同教育引导群众结合起来，把满足需求同提高素养结合起来，多宣传报道人民群众的伟大奋斗和火热生活，多宣传报道人民群众中涌现出来的先进典型和感人事迹，丰富人民精神世界，增强人民精神力量，满足人民精神需求”①。培育和践行一种社会核心价值观，目的在于让整个社会在这种价值观的引导下，拓展自主选择的空间，并在人们的“自主活动”中，扬弃落后于历史潮流的价值观，不断丰富和发展社会核心价值观的内涵，为人们的奋斗提供源源不断的精神支撑。

2. 强化人民利益主体性：培育社会主义核心价值观的现实动力

利益是汇聚力量的核心要素，追求利益是人们采取行动的直接动力。马克思曾说：“人们奋斗所争取的一切，都同他们的利益有关。”② 因此，培育和践行社会主义核心价值观不能回避人们的切身利益问题，离开了人们的切身利益，只会让核心价值观变得苍白无力，缺乏现实的说服力和感召力。从这种意义上说，中国共产党人也是功利主义者，只不过是马克思主义的功利主义者，是为人民谋利的功利主义者，它倡导并践行的核心价值观，同样应该为人们开展谋利的“自主活动”服务。邓小平也曾指出：“如果只讲牺牲精神，不讲物质利益，那就是唯心论。”③ 只谈奉献，不谈利益，或者只谈利益，不谈奉献，都不是马克思主义的基本主张。如果在践行社会主义核心价值观的过程中刻意回避人们的切身利益，就必然陷入唯心主义的境地。利益不仅包括现实的物质利益，而且包括抽象

① 习近平：《胸怀大局把握大势着眼大事 努力把宣传思想工作做得更好》，《人民日报》2013 年 8 月 21 日，第 1 版。

② 《马克思恩格斯全集》第 1 卷，人民出版社，1956，第 82 页。

③ 《邓小平文选》第 2 卷，人民出版社，1994，第 146 页

的精神利益。人民群众生活在现实的世界里，一旦人们最关心、最直接、最迫切的现实利益得到满足，就会产生更高层次的精神向往和价值追求。马克思指出："当人们还不能使自己的吃喝住穿在质和量方面得到充分保证的时候，人们就根本不能获得解放。"① 因此，改造人民主观世界，培育新的价值观，离不开人民的利益，要把实现和发展人民利益作为培育和践行社会主义核心价值观的着力点落细、落小、落实。

3. 强化人民价值主体性：培育社会主义核心价值观的终极关怀

只有抓住培育和践行社会主义核心价值观"服务人民"的精髓和根本目的，才能确保核心价值观属于人民，才能彰显核心价值观的人民价值主体性。国家层面，"富强、民主、文明、和谐、美丽"要求作为统治工具的国家必须逐步从"统治型"向"管理型"再向"治理型"过渡，为人民开展"自主活动"预留更多自由空间。在国家层面，社会主义核心价值观应该体现工具理性与价值理性的统一。其工具理性体现在"富强"的物质基础和"民主"的治理范式之上，二者都必须掌握在人民手里，受人民意志支配。不能让"富强""民主"异化成人民的对立面，超出人民控制，反过来压制人民意志，让人民沦为国家意志的附庸。国家层面的价值理性体现为对文明进步的向往以及对和谐安定的祈盼。当一个民族国家"富强""民主"的工具目标以"文明""和谐"的价值目标为先导，人民价值主体性就能凸显，人民才能成为真正的价值主体。唯此，"生活在我们伟大祖国和伟大时代的中国人民，共同享有人生出彩的机会，共同享有梦想成真的机会，共同享有同祖国和时代一起成长与进步的机会"②。因此，培育和践行社会主义核心价值观，应该以强化人民价值主体性为价值旨归。

三　坚持问题导向推动当代中国马克思主义新发展

固守不是真正的捍卫，发展才是最好的捍卫。彻底的理论之所以能持久地说服人，不是因为其某个部分或片段具有鼓动性，而是因为这套理论

① 《马克思恩格斯选集》第1卷，人民出版社，2012，第154页。
② 《习近平谈治国理政》第1卷，外文出版社，2018，第40页。

始终贯穿着整体性的逻辑力量。马克思主义从创立至今，依然具备强大生命力，一个重要原因在于它对现实问题的态度，它从未回避时代发展的问题，而是自觉主动地回应时代问题，自觉回应人民群众热切关注的时代课题。在同自由主义思潮争夺话语权的过程中，我们必须推动当代中国马克思主义的整体性发展，一切要以时代的问题为中心，以时代的重大问题为战略重点，自觉推动“以问题为中心”与“以人民为中心”的具体的历史的统一，切实以人民群众面临的实际问题作为我们理论创新的策源地。正如习近平所言：“坚持马克思主义，坚持社会主义，一定要有发展的观点，一定要以我国改革开放和现代化建设的实际问题、以我们正在做的事情为中心，着眼于马克思主义理论的运用，着眼于对实际问题的理论思考，着眼于新的实践和新的发展。我们说过，世界上没有放之四海而皆准的发展道路和发展模式，也没有一成不变的发展道路和发展模式。我们过去取得的实践和理论成果，能够帮助我们更好面对和解决前进中的问题，但不能成为我们骄傲自满的理由，更不能成为我们继续前进的包袱。”①习近平高度重视问题导向和问题意识，2016 年 5 月 17 日，在哲学社会科学工作座谈会上的讲话中，他再次强调了问题导向的重要性，“坚持问题导向是马克思主义的鲜明特点。问题是创新的起点，也是创新的动力源。只有聆听时代的声音，回应时代的呼唤，认真研究解决重大而紧迫的问题，才能真正把握住历史脉络、找到发展规律，推动理论创新。坚持以马克思主义为指导，必须落到研究我国发展和我们党执政面临的重大理论和实践问题上来，落到提出解决问题的正确思路和有效办法上来。要坚持用联系的发展的眼光看问题，增强战略性、系统性思维，分清本质和现象、主流和支流，既看存在问题又看其发展趋势，既看局部又看全局，提出的观点、作出的结论要客观准确、经得起检验，在全面客观分析的基础上，努力揭示我国社会发展、人类社会发展的大逻辑大趋势”②。习近平的讲话，充分体现了辩证思维和鲜明的问题意识，以时代发展问题为导向，充分体现了当代中国共产党人对待马克思主义的科学态度。研究中国的现实

① 《十八大以来重要文献选编》上，中央文献出版社，2014，第 114 页。

② 习近平：《在哲学社会科学工作座谈会上的讲话》，《人民日报》2016 年 5 月 19 日，第 2 版。

问题，一定要有科学的方法，一定要探索出适合中国人的方案。习近平同志指出："解决中国的问题，提出解决人类问题的中国方案，要坚持中国人的世界观、方法论。如果不加分析把国外学术思想和学术方法奉为圭臬，一切以此为准绳，那就没有独创性可言了。如果用国外的方法得出与国外同样的结论，那也就没有独创性可言了。要推出具有独创性的研究成果，就要从我国实际出发，坚持实践的观点、历史的观点、辩证的观点、发展的观点，在实践中认识真理、检验真理、发展真理。"① 习近平的讲话，彰显了马克思主义的认识论精神，也是我们以实际问题为中心推进马克思主义整体性发展的方法论指导。我们强调要运用中国人的世界观和方法论，但不能墨守成规，不能自我封闭，应该以更加积极有为的姿态，以更加开放的视野和胸怀，批判性地博采古今中外之众长（如果不加批判，哪怕吸收的都是"众长"，它们也不会兼容，反而会互相排斥，而无法内化成中国人自己的东西），不断提炼出时代所需的方法论，不断解决时代发展面临的难题，增强理论说服人的本领，从而使人们坚定道路自信、理论自信、制度自信、文化自信。

推动当代中国马克思主义的整体性发展，离不开中国特色哲学社会科学体系的构建，马克思主义的指导地位需要通过哲学社会科学的话语体系融入国家社会生活之中。哲学社会科学是意识形态在具体学科领域的重要表现形式，是意识形态话语权的重要载体，加强中国特色社会主义意识形态安全建设，就必须以加快构建中国特色哲学社会科学体系为重要抓手。为此，习近平指出："哲学社会科学是人们认识世界、改造世界的重要工具，是推动历史发展和社会进步的重要力量，其发展水平反映了一个民族的思维能力、精神品格、文明素质，体现了一个国家的综合国力和国际竞争力。一个国家的发展水平，既取决于自然科学发展水平，也取决于哲学社会科学发展水平。一个没有发达的自然科学的国家不可能走在世界前列，一个没有繁荣的哲学社会科学的国家也不可能走在世界前列。"② 习近平还强调："坚持以马克思主义为指导，是当代中国哲学社

① 习近平：《在哲学社会科学工作座谈会上的讲话》，《人民日报》2016年5月19日，第2版。

② 习近平：《在哲学社会科学工作座谈会上的讲话》，《人民日报》2016年5月19日，第2版。

会科学区别于其他哲学社会科学的根本标志，必须旗帜鲜明加以坚持。”①当马克思主义的观点和方法内化在中国特色哲学社会科学体系之中时，当代中国马克思主义的整体性发展将获得新的智力支持，也就等于抓住了实施国家意识形态安全战略的“关键的少数”。

当然，以问题为中心推动马克思主义整体性发展，必须毫不动摇地坚持马克思主义基本原理，离开了基本原理，就不存在所谓的整体性问题。立足于社会生产实践以及由此带来的社会关系的变革，是推动当代中国马克思主义理论整体性发展的生长点，也是马克思主义与不断变动的社会实践接轨的契合点。以问题为中心，一定要以历史唯物主义为基点，从社会问题本身的历史和现实出发，研究社会问题发展的走向，从而提升马克思主义理论的预见性，确保我们的指导思想始终走在时代的前沿，成为时代的航标。推动马克思主义整体性发展，一定要坚持科学社会主义的基本原则，切实制定通向共产主义的战略步骤，把各个步骤与实现共产主义奋斗目标之间的关系讲清楚，有效回击修正主义和新自由主义思潮对中国特色社会主义的曲解。推动马克思主义整体性发展一定要坚持辩证思维，坚持唯物辩证法，减少“左”或“形右实‘左’”的形而上学思维干扰，降低实践盲目性带来的风险，从而使我们的理论在与其他社会思潮的交锋中，始终保持科学底色。推动马克思主义整体性发展，一定要围绕时代的中心工作，也即“以经济建设为中心”，切实发展“以人民为中心”的中国特色社会主义政治经济学，不断运用马克思主义基本原理总结社会主义市场经济建设的实践经验，巩固马克思主义在发展中国特色社会主义政治经济学中的指导地位。坚持“以经济建设为中心”与坚持“以人民为中心”是辩证统一的，在理论和实践上不应该把二者割裂或对立开来。当经济发展与人民福祉形成良性循环时，我们才能摆脱、超越或扬弃“经济决定论”或“唯生产力论”，我们才能还原马克思主义的本来面貌，才能真正从整体性上把握和发展马克思主义。毫无疑问，推动当代中国马克思主义的整体性发展既是一个理论问题，又是一个实践问题，还是实施国家意识形态安全战略的重要举措，它能为中国特色社会主义事业提供正确的航向，能

① 习近平：《在哲学社会科学工作座谈会上的讲话》，《人民日报》2016年5月19日，第2版。

够有效应对资产阶级自由化思潮对马克思主义的肢解和进攻，能够不断增强马克思主义对人们日益变革的实践活动的解释力，从而引导人民群众正确开展创造历史的“自主活动”。

第二节 围绕坚持人民主体性理顺三重关系

新中国的成立为人民群众实现主体地位创造了前所未有的有利条件。当前，要从根本上解决官本主义的问题，关键在于理顺中国共产党的执政逻辑。改革开放前，国家公权力与人民的关系在很大程度上依然停留在传统民本思想的逻辑之上；改革开放之后，在处理公权力与人民的关系方面虽然吸取了契约精神的合理因素，但是依然没有把握好马克思主义国家治理逻辑的精神实质——坚持人民主体性。习近平指出：“坚持中国特色社会主义政治发展道路，关键是要坚持党的领导、人民当家作主、依法治国有机统一，以保证人民当家作主为根本，以增强党和国家活力、调动人民积极性为目标，扩大社会主义民主，发展社会主义政治文明。我们要坚持国家一切权力属于人民的宪法理念，最广泛地动员和组织人民依照宪法和法律规定，通过各级人民代表大会行使国家权力，通过各种途径和形式管理国家和社会事务、管理经济和文化事业，共同建设，共同享有，共同发展，成为国家、社会和自己命运的主人。”① 习近平强调的“根本”和“目标”，表明走中国特色社会主义政治发展道路必须坚持人民主体性原则，在党的领导下，充分保障人民群众当家作主的权利，并引导人民群众通过“自主活动”去实现这种权利。可以说，只有中国共产党围绕人民主体性原则加强执政能力建设，我们才能在全面深化改革的实践中不断破除束缚人们开展“自主活动”的重重枷锁，保证人民群众在党的领导下通过“自主活动”凝聚出伟大的历史合力，不断朝着实现中华民族伟大复兴中国梦的奋斗目标前进。围绕人民主体性原则加强党的执政能力建设需要理顺三重关系。

---

① 习近平：《在首都各界纪念现行宪法公布施行 30 周年大会上的讲话》，《人民日报》2012 年 12 月 5 日，第 2 版。

一　理顺“人民主体”与“主体的核心”的关系

理顺“人民主体”与“主体的核心”的关系是厘清人民与公权力关系的前提。所谓“人民主体”就是“人民”这个范畴的主要部分，其与“人民”当中的少数群体区分开来。毫无疑问，“主体的核心”就是从中国革命、建设、改革中逐渐成长、成熟起来的中国共产党。当代中国社会发展实际上经历了政党建国、政党治国和国家改造社会的路径选择，我们的人民共和国不是一党之国，而是人民之国。要把这个问题解释清楚，就必须回归马克思主义人民主体性思想，理顺马克思主义政党与“人民主体”的关系。我们通常说党代表人民利益，其实，更确切地说，应该是党代表“人民主体”的利益。党只有始终站在“人民主体”的立场，其核心地位才具最广泛的代表性。党来源于“人民主体”，应该回归“人民主体”，而不应该回归模糊了的“人民”范畴。中国共产党“为了谁”，这个“谁”不是无所不装的大箩筐，而是“人民主体”，从整个历史长河来看，“人民主体”是广大劳动者，也即劳动人民。以“为民”为群众路线的价值指向，坚决反对“官僚主义”的价值错位。全心全意为人民服务是党的根本宗旨，也是唯一宗旨，这是党落实群众路线不变的“铁律”。正如习近平所说：“在任何时候任何情况下，与人民同呼吸共命运的立场不能变，全心全意为人民服务的宗旨不能忘。”①“官僚主义”与党的宗旨格格不入、水火不容。当前，一些领导干部“官僚主义”气息严重，高高在上，摆出“官老爷”的姿态，对人民“以隶使之”，违背了党的宗旨。群众路线教育实践活动突出“为民”的主题，明确把“官僚主义”作为“革命对象”，表明党全心全意为人民服务的决心毫不动摇。强化党员宗旨意识，成为群众路线教育实践活动的一项紧迫任务。

坚持人民价值主体地位，是强化党员宗旨意识的前提，它是党把“为人民服务”确立为根本宗旨的逻辑起点。坚持人民价值主体地位，就必须树立群众是真正的英雄的群众观。党员领导干部只有把群众当成英雄

---

① 《习近平在党的群众路线教育实践活动工作会议上的讲话》，群众路线网，http：//qzlx.people.com.cn/n/2013/0726/c365007-22344078.html。

来敬畏，才能产生为普通群众服务的行动自觉。只有清除一些干部头脑中的英雄史观，纠正把个别“老板”“明星”当成英雄崇拜的错误认识，纠正把普通群众当“草芥”的官本位思想，才能保持干部同群众的血肉联系。坚持人民价值主体地位，就要坚持党性与人民性相一致的观点。一些干部在实践过程中，把党性与人民性割裂开来，这样就会上演一些啼笑皆非的历史闹剧，比如“你是准备替党说话还是准备替老百姓说话?”① 党只有一个宗旨，应明确为人民服务就是为党服务的逻辑。只有坚持党性与人民性相一致的观点，才能走出“对党负责”与“对人民负责”相对立的认识误区和实践困境，才能自觉为人民服务、对人民负责。坚持人民价值主体地位，需要加强学习型、服务型、创新型的马克思主义政党建设，推进党建科学化，更好地提高党员领导干部服务群众的能力。党的核心地位只有建立在“人民主体”的基础上，才会具有坚实的物质基础。无论中国共产党的执政能力有多强，都应该始终致力于“人民主体”的解放，积极为“人民主体”开展“自主活动”创造更加便利的条件。

二　理顺“主体的核心”与公权力的关系

政党治国已经成为当代世界民主政治的发展潮流和趋势，理顺“主体的核心”与公权力的关系是一个国家治理成功的重要条件。一个富强的国家，显然不是人民与国家权力相冲突的国家，在国家权力与人民群众之间，必须有一个中间地带，执政党无疑就是这块中间地带的主要“责任者”。作为人民主体的核心的中国共产党便担当起这个关系国家存亡的中间纽带。中国共产党作为联系人民群众与国家政权的中间纽带，本身不是国家政权机关，不直接参与公共事务管理，但是，直接参与公共事务管理的政府机构必须接受执政党的领导和监督，也即要落实“党管干部”这条具有鲜明中国特色的政治原则。当前，一些地方党委还存在定位错误的问题，没有分清党与政府的类别属性和职能区别，因而出现党政不分的现象，一些地方党委直接参与具体的公共事务管理，甚至直接把自己推向市场经济的前沿阵地，把市场经济的规则广泛运用于评价干部的标准中，

---

① 《“你是准备替党说话还是替老百姓说话?”》，《重庆晨报》2009 年 6 月 18 日。

一些地方党委被市场或资本绑架，这也间接地培育了滋生腐败的土壤。公权力必须始终处于“主体的核心”——中国共产党的领导下，如此才能确保公权力的“人民主体”属性，才能将公权力关进制度的笼子，才能让公权力不缺位、不越位、不错位。

三　理顺“人民主体”与公权力的关系

在社会主义国家，“党的工具”与“人民的工具”是根本统一的，不是根本对立。在政党治国的背景下，人民群众与国家权力之间不应该处于冲突的状态，政府机构的作为与人民群众的切身利益具有更直接的关联。一旦公共政策决策环节结束，进入执行环节，政府机构与人民群众之间的张力就会越发明显。在很大程度上，一些政府机构只对党负责，不对人民负责，或者说，党的层面坚持了人民主体观，而政府层面只片面地坚持了党的领导。这就容易出现人民群众与政府之间关系的断层，也即制造出“党的工具”与“人民的工具”在实践中的对立。从法理层面来看，社会主义国家的“党的工具”与“人民的工具”从来都应该是统一的。社会主义苏联这样一个超级大国，悄然走向解体，一个重要原因就是“党的工具”与“人民的工具”走向了深刻对立，或者说，苏联只有“党的工具”，没有“人民的工具”。吸取苏联的教训，笔者认为，政府机构作为“党的工具”，它与人民的关系也应该建立在人民主体性思想之上。官本主义产生的根源在于对公权力与人民的关系的认知错位，而要纠正这种关系认知错位，首先应该从思想上树立正确的价值导向。传统民本思想构建的公权力与人民的关系，实际上体现了以官为核心的官本位。社会契约学说构建的公权力与人民的关系，实际上是公权力与人民的平等关系，但建立社会契约的双方首先应该处于平等地位，如果他们本身的地位不平等，就没有建立契约的历史前提。马克思曾说：“在民主制中，国家制度本身就是一个规定，即人民的自我规定。”① 因此，在社会主义国家，公权力与人民的关系必须扬弃传统民本思想和西方社会契约精神，建立在人民主体性思想之上。只有在马克思主义人民主体性思想的基础上重申公权力与

---

① 《马克思恩格斯全集》第1卷，人民出版社，1956，第281页。

人民的关系，才能进一步规范公职人员与人民群众的关系，公职人员才会对人民产生由衷的敬畏之心，自觉摒弃官本主义。只有在人民主体性思想的基础上构建公权力与人民的关系，公权力行使者才能真正理解“对党负责就是对人民负责”的辩证统一，才会在行使公权力过程中采用正确、合理、恰当的手段，维护人民群众的利益，才能把“对党的敬畏”与“对人民的敬畏”统一起来。当前，我们面临的任务是在政府机构中强化人民主体性思想，促使公权力的行使者采取手段正义的方式善待人民，善待群众，这样，作为人民自我保护工具的公权力才不会蜕变为侵害人民的魔鬼，“社会公仆”才不会蜕变成“社会主人”。

从制度的设计上来看，中国已经确立了人民当家作主的政治制度，人民群众的主体地位已经在制度上得到确立，问题的关键在于如何将人民当家作主的政治制度落到实处。具体操作的办法多种多样，但是，思想根基是人民主体性思想，只有在人民主体性思想的指导下，人民当家作主的政治制度才不会在实践中演变成“替人民做主”的官本位。坚持和提升人民主体性既是国家治理的条件，也是国家治理的目的，衡量一个国家、一个政党治理能力的关键不在于这个国家和政党本身的征服能力、控制能力乃至统治能力，而在于这个国家、政党治理的对象——人民群众的自主性的高低。如果只追求片面的统治效果，封建专制无疑是最好的统治架构，那时人民变成臣民，主体意识变成奴仆心态。无论是政党治国，还是国家治理，都应该回归马克思主义的人民主体性思想，在人民主体性思想中寻找治国理政的智慧，如果仅仅停留在民本思想上，其结果必然会陷入官本主义的泥潭。如果一味按照社会契约论的思路，则必然陷入讨价还价的市场逻辑。只有坚持人民主体性思想，才能在提升中国共产党执政能力的同时，诠释人民与公权力的新型关系，真正将公权力关进“由党编织”的“由人民看管”的笼子。

第三节　探索改革红利充分涌流的实践机制

全面深化改革的根本目的依然是解放和发展生产力。当代中国束缚生产力发展的不是所有制的属性问题，而是所有制的开放性问题。当公有制出现固化格局，逐渐丧失开放性，社会将失去活力，它带来的社会弊病甚至有可能大于资本主义私有制。资本主义私有制背后还存在竞争，而固化的公有制则极有可能走向垄断，并且这种垄断往往是以国家的名义进行的。如果工人在国有企业中完全处于“被领导”的地位，“领导”就有可能成为阻碍劳动者与生产资料相结合的“第三者”，并且，这个“第三者”成为支配生产资料的实际主体，劳动者则沦为支配生产资料的形式主体，反过来依然被生产资料支配，依旧会丧失主体性。人民群众在利益固化格局的大背景下，主体性受到极大限制，思想也会逐步僵化，就越发离不开这种固化的形式，尽管这种固化的形式抑制人们才能的发挥。如何啃掉利益固化的“硬骨头”已经成为全面深化改革必须直面的问题，习近平强调：“在中国这样一个拥有 13 亿多人口的国家深化改革，绝非易事。中国改革经过 30 多年，已进入深水区，可以说，容易的、皆大欢喜的改革已经完成了，好吃的肉都吃掉了，剩下的都是难啃的硬骨头。这就要求我们胆子要大、步子要稳。胆子要大，就是改革再难也要向前推进，敢于担当，敢于啃硬骨头，敢于涉险滩。步子要稳，就是方向一定要准，行驶一定要稳，尤其是不能犯颠覆性错误。”① “深化改革，难免触动一些人的‘奶酪’，碰到各种复杂关系的羁绊，不可能皆大欢喜。突破既得利益，让改革落地，需要有勇气、有胆识、有担当。”② 因而，依法打破利益固化的藩篱，触动一些人的“奶酪”已经成为势在必行的选择，探索改革红利充分涌流的实践机制，已经成为提升人民主体性的现实出路。

一　依法破除利益固化的制度土壤

利益固化的实质是特权固化。只有破除特权滋生的制度土壤，才能从根本上遏制利益固化格局的再生。

全面深化改革需要依法破除特权滋生的制度土壤。建立健全选人用人制度，公平的人事制度是机会公平的直接体现。党的十八届三中全会指出：“建立集聚人才体制机制，择天下英才而用之。打破体制壁垒，扫除

① 《习近平谈治国理政》第 1 卷，外文出版社，2018，第 101 页。

② 《习近平关于全面深化改革论述摘编》，中央文献出版社，2014，第 152 页。

身份障碍，让人人都有成长成才、脱颖而出的通道，让各类人才都有施展才华的广阔天地。完善党政机关、企事业单位、社会各方面人才顺畅流动的制度体系。”① 一个健康的社会必定是人尽其才、才尽其用的社会，让人才资源流动起来，是改革释放出的重大红利。这种人才红利不应该一次性释放，应该持续不断地释放，它受社会生产、分工、交换等因素决定，我们应该遵循历史发展的辩证法，适时调整选人用人机制，使之在发展的动态过程中彰显公平公正的价值取向。坚决治理腐败问题，腐败是维系特权阶层与权力阶层的纽带，只有以反腐的高压态势才能阻断二者的勾结。一个社会不怕出现富人阶层，可怕的是富有阶层与权力阶层的勾结，一旦二者结成统一战线，组成联盟，就会加剧整个社会的不安与恐慌，从而滋生一系列的社会矛盾。当然，反腐也要讲究策略，不能意气用事。正如有学者所言，“原则上是苍蝇老虎一起打，但在策略上，要区别对待，宽严相济。大老虎与中小老虎应有所区别，主动交代的老虎与顽固不化的老虎应有所区别，历史旧账与顶风干的应有所区别”②。只有破除特权滋生的制度土壤，特权才有可能从“稀有物品”变成“公共物品”，人们才能摆脱特权的束缚，才不会将特权固化为私有物品。可以说，破除特权滋生的制度土壤对破除利益固化的藩篱来说，可以起到釜底抽薪的作用。只有彻底消除滋生特权的制度土壤，才能释放社会活力，为实现中华民族伟大复兴的中国梦添火加薪。

二　健全人民改革权利的实践机制

人民群众只有充分行使改革权利，才能切实保障自身利益主体地位。人民是改革的权利主体，需要把握两点。第一，国家的公共权力与社会的公民权利，何为主体？中国是社会主义国家，国家的一切权力属于人民，所以在改革过程中也必须遵循这条宪法准则。习近平指出：“我们要坚持国家一切权力属于人民的宪法理念，最广泛地动员和组织人民依照宪法和法律规定，……共同建设，共同享有，共同发展，成为国家、社会和自己

---

① 《中共中央关于全面深化改革若干重大问题的决定》，人民出版社，2013，第 59 页。

② 沈宝祥：《从中国特色社会主义看利益固化问题》，《科学社会主义》2014 年第 4 期。

命运的主人。”[①] 习近平的讲话，表明公民权利是公共权力的来源。公共权力应该始终作为公民权利的捍卫者和守护者，而不应该凌驾于公民权利之上。党的十八届三中全会指出：“全面深化改革的总目标是完善和发展中国特色社会主义制度，推进国家治理体系和治理能力现代化。”全面深化改革的总目标是发展和完善中国特色社会主义制度，推进国家治理体系和治理能力现代化。这实际上就是“公共权力社会”向“公民权利社会”的回归。第二，回归的公民权利如何分配？人民是改革的权利主体，公民权利理所当然由全体中国人民共同享有、平等行使。人民是改革的权利主体，要求人民群众珍惜来之不易的公民权利，珍视自己手中的选票，重视自己的意愿的表达，不要轻易地放弃自己的权利。只有每个人认真对待、正确行使公民权利，才能从根本上约束公共权力的扩张或异化。

“人民是改革的主体”意味着人民群众必须是改革权利的行使主体。只有人民群众广泛有序地参与改革的政策制定、执行和实效评估，才能从根本上限制政治精英与经济精英联姻，防止政府官员“既当运动员，又当裁判员”，垄断改革全过程。所以，当前形势下，保障人民群众的改革权利行使主体地位很有必要，这就需要党和政府健全人民改革权利的实践机制。首先，继续完善各级“两会”代表和委员制度，提高普通群众代表比例，缩减政府官员和经济精英的比例，让“两会”成为代表和委员们反映群众诉求、表达人民心声的平台，防止“两会”变成政府官员与经济精英的“强强聚会”。其次，拓宽人民参与改革的权利实践新路径。制度层面“两会”可能无法顾及部分群众参与改革的微观诉求，就需要各级地方党委和政府积极探索人民群众参与改革的新形式，丰富人民群众参与改革的实践形式。党的十八届三中全会指出：“鼓励地方、基层和群众大胆探索，加强重大改革试点工作，及时总结经验，宽容改革失误，加强宣传和舆论引导，为全面深化改革营造良好社会环境。”[②] 最后，增强人民群众在参与改革过程中的权利实践能力。授人以鱼，不如授人以渔。人民群众参与改革不但要求数量上具有代表性，也要求质量上具有可靠

① 习近平：《在首都各界纪念现行宪法公布施行 30 周年大会上的讲话》，《人民日报》2012 年 12 月 5 日，第 2 版。

② 《中共中央关于全面深化改革若干重大问题的决定》，人民出版社，2013，第 60 页。

性。只有促使人民群众在思想上树立民主法制观念，在行动上努力认真学习民主法制的概念准则，其才能具备理性表达改革诉求的能力。同时，还需不断增强人民群众参政议政的积极性和提高人民群众参政议政的能力，从根本上阻止公权力的扩张和异化，以有效限制政治精英与经济精英分割广大人民群众在改革中获得的公民权利。

三 探索促进全体人民共同富裕的实践机制

中国改革开放“让一部分人先富起来”，但它并没有也不能以“让一部分人先穷下去”为代价，这就是中国改革开放的“普惠性”原则。在实施“让一部分人先富起来”策略的同时，中国坚持了“不让另一部分人的生活水平降下去”的总体原则。比如，中国城市先富起来，农村并没有穷下去，只是政策资源过多向城市倾斜，在城乡增长失衡的情况下，农村的相对贫困有所凸显。归根到底，中国的社会主义改革开放始终坚持共同富裕的发展方向。

消灭绝对贫困是实现全体人民共同富裕的必经环节。贫困是社会生产力落后的必然结果，开展扶贫工作，从根本上看，应该是提升贫困地区的社会生产力。贫困地区的社会生产力不可能通过自然发育的形式赶上发达地区，必须通过国家的政策倾斜来发挥“催化剂”的作用，加速贫困地区社会生产力发展，加快脱贫致富的步伐。党的十八大以来，我们党和国家集中前所未有的力量向困扰中华民族几千年的绝对贫困宣战，运用扶贫政策激发贫困地区和贫困群众脱贫致富的内生潜力。经过长期艰苦努力，我们党领导人民在中华大地上消灭了绝对贫困，取得了脱贫攻坚战的伟大胜利，创造了人类减贫史上的奇迹，为促进全体人民共同富裕创造了有利条件。在夺取脱贫攻坚战的伟大胜利的过程中，党和国家已经开始谋划和实施新时代的乡村振兴战略。“乡村振兴是实现中华民族伟大复兴的一项重大任务。”① 我们应该充分吸取脱贫攻坚战中的经验教训，尊重人民群众在乡村振兴中的主体地位和首创精神，努力将国家的政策支持转化成人

① 习近平：《在全国脱贫攻坚总结表彰大会上的讲话》，《人民日报》2021 年 2 月 26 日，第 2 版。

民群众实施乡村振兴战略的内生动力，以更加积极有为的姿态朝着全体人民共同富裕方向努力。习近平指出："当前，我国发展不平衡不充分问题仍然突出，城乡区域发展和收入分配差距较大，促进全体人民共同富裕是一项长期任务，但随着我国全面建成小康社会、开启全面建设社会主义现代化国家新征程，我们必须把促进全体人民共同富裕摆在更加重要的位置，脚踏实地，久久为功，向着这个目标更加积极有为地进行努力。"①

促进全体人民共同富裕，需要继续完善国家社会保障体系。我们要用完善的社会政策"兜底"，防范和降低致贫返贫风险，提高人民群众的安全感，减少人民群众开展"自主活动"的后顾之忧。比如，优化医疗保险制度，推进均衡化、均等化的城乡医疗服务改革，帮助群众渡过难关，降低因病致贫、因病返贫的风险。当然，最大的社会保障机制依然是就业保障机制，除了推行失业保险之外，关键还是推行积极的就业政策。毕竟劳动是自然物转化成社会财富的根本途径，也是彰显人类创造力的根本途径。习近平指出，"党和国家要实施积极的就业政策，创造更多就业岗位，改善就业环境，提高就业质量，不断增加劳动者特别是一线劳动者劳动报酬。要建立健全党和政府主导的维护群众权益机制，抓住劳动就业、技能培训、收入分配、社会保障、安全卫生等问题，关注一线职工、农民工、困难职工等群体，完善制度，排除阻碍劳动者参与发展、分享发展成果的障碍，努力让劳动者实现体面劳动、全面发展。"② 政策动力毕竟只是共同富裕的"催化剂"，促进劳动就业才是实现共同富裕的根本选择，党和国家也要致力于调整产业结构，优化产业模式，提高就业质量，让劳动更体面，让劳动者更有尊严，增强人民群众的希望感。

促进全体人民共同富裕，需要坚持顶层设计与基层探索相结合。习近平指出："共同富裕本身就是社会主义现代化的一个重要目标……要始终把满足人民对美好生活的新期待作为发展的出发点和落脚点，在实现现代化过程中不断地、逐步地解决好这个问题。要自觉主动解决地区差距、城

---

① 习近平：《关于〈中共中央关于制定国民经济和社会发展第十四个五年规划和二〇三五年远景目标的建议〉的说明》，《人民日报》2020 年 11 月 4 日，第 2 版。

② 习近平：《在庆祝"五一"国际劳动节暨表彰全国劳动模范和先进工作者大会上的讲话》，《人民日报》2015 年 4 月 29 日，第 2 版。

乡差距、收入差距等问题，坚持在发展中保障和改善民生，统筹做好就业、收入分配、教育、社保、医疗、住房、养老、扶幼等各方面工作，更加注重向农村、基层、欠发达地区倾斜，向困难群众倾斜，促进社会公平正义，让发展成果更多更公平惠及全体人民。促进全体人民共同富裕是一项长期任务，也是一项现实任务，必须摆在更加重要的位置，脚踏实地，久久为功，向着这个目标作出更加积极有为的努力。"① 在新的历史起点上努力实现全体人民共同富裕的奋斗目标，需要进一步优化国家战略层面的顶层设计，积极推动东部率先实现高质量发展，振兴东北老工业基地，升级中部崛起战略，推动西部大开发形成新格局，为各地区实现差异性的共同富裕提供相应的宏观政策，充分调动各地区的积极性和创造性。各地区需要因地制宜，支持和鼓励人民群众进行乡村振兴的大胆探索，努力将国家的政策支持转化成促进地区发展的内生动力，充分激发各地区人民群众的聪明才智和干事热情，在实现共同富裕的过程中共创共享人生出彩的机会。

第四节　落实"以人民为中心"的发展思想

人们开展创造历史的"自主活动"离不开特定发展理念的引导，所以，探讨人民主体性的基本问题应该回归发展理念这个核心议题。一个社会倡导什么样的核心价值观，则必须建立与之相适应的价值评价机制，否则，就会出现价值倡导与价值评价相背离的状况。习近平强调："坚持以人民为中心的发展思想。发展为了人民，这是马克思主义政治经济学的根本立场……把增进人民福祉、促进人的全面发展、朝着共同富裕方向稳步前进作为经济发展的出发点和落脚点。这一点，我们任何时候都不能忘记，部署经济工作、制定经济政策、推动经济发展都要牢牢坚持这个根本立场。"② 历史发展到今天，中国综合国力显著提升，我们的发展理念也应该适时从"以物为中心"向"以人民为中心"转变。

① 《完整准确全面贯彻新发展理念 确保"十四五"时期我国发展开好局起好步》，《人民日报》2021年1月30日，第1版。

② 《十八大以来重要文献选编》下，中央文献出版社，2018，第4页。

一　摆正生产力标准的历史方位

生产力标准是衡量和评价社会进步的最高标准和最终标准，但最高或最终标准不应该充斥社会生活的每一个领域，有学者指出："生产力标准是衡量社会进步的最高标准，但不是唯一标准，社会各个领域的发展有其特殊规律和相对独立性，还应有各自的特殊标准。对于衡量生产关系变革的合理性和成败来说，是否有利于生产力的发展，就是唯一的标准；而就衡量所有制优劣和社会进步来说，除了生产力是最高标准外，还应有其它多方面的标准。"① 其实，生产关系属于上层建筑的范畴，是宏观层面的规定，它是一个时代生产力发展水平的总体反映。但作为最高或最终标准的生产力不应该直接参与到对人们的具体行为的价值评价当中，否则就会导致生产力标准"泛化"，进而陷入"唯生产力论"的境地。

早在革命战争年代，毛泽东在《论联合政府》一文中就强调："中国一切政党的政策及其实践在中国人民中所表现的作用的好坏、大小，归根到底，看它对于中国人民的生产力的发展是否有帮助及其帮助之大小，看它是束缚生产力的，还是解放生产力的。"② 在这里，毛泽东是站在历史唯物主义的高度来阐述生产力标准的，他用了"归根到底"一词，说明生产力标准是一种历史必然，具有绝对性。但人类社会迄今为止，每一个时代的生产力都是有历史局限的，"生产力标准的相对性是指任何历史阶段的生产力所证实的某种社会进步性都是有限度的。每一阶段的生产力都具有一定的历史局限性，它不能无条件地证明一切，也不能无条件地否定一切。"③ 我们不能把某一个时代的生产力看作绝对的或永恒的，不能简单地用它来评判过往历史活动的得失，也不能把它作为对未来社会一成不变的评价标准，否则，就会犯形而上学的教条主义的错误，陷入实践唯心主义的境地。

如何才能评价生产关系、政治制度、经济政策、社会意识形态？根本性标准就是生产力标准，它是对历史总趋势的评价，不是对人们具体行为

① 陆燕春：《重新认识生产力标准》，《江汉论坛》2012 年第 12 期。

② 《毛泽东选集》第 3 卷，人民出版社，1991，第 1079 页。

③ 陆燕春：《重新认识生产力标准》，《江汉论坛》2012 年第 12 期。

的评价。如果把生产力标准作为具体的道德评价标准，即用历史总趋势的根本性标准对人们的具体行为进行评价，就会产生评价结果与客观事实的不一致，有时还会得出相反的结论。比如，发达资本主义国家发育程度较高，生产力发展水平也很高，但不能就此得出“资本主义社会的道德水平比生产力相对落后的社会主义国家的道德水平高”这样的结论。如果按照决定历史发展总趋势的生产力标准来评价人们的具体行为，只会用普通群众的卑微来衬托个别英雄人物的高贵。

生产力标准是客观的，它本身不具备是非判断功能。生产力掌握在哪个阶级的手里，即按照什么方式来组织生产，才是一个是非问题，才具有价值判断。我们都知道，在阶级社会里，尽管随着劳动资料和生产工具的不断改进和创新，劳动者本身的素质也在提高，人类的生产能力不断增强，但生产力的发展并不必然为人民群众带来相应的福祉，在某些特定的历史时期，生产力的发展甚至还会成为人民群众苦难的根源。对此，马克思有过这样一段论述：“农奴曾经在农奴制度下挣扎到公社成员的地位，小资产者曾经在封建专制制度的束缚下挣扎到资产者的地位。现代的工人却相反，他们并不是随着工业的进步而上升，而是越来越降到本阶级的生存条件以下。工人变成赤贫者，贫困比人口和财富增长得还要快。”① 在马克思看来，资本主义社会的生产力是一种异化的生产力，它不是发挥人的本质力量，而变成了消磨工人本性的恶魔，这里的关键问题就在于生产力的私有属性，在于生产力的资本属性，在于资本主义的生产力不是掌握在工人阶级的手里，而是掌握在资本家的手里。因而，工人阶级要靠资本家的工资来养活，生产力的发展给资本家带来了宫殿，给工人阶级留下的却是棚舍。

在阶级社会，生产力标准是单向度的，它只具有真理尺度，或者科学尺度，本身应该具备的价值尺度已经被统治阶级的私利和偏见挤压、阉割了。社会主义和共产主义就是要推翻私有制，消除阶级的偏见和私利，以实现生产力标准的真理尺度与价值尺度具体的历史的统一，实现生产力标准合规律性与合目的性具体的历史的统一。因而，判断一个社会的进步程

---

① 《马克思恩格斯选集》第1卷，人民出版社，1995，第284页。

度，“不仅要考量一定历史条件下劳动资料、生产工具发展状况所表征的生产力发展程度，而且还要考察生产力是否及在多大程度上为人民所掌握，即劳动资料、生产工具是否归劳动者所有，以及劳动者对劳动资料、生产工具的占有程度”①。

需要清醒地看到，随着世情、国情、党情的发展变化，我国依然处于社会主义初级阶段的基本国情没有改变，生产力标准的真理尺度和价值尺度只能在初级阶段的基本国情下实现具体的历史的统一。邓小平提出的社会主义本质理论，本身就蕴含了生产力标准的真理尺度和价值尺度的统一。只是党的一些领导干部片面误读了邓小平的社会主义本质理论的本意，在实践中甚至将之扭曲成“唯生产力论”。“唯生产力论”在实践中片面追求经济快速发展，忽视社会主义的自我完善与发展，忽视社会主义国有经济的主导作用和公有制经济占主体的作用，忽视以人为本与人的全面发展，大肆推进私有化，导致大量国有资产流失，弱化公有制的主体地位。“唯生产力论”的实践导向进一步衍生了“唯 GDP 论英雄”的价值评价机制，这种机制在短期内促进了中国经济总量的飙升，但它带来的社会问题也是巨大的。

如果坚持以“唯生产力论”为实践导向，社会生产力就难免演变成资本的生产力，人民群众则将处于弱势地位。在劳资关系中，重资本、重资方，轻劳动、轻劳工的现象时有发生，工人阶级（包括农民工阶层在内）在劳资对话中，始终处于弱势地位，成为弱势群体。在实践中，一些领导干部不相信人民群众创造生产力，而是迷信资本创造生产力。尽管人民群众是生产力的实际创造者，但资本僭越了人民群众的生产力创造主体地位，成了生产力的实际占有者，广大人民群众则越来越远离生产力，越来越不能控制自己创造的生产力，反而成为生产力的附庸。

从表面上来看“唯生产力论”是坚持了马克思主义的历史唯物主义观点，实际上并非如此。具体时代的生产方式是决定一个社会的基本制度、阶级结构以及政治、法律、道德等如何发展的根本因素，生产方式则主要包含生产力和生产关系这两方面内容，二者之间是相辅相成、辩证统

---

① 潘峻岭、圣章红：《论社会进步的生产力标准》，《社会主义研究》2012 年第 6 期。

一的关系。只注重生产方式的生产力，不注重生产关系，是片面的，也是伪马克思主义的。“唯生产力论”如果充斥到道德评价当中，就会造成人们思想的极大混乱，瓦解中国社会在漫长发展中积淀的公序良俗，也可能为新自由主义思潮的入侵提供便利。

当整个社会的价值评价体系直接被最高标准控制，历史发展中约定俗成的规则就极有可能受到泛化的生产力标准冲击。生产力标准之所以是最高标准，其实质不在于生产力标准本身直接参与社会价值评价，而在于社会其他评价标准之间的有机整合，共同推动生产力健康发展。生产力标准好比金字塔的顶部，其他社会价值评价标准构成金字塔体系的不同层级的基石，如果把金字塔倒立过来，让“塔尖”朝下，毫无疑问，整个金字塔必然坍塌。当其他价值评价标准失去存在的根基，生产力标准也会孤立无援。

在社会生活中，生产力标准应该是“隐性”标准，而不应该是“显性”标准。生产力标准应该建立在其他社会价值评价标准有机整合的基础上，而不应该成为一种独立于其他社会价值评价标准的“外在力量”。当作为最高标准的生产力标准直接参与社会价值评价，其他社会评价标准就会失去独立性，就会被迫屈从于生产力标准。生产力标准本身不存在是非问题，而其他社会价值标准往往带有鲜明的是非判断属性，在生产力标准“泛化”的情况下，原来的许多价值评价体系就会失去是非判断的功能，人们原本清晰的是非观也会在“泛化”的生产力标准面前变得相对模糊。当是非判断日益模糊，人们开展“自主活动”就有可能有恃无恐、肆无忌惮，或者变得无所适从。因此，变革工具理性化的评价机制，必须摆正生产力标准的位置。习近平强调：“对生产力标准必须全面准确理解，不能绝对化，不能撇开生产关系、上层建筑来理解生产力标准。”① 由此可见，生产力在本质上是一种历史合力，是劳动者、劳动对象、劳动工具等生产要素通过一定生产关系有机配置而成的合力。生产力随着社会分工的深化细化日益成为一种社会化大生产的历史合力，我们对生产力的理解应该超越狭隘的生产要素范畴，生产关系以及各种相互关联的社会关系也是影响生

① 《习近平关于协调推进“四个全面”战略布局论述摘编》，中央文献出版社，2015，第8页。

产力发展水平的重要因素。只有生产要素的“硬件”与社会关系的“软件”有机结合，我们才能超越对生产力标准工具理性化的片面认知，才能从更加全面的视角去认识和理解生产力的历史合力属性，才能摆正生产力标准在社会生活中的历史方位。正如习近平所言：“我们讲不要简单以国内生产总值增长率论英雄，要看全面工作水平，就是说要按照生产力发展规律去发展，而不要违背规律蛮干。我们要正确运用生产力标准，推动实现物的不断丰富和人的全面发展的统一。”① 所以，党和国家在制定和执行政策的过程中应该坚持生产力标准，但不应该凭借经验主义的惯性思维去“肢解”生产力标准，片面追求“显性要素”（生产要素）的增长，忽视“隐性要素”（社会关系）的提高和改善。我们需要看到，贯穿“显性要素”和“隐性要素”的最为核心的要素始终是现实的人、能动的人，是具有创造性和主体意识的广大劳动者，摆正生产力标准的历史方位必然要求全面提高广大劳动者的从业技能和人文涵养，提高广大一线劳动者的待遇和福利，使劳动更加体面，让劳动者更有尊严，切实把提升广大劳动者的综合素质和解放广大劳动者确立为发展社会生产力的重中之重。

二　培育“以人民为中心”的实践责任伦理

“唯生产力论”的哲学根基是实践唯心主义，它追求的往往只是“显性”的生产力，忽视“隐性”的生产力，故而是一种“以物为中心”的发展理念，这种“物化”的发展理念在实践中表现为信念伦理过度膨胀与责任伦理严重萎缩。“责任伦理”这一概念最初由德国社会学家马克斯·韦伯在《以政治为业》的演讲中提出，韦伯针对当时德国政客野心勃勃、信念伦理膨胀的现实，提出责任伦理予以反驳。他说：“恪守信念伦理的行为，即宗教意义上的‘基督行公正，让上帝管结果’，同遵循责任伦理的行为，即必须顾及自己行为的可能后果，这两者之间却有着极其深刻的对立。”② 其实，马克思主义的实践观也内在地包含了“尊重客观规律与发挥人的主体性相统一”的实践责任伦理，党和国家的发展理念

① 《习近平关于协调推进“四个全面”战略布局论述摘编》，中央文献出版社，2015，第75页。

② 〔德〕马克斯·韦伯：《学术与政治》，冯克利译，生活·读书·新知三联书店，2005，第107页。

不仅要坚持和遵循“实践是检验真理的唯一标准”的实践唯物主义，而且要超越“基督行公正，让上帝管结果”的单边主义，马克思主义政党的一切实践活动不仅要坚持“要人民幸福”的实践信念伦理，而且要坚持“对人民负责”的实践责任伦理。正如习近平所言：“全面深化改革是立足国家整体利益、根本利益、长远利益进行部署的，要注意避免合意则取、不合意则舍的倾向，破除妨碍改革发展的那些思维定式。对党和人民事业有利的，对最广大人民有利的，对实现党和国家兴旺发达、长治久安有利的，该改的就要坚定不移改，这才是对历史负责、对人民负责、对国家和民族负责。”① 历史终究是人民书写的历史，“对历史负责”与“对人民负责”是一致的。可见，马克思主义政党的一切实践活动不仅要坚持实践真理观，而且要坚持“对人民负责”“以人民为中心”的责任伦理观。针对当前依旧泛滥的实践唯心主义，我们可以借鉴马克斯·韦伯提出的责任伦理来矫正或规制信念伦理过度膨胀的实践偏差。我们走的是一条国家改造市民社会的路线，与西方市民社会决定国家的情况是有差别的，因而，在中国，这种社会共同的实践责任伦理必须由党和政府来培育和引导。

中国是中国共产党领导的人民民主专政的社会主义国家，中国共产党代表中国最广大人民的根本利益，中国政府是人民政府，“对人民负责”是党和政府处理责任关系的最高准则，也是最高层次的实践责任伦理。“对人民负责”意味着人民是国家的主人，党和政府出台每一项政策都要体现“人民主体”的意志，执行每一项政策都要维护和实现人民群众的根本利益，并积极为政策实践的后果承担责任，做到“事先顾及，事后担当”。笔者认为，党和政府在培育和践行社会实践责任伦理的过程中，应该努力做到以下几点。

其一，顾及政策善的本质。中国共产党凭借联系群众、动员群众的政治优势，可以迅速地捕捉到人民群众的利益诉求和表达。从群众中来，到群众中去，符合人民群众的根本利益，这样的政策具备善的本质。政策善的本质来源于人民群众，而不是政治家个人善的意图。政治家是时代的领

---

① 《习近平谈治国理政》第1卷，外文出版社，2018，第107页。

路人，他们必须具备前瞻性责任意识和责任能力，不断向社会提供正能量。空谈误国，实干兴邦。顾及政策善的本质，是政治家的天职和使命。善的政策应该是负责任的政策，也应该是具有远见的政策。如果政策只顾及眼前利益，那么制定政策的人就不可能成为政治家，而只能成为自私自利的政客。制度伦理是政策本质善的重要内容。善的制度能够使人不为恶，因为作恶必当受到“恶”的制裁；相反，恶的制度可以使好人犯错，坏人犯罪，因为，作恶有可能逃脱制裁。善的规则的制定依赖群众的参与，脱离群众的立法不会得到群众内心的认同。只有在善的制度之下行事，权力本身的“恶性”才会得到矫正，最终实现权为民所用、利为民所谋的善治效果。邓小平曾说：“我们过去发生的各种错误，固然与某些领导人的思想、作风有关，但是组织制度、工作制度方面的问题更重要。这些方面的制度好可以使坏人无法任意横行，制度不好可以使好人无法充分做好事，甚至会走向反面。”① 因此，完善和发展中国特色社会主义，增进社会制度本身善的内涵，是培育和践行社会实践责任伦理的必然选择。

其二，顾及政策执行过程的正当性。政策执行过程的正当性也是手段选择的正当性，在执行某一项政策的过程中尽可能采取符合人民群众意愿的执行方式，而非背离人民群众意愿的野蛮手段。手段选择正义理论来源于罗尔斯的《正义论》，“正义是社会制度的首要价值，正像真理思想体系的首要价值一样。一种理论，无论它多么精致和简洁，不管它们是如何有效率和有条理，只要它们不正义，就必须加以改造或废除”②。罗尔斯沿着行政是政治的执行的路径，强调了行政手段选择的合理性、合道义性，这是对马克斯·韦伯观点的发展和完善。罗尔斯认为，“不知之幕”就是实现手段正义的最佳途径，只是现实中各种利益纠葛，“不知之幕”的构想难以实现罢了。

长期以来，政府手段选择的正当性是一个存在争议的话题。很多时候，政府采用正当、文明的手段不一定能够取得预期的高效率，相比较

---

① 《邓小平文选》第2卷，人民出版社，1994，第333页。

② 〔美〕约翰·罗尔斯：《正义论》，何怀宏、何包钢、廖申白译，中国社会科学出版社，2001，第1页。

下，一些简单粗暴的方式却能够取得立竿见影的成效。但是，从长远来看，政府手段选择的正当性，可以增进官民之间的沟通与信任，从而减少政策执行的成本，提高政策执行效率，促进结果正义的实现。手段选择的正当性要求政府选择公众认同的政策执行方式。如果采取人民群众反对的执行方式，即使结果充满善意，或者实现结果的善，也同样会遭到非议和声讨。最明显的例子就是非法强拆、野蛮拆迁，即便拆迁是为了更好地建设城市，或者发展公共产品，但是野蛮、非法的行径会使拆迁的成果大打折扣。“不仅追求目的的合理性，而且追求手段的合理性，以保障目的合理性的实现。”①

社会管理是政策执行的重要环节，也是与人民群众生活密切相关的环节。要切实加强社会建设和提高社会管理质量，就必须“以服务群众为主题，增强社会服务功能，拓展社会服务领域，提高社会服务水平，形成社会服务网络化新格局，积极开展面向特殊群体的社会救助、社会福利、优抚保障服务，面向群众的便民利民服务，面向下岗失业人员的再就业服务和社会保障服务”。② 强调社会管理的服务的主题，是为人民服务的宗旨的回归。强调服务并不是要弱化管理，也不是用服务代替管理，服务与管理只有有机结合起来，才能产生合力。政府部门一方面是社会管理的主体，另一方面也是公共服务的提供主体。社会管理或者社会治理应该坚持以人为本的原则。以人为本的理念体现在社会管理的“知行合一”上。以人为本，要求政府摒弃以管理为本的姿态，摆正为人民服务的姿态。社会管理不是为了管理而管理，不是为了显示政府的权威而管理，也不仅仅是为了发展经济、规范秩序而管理，在具体的社会管理工作中，社会管理部门需要转变工作思路，将保障人民主体地位作为社会管理的目的和最终归宿。维护人民群众的主体性是管理的目的，而社会管理的手段选择也要围绕目的而展开，采用野蛮粗暴的方式，显然会因侵害当事人的权益而遭到暴力对抗。以服务的方式来填补管理的盲区，既彰显了政府为人民服务的本色，也有利于改变以往简单粗暴的管理作风，切实解决人民群众生产

---

① 李思然：《行政发展视域中责任伦理的价值向度》，《中国行政管理》2011 年第 4 期。

② 《胡锦涛文选》第 2 卷，人民出版社，2016，第 294 页。

生活中的实际困难。通过积极服务群众为社会管理注入人文关怀，彰显了以人为本的价值内核，反过来也可以说，以人为本是寓管理于服务的价值支撑。政府手段选择正当性并不意味着弱化政府的社会管理职能，而是在强化政府作为“统治工具”与人民群众的联系。“最佳的管理方式是在服务中实施管理、在管理中体现服务，通过强化社会服务提高社会管理实效。”① 政府手段选择的正当性，是维护人民群众切身利益的直接途径，它直接影响人民群众对政府性质的评价和判断，也是政府获得政治信任的现实途径。顾及手段选择的正当性，切实维护人民群众的合法权益，是培育和践行实践责任伦理不可回避的问题。

其三，积极担责与责任问责同步并举。马克思主义政党领导的实践活动应该是对人民负责、对历史负责的实践活动。公共政策在执行一段时间之后，会呈现出一定的实践效果，人们通过对这些实际效果的审视，来判断政策制定者和执行者是否应该承担相关责任。如果政策执行的效果与政策的预期存在较大偏差，政府部门就难辞其咎，必须对政策执行的实际效果负责，须通过对政策执行的中期评估，向人民群众反映政策执行过程中的实际难题、出现问题的原因，以及相关对策。同时，政府还要自觉接受人民群众的监督、批评和建议。政府对行为结果承担责任的态度不应该是消极被动的，而应该是积极主动的。政府积极对行为的结果承担责任，是一种责任担当的表现，是社会发展的正能量，能不断调动人民群众当家作主的热情。这也有助于政府在政策执行过程中不断修正政策，使之更加符合实际，更加具备前瞻性，更加适应实际发展的需要，切实反映人民群众的利益，实现人民群众的利益。政府对行为结果负责，就是对人民负责，体现了人民主体地位，它是政府责任伦理中最为根本的问题。此外，完善问责制是培育和践行实践责任伦理不可或缺的制度保障，也是一条必不可少的“带电的高压线”。长期以来，中国的问责制仅限于行政问责，党的十八大之后，问责制逐步从行政问责向党内问责延伸拓展，这充分显示了中国共产党科学执政、民主执政、依法执政的巨大政治勇气和决心。2015 年6 月，习近平强调：“坚持有责必问、问责必严，把监督检查、目

---

① 胡锦涛：《论构建社会主义和谐社会》，中央文献出版社，2012，第 235 页。

标考核、责任追究有机结合起来，形成法规制度执行强大推动力。问责的内容、对象、事项、主体、程序、方式都要制度化、程序化。问责既要对事、也要对人，要问到具体人头上。要把法规制度执行情况纳入党风廉政建设责任制检查考核和党政领导干部述职述廉范围，通过严肃追究主体责任、监督责任、领导责任，让法规制度的力量在反腐倡廉建设中得到充分释放。"① 2016年6月28日，中央政治局审议通过了《中国共产党问责条例》，确立了“依规依纪、实事求是，失责必问、问责必严，惩前毖后、治病救人，分级负责、层层落实责任”的问责原则。这些重大举措无疑为中国社会培育和践行“事先顾及，事后担当”的实践责任伦理提供了重要的依据。

其四，培育健全的公共理性。善治的社会需要健全的公共理性作为支撑。培养健全的公共理性，需要体制给予民众说真话的权利和机会。需要改革教育方式，培养勤思考、善思维的现代公民，而非造就思想禁闭，不敢说真话、不敢讲实话的现代愚民。社会的善治程度不仅取决于政府的治理水平高低，更取决于作为被治理者的公民的理性程度。培育健全的公共理性，有利于塑造自尊自信、理性平和的现代公民，彰显政府的责任伦理自觉。著名学者俞可平说：“善治的基础与其说是在政府或国家，还不如说是在公民或民间社会。从这个意义上说，公民社会是善治的现实基础，没有一个健全和发达的公民社会，就不可能有真正的善治。”② 公民的理性程度，决定了他们对政府政策的认知能力。深受几千年的封建文化残余的影响，许多民众依然缺乏现代公民应该具备的理性认知能力，许多民众缺乏判断、辨别是非的能力，很容易受到蛊惑、迷惑和误导。俗话说，群众的眼睛是雪亮的，但事实上，出于主客观等原因，群众的眼睛在真相浮出水面之前并不总是雪亮的，这往往也成为一些人所说的“不明真相的群众”的佐证。由于公民理性的欠缺，一些人极有可能运用审丑心态去审视政治生活、审视政策及其执行过程和结果，造成悲观主义的蔓延，导致自身对政府的信任降低，加剧社会的不安和矛盾。由于公共理性欠缺，

① 《习近平关于严明党的纪律和规矩论述摘编》，中央文献出版社，2016，第125页。

② 俞可平主编《治理与善治》，社会科学文献出版社，2000，第11页。

很多人无法以现代公民的主人翁姿态对待政治生活，他们的主体地位无法显现出来。公共理性欠缺，也不利于政策的制定、执行和评价，更不利于督促政府践行对人民负责的最高责任伦理。依靠健全的公共理性，提高人民群众的认知判断能力，提高人民群众当家作主的能力，是制约公权力恶性扩张的客观要求，也是保障人民主体地位的必然选择。新时期，培养自尊自信、理性平和的现代新公民，就是推动人民有序参与公共生活、提升人民主体性的现实途径。自尊让人民群众知廉耻，洁身自好；自信让人民群众热情饱满，积极向上；理性让人民群众善于思考，冷静沉着；平和让人民群众富有涵养，友好相处。只有培育人民群众自尊自信、理性平和的人格特质，他们才不至于在发挥各自主体性的同时，损害他人的利益，侵害他人的主体性。以培育公共理性为提高人民群众开展“自主活动”的实践能力和判断能力的重要抓手，才是坚持和发展人民主体原则的关键所在。

三　确立“以人民为中心”的价值评价机制

价值评价机制具有利益导向功能，也具有行为导向功能，人们开展创造历史的“自主活动”需要正确的利益导向和行为导向。价值评价机制是发展理念的重要内容，当代中国确立了“以人民为中心”的发展理念，必然要求确立与之相适应的价值评价机制，即“以人民为中心”的价值评价机制。人民群众是社会价值的创造主体，也是社会价值的评价主体，社会价值评价机制应该围绕“人民主体”而展开，以促进“人民主体”的全面发展为目标导向。因而，确立“以人民为中心”的价值评价机制实际上是确立“以‘人民主体’为中心”的价值评价机制。价值是客体满足主体特定需要的意义关系的范畴，人们的实践活动与认识活动都存在价值意义，并且，“人民主体”应该成为社会实践价值意义的享有者。人民是社会实践的价值主体，意味着人民群众将成为实践活动与认识活动的中心内容，所有的社会活动都应该把促进人的发展当成最终目的来看待，而不是把人当成绝对工具来使用。

“以人民为中心”的发展理念是对既往发展理念的反思和超越，“以人民为中心”的价值评价机制则是对“以物为中心”的价值评价机制的扬弃。其实，显性的生产力标准本身就包含了生产工具、劳动对象和劳动者三个要素，其中，劳动者是最关键的要素，马克思曾认为，最强的生产工具是革命阶级本身，是以劳动者为主体的人民大众，这就是说，提升劳动者的综合素质是提高社会生产力的根本所在。社会主义国家的社会价值评价机制理应以提升广大劳动人民的综合素质和社会地位为出发点和落脚点。可以说，确立“以人民为中心”的价值评价机制是推动生产力标准回归“人民本位”的内在要求和题中应有之义。

改革开放以来，随着“唯生产力论”在社会实践中不断扩张，“物化意识”也逐渐进入中国社会的价值评价体系，逐步完成从“精神激励”向“物质刺激”的转变。以“精神激励”为主的时代，人们创新争优，人人为我，我为人人，人与人之间的差别不是对物质占有的差别，而是精神境界的差别。而在以“物质刺激”为主的时代，在市场规则的指引下，人与人之间的合作关系演变成赤裸裸的经济竞争关系，人与人之间充满了零和博弈，人人都想打败对手，人与人之间的差别就变成了成功与失败的差别。人们从以往“组织起来”的单位人向“日益疏离”的社会人转变，从历史角度看，人与人之间的张力是在不断扩大的。从现实的角度看，社会充斥着成功者制定的规则，各种电视节目、报纸杂志、网络媒体等充斥成功者的意识形态——庸俗成功学的“圣经”。其实，在庸俗成功学的“圣经”里面，只有权力、金钱和名望，这些就是“唯生产力论”最直白的表达。很长一段时间，我们的价值评价机制也围绕权力、金钱和名望等“生产力”而展开，占有了大量权力、金钱和名望的少数人自然而然地成为价值评价机制的中心，作为财富创造者的广大人民群众则被阻隔在主流评价机制之外。笔者认为，社会张力并不主要表现在成功者与失败者之间，也很少表现在成功者与成功者之间，它更多体现在失败者或非成功者之间。成功者通过强大的资本和舆论力量制定了社会生活的种种价值评价机制，就是要让人们对“成功”的渴望达到近乎疯狂的境地，让人与人之间充满竞争，以扩大普通人之间的张力，以消解人民群众的阶级意识，防止其走向阶级联合。如此一来，人民群众创造历史的合力就被少数成功者制定的价值规则消解和分化了，人与人之间充满越来越明显的张力、疏离和互斥。一些成功者制定并鼓吹的价值评价规则已经成为压迫人的物化意识，作为少数人的成功者越是无所不能，作为多数人的失败者或非成功者就越是一无是处。

作为无产阶级政党的中国共产党把人民群众确立为自己心中的“上帝”（毛泽东语），这个“上帝”不是虚幻的，而是现实的、活生生的劳苦大众，即“人民主体”。尽管时代变迁，共产党人的根本宗旨没有变，也不能变，以执政党身份“出场”的当代中国共产党同样应该把“人民主体”确立为价值评价体系的中心内容，以实现“人民主体”创造历史的事实性与价值性相统一。党的十八大以来，以习近平同志为核心的党中央领导集体高度重视这个问题，习近平在“8·19”讲话中强调：“党性和人民性从来都是一致的、统一的。坚持党性，核心就是坚持正确政治方向，站稳政治立场，坚定宣传党的理论和路线方针政策，坚定宣传中央重大工作部署，坚定宣传中央关于形势的重大分析判断，坚决同党中央保持高度一致，坚决维护中央权威。所有宣传思想部门和单位，所有宣传思想战线上的党员、干部都要旗帜鲜明坚持党性原则。坚持人民性，就是要把实现好、维护好、发展好最广大人民根本利益作为出发点和落脚点，坚持以民为本、以人为本。要树立以人民为中心的工作导向，把服务群众同教育引导群众结合起来，把满足需求同提高素养结合起来，多宣传报道人民群众的伟大奋斗和火热生活，多宣传报道人民群众中涌现出来的先进典型和感人事迹，丰富人民精神世界，增强人民精神力量，满足人民精神需求。”① 宣传思想战线是从灵魂上把人民群众组织起来、武装起来的战线，这条战线必须确立并践行“以人民为中心”的价值评价机制。中国哲学社会科学作为宣传思想战线上的重要阵地，同样需要坚持“人民至上”的世界观，自觉为人民群众火热的生产生活鼓与呼，与人民群众同呼吸、共命运。习近平强调：“我国哲学社会科学要有所作为，就必须坚持以人民为中心的研究导向。脱离了人民，哲学社会科学就不会有吸引力、感染力、影响力、生命力。我国广大哲学社会科学工作者要坚持人民是历史创造者的观点，树立为人民做学问的理想，尊重人民主体地位，聚

---

① 习近平：《胸怀大局把握大势着眼大事 努力把宣传思想工作做得更好》，《人民日报》2013年8月21日，第1版。

焦人民实践创造，自觉把个人学术追求同国家和民族发展紧紧联系在一起，努力多出经得起实践、人民、历史检验的研究成果。”① 当然，确立“以人民为中心”的价值评价机制并不是要回避人民群众在生产生活中存在的问题，也不是将个别问题放大成普遍问题，既要实事求是地反映问题，又要准确判断问题存在的广度。我们确立并实施“以人民为中心”的价值评价机制并不否定榜样的作用，而是要确立正确的榜样观，榜样是一面光辉的旗帜，引领社会发展的主旋律，我们需要树立经得起实践、历史和人民检验的时代榜样。中国历史上曾涌现无数的榜样，他们用自己的行动，去践行真、善、美的核心价值，为社会成员的成长提供价值指引，甚至为国家的发展提供目标导向。但旧中国的榜样带有浓郁的个人英雄主义色彩，他们没能解救灾难深重的近代中国于水火之中，只有用马克思主义武装起来的中国共产党肩负起民族独立的历史使命。中国共产党在带领中国人民实现中华民族伟大复兴的斗争中，充分发挥了榜样的作用，告别以往榜样们个人风头主义的历史局限性，调动广大人民群众投身实现中华民族伟大复兴中国梦的历史潮流中，共同承担复兴之路上的艰辛与苦难，共同分享复兴之路上的荣耀与辉煌。榜样的力量是无穷的，我们这个时代依然需要榜样，依然需要不断发现榜样，特别需要发现人民群众生产生活中那些质朴无华却又充满闪光点的榜样，发现那些在平凡的岗位上做出不平凡业绩的榜样，弘扬那些人民群众生产生活中执着顽强的“工匠精神”，并以此来反击铺天盖地、形而上的庸俗成功学。

我们确立“以人民为中心”的价值评价机制并不是否定生产力标准，而是摆正生产力标准的历史方位，避免生产力标准“操控”一切的局面。生产力是衡量一个社会进步的根本指标，但根本指标不是唯一指标，在根本指标之外，还有很多与人民群众生活密切相关，甚至关联更加紧密的指标，比如社会公德、家庭美德、公平正义、环境友好、人际和谐、个人自由等。当显性的生产力标准直接统御人们的社会行为之时，它就极有可能以一种“外在的异己的力量”存在，那样的生产力就不受劳动者所控制，

① 习近平：《在哲学社会科学工作座谈会上的讲话》，《人民日报》2016年5月19日，第2版。

就会演变成压迫劳动者的工具。确立“以人民为中心”的价值评价机制就是要鼓励人们在平凡的岗位上发扬精益求精的“工匠精神”，在全社会培育和营造“甘于平凡，但不甘于平庸”的时代风气，让广大劳动者能在平凡的岗位上获得自我肯定、自我认同、自我提高，帮助广大劳动者逐步摆脱庸俗成功学的绑架，通过踏踏实实的诚实劳动获得人生出彩的机会。当然，确立和实施“以人民为中心”的价值评价机制不仅需要舆论的正确引导，而且需要切实保障人民群众的各项合法权益，提高广大劳动者在国家社会生活中的实际地位。正如习近平所言：“带领人民创造幸福生活，是我们党始终不渝的奋斗目标。我们要顺应人民群众对美好生活的向往，坚持以人民为中心的发展思想，以保障和改善民生为重点，发展各项社会事业，加大收入分配调节力度，打赢脱贫攻坚战，保证人民平等参与、平等发展权利，使改革发展成果更多更公平惠及全体人民，朝着实现全体人民共同富裕的目标稳步迈进。”① 需要指出的是，我们不能全面否定以往“以物为中心”或“以少数精英为中心”的价值评价机制，以往的价值评价机制固然存在缺陷，但它既有认识论根源，也有历史根源，并且是历史原因限制了人们的价值判断。历史发展到今天，在综合国力总体提升的前提下，历史活动也更加深入，我们对社会发展规律的认识更加准确，我们才能适时地、从容地推动社会价值评价机制从“以物为中心”向“以人民为中心”的历史转变。行百里者半九十，在已全面建成小康社会、向实现中华民族伟大复兴中国梦“第二个百年”奋斗目标迈进的新征程上，我们比以往任何时候都更加需要坚持“以人民为中心”的发展思想，落实“以人民为中心”的社会价值评价机制，为广大人民群众开展创造历史的“自主活动”提供正确的价值导向，使人们的“自主活动”更加尊重社会发展规律，使人们的“自主活动”更加忠实于人的发展的内在需要，使“人民主体”的“自主活动”更加符合和顺应实现中华民族伟大复兴中国梦的历史发展潮流，汇聚成推动历史前进的磅礴力量。

---

① 习近平：《在庆祝中国共产党成立95周年大会上的讲话》，《人民日报》2016年7月2日，第2版。

结　语

一　从“臣民”到“人民主体”的逻辑转变

人类社会发展至今，经历了原始社会、奴隶社会、封建社会、资本主义社会、社会主义社会，中国等少数国家已经进入社会主义初级阶段，与社会变迁相伴随的，还有作为历史主体的“人”的理论逻辑及其历史地位的变迁。

“臣民”之国注定深陷“历史周期率”。臣民是人类发展到阶级社会的产物，臣民的前身是奴隶。奴隶起源于原始社会部落之间的彼此征伐，在战斗中失败的部落或被灭族，大多沦为奴隶，毫无人身自由，任由奴隶主使唤、买卖，甚至充当殉葬的牺牲品。臣民是与君主相对应的概念，是指君主集权体制下的每一个集体或个体。在中国封建社会，根本没有“自由人”，普天之下莫非王土，率土之滨莫非王臣。当然，臣民之间也有阶级划分，根据农耕文明“重农抑商”的特点，这些阶级的地位依次是士、农、工、商。借助君权神授的神话，君主享有至高无上的地位，掌握着生杀予夺的大权。有学者指出：“臣民对君主及君主独占的国家具有强烈的依附性，缺乏独立的人格和意志。相对国家权力而言，臣民只有义务而没有实质的权利。即使有权利，也是无法得到任何保障的。”① 的确，

---

① 叶麒麟：《臣民·群众·公民——个体政治角色变迁与中国现代国家成长》，《浙江社会科学》2011年第3期。

臣民在君主集权制下，君要臣死，臣不得不死，普通市井草民更不在话下。只要君王对臣民的压迫控制在一定范围，臣民就会倍感皇恩浩荡，就会“心甘情愿”地接受统治和奴役。由此，与臣民地位相适应的臣民心态就会在漫长的剥削压迫中形成并巩固下来。臣民并不像奴隶那样把所有权利都让渡给君主，臣民还保留了反抗的权利，因为反抗是历史的权利。当君王及其官僚体制对臣民的压迫达到不可容忍的地步，处于草芥地位的臣民们依然会揭竿而起，将暴君及其追随者推翻，改朝换代。其实，这背后就是历史周期率的问题。从秦朝到清朝，每一个朝代都历经“其兴也勃焉，其亡也忽焉”的繁荣与衰败，没有一个能够逃脱灭亡终结的历史命运，没有一个王朝能够跳出繁荣—衰败（少数有中兴）—灭亡的历史周期率。正如鲁迅先生所言，尽管这些臣民当中不乏“中国的脊梁”，“有埋头苦干的人、有拼命硬干的人、有为民请命的人、有舍身求法的人”①，但这仍无法使封建王朝摆脱陷入历史周期率的厄运，原因在于多数臣民被君王及其统治术折腾得丧失血性、愚昧偏狭、奴颜媚态、中庸虚伪、麻木不仁、自私自利、固步自封。尽管一些贤明君主曾把君与民的关系比作舟与水，但事实上，他们也只是把臣民当作“己欲达”的工具，一旦自己到达了理想的彼岸，就会“鸟尽良弓藏”，甚至过河拆桥。臣民非但不能与君王共享盛世的荣光，反而要为君王的荣耀承担更多的责任，是谓“兴，百姓苦；亡，百姓更苦”，臣民实际上就成为开创盛世王朝的牺牲者和失败者，这样的盛世注定是不可持续的。

“公民”是对“臣民”的超越。“公民”这一概念需要追溯到古希腊，在雅典城邦曾经实行过民主制。当时的雅典城邦是商贸大都会，居住在雅典的人有三类：公民、外来人和奴隶，其中，公民享有政治参与权利，其他两类人则被排除在政治活动之外。根据柏拉图在《理想国》中的论述，“公民作为履行国家职责的自由人，应该具备节制、勇敢、大度、高尚等美德。护卫者是最好的公民，他们经过严格选拔，通过音乐教育、体操训练而陶冶心灵和锻炼体魄，并由公产公妻公育的共产主义体制

① 《鲁迅全集》第6卷，人民文学出版社，1973，第118页。

培育其为国服务的公共精神”①。柏拉图赋予“公民”以公共精神的道德内涵，亚里士多德在《政治学》一书中承接了这一观点，“公民的通常含义是参与统治和被统治的人。不同的政体有不同的公民，但在最优良的政体中，公民指的是为了依照德性的生活，有能力并愿意进行统治和被人统治的人”②。在亚里士多德看来，公民既是统治者，又是被统治者。公民血缘上属于“城邦的人”，不会因为远离家乡而丧失资格，但如果不履行公民义务（如缴纳赋税等），就会丧失公民资格，就会被驱逐出城邦。希腊城邦的“公民”并不是以个体的身份出现，拥有了“公民”身份，并不代表“能做什么”，而代表“能分享什么”，它具有集体的属性。西方在经历了“文艺复兴”和“启蒙运动”之后，迎来了近代民主的曙光。在“天赋人权”“主权在民”等思想的影响下，“公民”这一概念找到了它的个体属性，人的存在不再假托上帝的恩赐，理性剥去了上帝的迷雾，作为独立个体的人开始在人类历史上入场，正如美国政治学家萨托利所言：“在古代，人从来没有被明确认为是某个个人。……只是到了19世纪，‘人就是个人’这一原则才获得了普遍胜利。”③ 马克思也认为，资产阶级革命的胜利带来了人类历史上的政治解放运动和“公民”概念的普及，“政治解放一方面把人变成市民社会的成员，变成利己、独立的个人，另一方面把人变成公民，变成法人”④。资产阶级革命的胜利赋予了人的“公民”资格，这个公民，一方面属于自己，另一方面属于共同体。现代国家的“公民”概念趋于“外延法定”、“内涵趋于泛化”。⑤“公民”的外延以国别或地区归属为边界，“公民”的内涵则包括获得相应国籍的所有人。事实上，西方民主思想主导的“公民”概念是按照资本主义的自由主义原则展开的，它表面上宣扬“人人平等”的公民权利，但本质上实行的是私有财产神圣不可侵犯的逻辑。公民缔结契约，有两种权利是不容让渡的，一是生命权，二是财产权，契约就是在承认实质性不平等的

---

① 〔古希腊〕柏拉图：《理想国》，郭斌和、张竹明译，商务印书馆，1986，第190~196页。

② 〔古希腊〕亚里士多德：《政治学》，颜一、秦典华译，中国人民大学出版社，2003，第99~100页。

③ 〔美〕乔·萨托利：《民主新论》，冯克利、阎克文译，东方出版社，1998，第320~321页。

④ 《马克思恩格斯全集》第1卷，人民出版社，1956，第443页。

⑤ 馨元：《公民概念之演变》，《当代法学》2004年第4期。

基础上建立的。真正的契约，应该是在地位平等或差别不大的公民之间建立起来，如果人与人之间存在实质性的差别，就无须建立契约，按照丛林法则弱肉强食即可，签订契约的目的无非是欺骗弱者，让弱者心甘情愿地服从统治。现代的“公民”并不具有真正的公共属性，它不具有像柏拉图所说的那种“公共精神”和“公共德性”的价值判断，相反，它更多地体现了人与人之间越发疏离的私利性。不可否认，“公民”对“臣民”的历史超越仍具有重大意义，但“公民”概念背后隐藏着的阶级差别则是资产阶级民主自身无法克服的顽疾。

“人民主体”是对“臣民”“公民”的双重超越。“人民”这一概念最初并不具备超越“臣民”和“公民”的本质内涵。中国古代，“人民”有多种解释：一是指奴婢及刑人、奴隶逃亡者；二是所属（国）之人；三是平民百姓；四泛指人类。① 显然，按照中国古代对“人民”内涵的界定，其与“臣民”几乎等同，与“公民”相差甚远。

马克思主义作为人类解放的科学，它的创始人在创立这套理论之初，就格外重视对“人民”内涵的界定。经典作家在《〈黑格尔法哲学批判〉导言》《神圣家族》《德意志意识形态》等著作中曾多次使用“人民”“群众”“无产者”“人民大众”等概念，但未对“人民”的内涵进行准确的界定，直到1847年，马克思在《“莱茵观察家”的共产主义》一文中，重新界定了“人民”的内涵，他指出，“真正的人民即无产者、小农和城市贫民”②，这与之前的“人民大众即无产阶级”相比，无疑具有历史进步性，它把“人民”范畴提升到“人民主体”的境界。1893年，恩格斯又对此进行了必要补充：“脑力劳动无产阶级，他们负有使命同自己从事体力劳动的工人兄弟在一个队伍里肩并肩地在即将来临的革命中发挥巨大作用。”③ 恩格斯的补充，实际上确立了包括脑力劳动者在内的劳动群众的主体范畴，即“人民主体”。毛泽东指出：“什么是人民大众呢？最广大的人民，占全人口百分之九十以上的人民，是工人、农民、兵士和

---

① 参见袁光锋《“人民”概念与政治现代性》，《党史研究与教学》2015年第2期。

② 《马克思恩格斯全集》第4卷，人民出版社，1958，第220页。

③ 《马克思恩格斯全集》第22卷，人民出版社，1965，第487页。

城市小资产阶级。”[①] 以毛泽东同志为代表的中国共产党人不是把人民当作工具，党领导的国家政权必须以“人民主体”为根基，必须以为人民服务为宗旨。毛泽东指出：“我们是人民民主专政，各级政府都要加上‘人民’二字，各种政权机关都要加上‘人民’二字，如法院叫人民法院，军队叫人民解放军，以示和蒋介石政权不同。”[②] 中国共产党人不是从抽象的概念上去把握“人民”的内涵，不是把它看作一成不变的存在物，而是在具体的革命、建设和改革实践中去把握变化着的“人民主体”，使中国共产党领导的事业始终建立在广泛的群众基础上，始终代表着中国最广大人民群众的根本利益。中国共产党的“人民”概念，实际上是现实社会阶级结构中的“人民主体”，它是对“臣民”与“公民”的双重超越。首先，它站在唯物史观的哲学高度，把被剥削阶级贬低为“群氓”的“人民主体”确立为自己的上帝——“至尊的神”，这个“至尊的神”就是以劳动者为主体的现实的人民群众，中国共产党的根本宗旨就是全心全意为人民服务。这是中国共产党领导下的“人民”对封建社会的“臣民”的历史超越。其次，中国共产党不回避“人民主体”背后的阶级斗争问题，具有鲜明的阶级属性，而西方民主国家却有意回避“公民”背后的阶级问题，标榜自己的超阶级属性。在任何时候，中国共产党都始终代表“人民主体”的利益，而西方民主实际上是“资本的民主”或资产阶级的民主，而不是“公民”的民主，它并不代表劳动人民的根本利益。这是中国共产党的“人民主体”对西方“公民民主”的实质性超越。最后，“人民主体”通过“组织起来”创造历史，即使在特定历史时期，“人民主体”之间会存在一定的张力，但可以通过中国共产党的有机整合（改革）实现人民内部矛盾的化解，避免其发展成阶级矛盾。相比之下，“臣民”社会和“公民”社会，人们在个人主义的逻辑下进行生产生活，统治阶级最害怕群众自发组织起来，人与人之间的关系越疏离，就越有利于权力和资本的统治。在阶级社会，人与人之间的矛盾，从根本上说是阶级矛盾，它最终会通过阶级斗争

---

① 《毛泽东选集》第 3 卷，人民出版社，1991，第 855 页。

② 《毛泽东文集》第 5 卷，人民出版社，1996，第 135~136 页。

的方式来解决。综上，历史的事实主体从“臣民”向“人民主体”的转变是人类社会发展进步的必然趋势，中国共产党领导的“人民主体”是对“臣民”和“公民”的双重超越。

二 “人民主体”从封闭性向开放性的历史转变

人民性是马克思主义最鲜明的特征。坚持人民主体性既是马克思主义的一个重大理论课题，也是马克思主义不断发展的重大实践课题。无论是在理论层面，还是在实践层面，马克思主义政党在坚持和发展人民主体性过程中都应该遵循唯物辩证法，不能采用形而上学的态度，更不能将“人民群众是历史的创造者”这一命题当作一成不变的教条来看待，这一命题是随着历史活动的深入发展而不断更新的。苏联封闭僵化地对待马克思主义，采用形而上学的思维对待上述命题，导致“人民主体”逐步被高度集中的计划、指令支配，不能充分开展创造历史的“自主活动”，并且残酷的、无休止的阶级斗争使“人民主体”的范围日益封闭，官僚阶层日益从“人民主体”中分离出来，从“人民公仆”蜕变成实际的“社会主人”，“人民主体”则逐渐从“胜利者”沦为苏联模式走向封闭僵化的“牺牲者”和“失败者”。历史和实践已经深刻证明，东欧剧变和苏联解体并不是“人民主体”的胜利，而是共产主义运动史上的深重灾难。

新中国成立之后，确立了人民民主专政的国体，广大劳动人民实现大翻身，成为国家和社会的主人。在实现中华民族伟大复兴的伟大征程中，新中国的成立使“国之不国”的中国变成独立、自由、平等的“人民主体”之国。为了捍卫“人民主体”的胜利果实，新生的人民民主政权进行了镇压反革命、“三反五反”等一系列阶级斗争，也进行了土地改革、“三大改造”等一系列社会主义探索。在阶级斗争与社会主义探索相互交织的岁月里，“人民主体”也被广泛组织动员起来，中国逐渐形成高度组织化的社会结构，这种高度组织化的社会结构捍卫了新生的人民民主政权，也捍卫和拓展了“人民主体”的胜利。但随着反右倾斗争扩大化，“左”的错误在党内蔓延开来，引发“文革”十年浩劫，高度组织化的社会结构的封闭性逐渐暴露。那个时代，“人民主体”主要由工人阶级、农民阶级和知识分子阶层构成，但“人民主体”间缺乏对等的交往交流流动机制，工人阶级和知识分子阶层可以向农民阶级转变，但农民阶级很难向工人阶级和知识分子阶层转变。此外，在高度组织化的社会结构下，“人民主体”不容许“两阶级一阶层”之外的其他阶级或阶层产生或存在，表现出较为强烈的排他性色彩。改革开放之后，党和国家逐步采用宏观调控的方式管理经济，逐步从人民群众生产生活的具体环节退出，为人民群众开展创造历史的“自主活动”预留了较大的自主空间。中国高度组织化的社会结构逐步向相对疏离的社会结构转变，“人民主体”间的交往流动不断加强，新生社会阶层作为新兴生产力的代表不断涌现，丰富了“人民主体”的内涵和外延，“人民主体”呈现开放性和包容性的发展趋势。“人民主体”的开放性和包容性发展并不是无原则、无立场的，必须以坚持四项基本原则为历史前提。“人民主体”从封闭性、排他性向开放性、包容性的历史转变，是中国走出封闭僵化的老路的重要体现，也是实现中华民族从胜利走向新的胜利的重要体现。当然，“人民主体”“从胜利走向新的胜利”的过程并不是一帆风顺的，它遵循了从局部到整体、从少数到多数、由量的积累到质的飞跃、从片面到全面的历史辩证法。这个过程并没有终结，它只有进行时，没有完成时。这个过程中产生的若干新问题与历史遗留的老问题交织在一起，共同钳制社会活力的释放，共同消解社会合力的汇聚，但这些新老问题，只能通过“减增量”“去存量”“啃硬骨头”的全面深化改革来解决，从而不断促进“人民主体”的开放性和包容性发展。

三　实现中华民族伟大复兴与“人民主体”的荣光

中华民族历史上曾经出现很多“盛世”，如文景之治、光武中兴、贞观之治、开元盛世、康乾盛世等，但历代王朝都难逃盛极而衰的命运，这就是封建王朝颠扑不破的历史周期率“魔咒”。

世界历史潮流浩浩荡荡，顺其者昌，逆其者亡。历代王朝盛极而衰的根本原因就在这里。中国历代王朝繁荣昌盛之时，就是它的生产关系能够容纳的生产力达到历史的最大值之时，生产力继续发展，必然要求生产关系进行相应的变革。由于封建统治阶级自身的偏狭性，它们是不会主动去调整生产关系及其上层建筑的，只能通过消灭或破坏生产力的方式来维护阶级特权统治。消灭和破坏生产力的方式包括重农抑商、土地兼并、严刑峻法、苛捐杂税、大肆敛财、穷兵黩武、贪污腐败、骄奢淫逸、大兴土木、闭关锁国、限制交往等，这些消灭或抑制生产力的方式无疑会损耗大量民力，制约科技进步，消磨劳动人民的历史主动性。当生产力开始衰落之时，生产关系上的剥削却在变本加厉，面临生死抉择的劳动人民不得不揭竿而起，另立君王（这也符合古代“立君为民”之道）。在新的君王的统治之下，在生产力的最低点，重建生产力，君王们往往会采取轻徭薄赋、无为而治、休养生息等方式调动劳动人民的生产积极性，经过励精图治，也会迎来吏治清明、国泰民安的盛世。随着盛世的到来，统治阶级以消灭生产力的方式来维护自身统治的偏狭性就会暴露，历史周期率“魔咒”由此“生效”，周而复始，从夏朝到清朝，无一例外。尤其是在清王朝，统治阶级消灭生产力的方式使中华民族落入半殖民地半封建社会的灾难深渊，成为帝国主义肆意宰割的羔羊，中华民族走到了亡国灭种的边缘。

近代之后，西方资本主义世界崛起、东方封建帝国没落，彼时的旧中国已经不是先进生产力的代表，已经从文明形态上落后于西方资本主义世界，它再也经不起以消灭生产力的方式重新掉进历史周期率的旋涡的损耗，否则在诸多列强虎视眈眈的情况下，中华民族极易遭遇亡国灭种的厄运。因而，实现中华民族伟大复兴就成为中国近代以来无数仁人志士最伟大的梦想和最迫切的追求。

百年沧桑。历史和人民在大浪淘沙的实践比较中选择了中国共产党作为实现中华民族伟大复兴的领路人，中国共产党人以革命阶级的血性把中国涣散的劳苦大众组织起来、凝聚起来，经过28年的英勇斗争、艰苦奋斗，推翻了“三座大山”在中国的剥削统治，将“国之不国”的中国变成独立、自由、平等的“人民主体”之国，实现中华民族伟大复兴的中国梦终于翻开了崭新的历史篇章。

百年复兴。新中国成立后，以毛泽东同志为代表的中国共产党人随即带领中国人民奔向复兴的新征程，领导人民先后进行了镇压反革命、抗美援朝、“三反五反”和社会主义改造的斗争，巩固了新生的人民民主专政政权，消灭了剥削制度，建立了生产资料公有制的社会主义制度，实现了中国社会形态发展的历史性跨越。在资本主义世界的围追堵截下，中国共产党团结、带领中国人民自力更生、艰苦奋斗，开启了社会主义建设的艰辛探索历程。尽管在社会主义探索中，出现了一些失误，甚至一度陷入封闭僵化的困境，但是中国共产党人克服了各种阻力，通过社会主义的改革开放，带领中国人民走出一条新路——中国特色社会主义道路。在这条新路上，以邓小平同志为核心的中国共产党第二代领导集体以社会主义初级阶段为依据，制定了“三步走”战略，规划了中华民族伟大复兴的宏伟蓝图。进入21世纪，中国共产党人在“三步走”战略的基础上，又提出21世纪头20年全面建设小康社会的奋斗目标。党的十八大以来，以习近平同志为核心的党中央承接实现中华民族伟大复兴中国梦的历史接力棒，直接承担着“全面建成小康社会”的历史使命。习近平自信地指出：“现在，我们比历史上任何时期都更接近中华民族伟大复兴的目标，比历史上任何时期都更有信心、有能力实现这个目标。”① 这种自信，源自中国特色社会主义既已取得的伟大历史成就，源自中国共产党人的历史担当，源自中国人民对美好生活的向往。因而，我们有理由坚信，以全面建成小康社会为新起点，到新中国成立100年，“中华民族伟大复兴的梦想一定能实现”②。党的十九大又在原来“三步走”的基础上作出新“三步走”战略安排，即到2020年全面建成小康社会，到2035年基本实现社会主义现代化，2050年全面建成社会主义现代化强国。这是中华民族朝着伟大复兴中国梦发起的新冲刺。

那么，中国共产党领导的中华民族伟大复兴事业能打破“其兴也勃焉，其亡也忽焉”的历史周期率“魔咒”吗？答案是肯定的。

首先，从根本上说，中国共产党始终代表先进生产力的发展方向，不会以消灭生产力的方式来维护现存的社会关系，只会适时调整社会关系，来适应和促进生产力的发展。中国特色社会主义的根本任务是解放生产力和发展生产力，而解放和发展生产力的根本又在于解放作为历史创造者的“人民主体”，促进“人民主体”全面发展。因而，中国共产

---

① 《习近平谈治国理政》第2卷，外文出版社，2017，第57页。

② 《习近平谈治国理政》第1卷，外文出版社，2018，第36页。

党领导的革命、建设和改革，从本质上说，就是实现人民主体地位的解放运动，这种解放具有历史性，它是一定历史条件下“人民主体”的自我解放。

其次，中国共产党人不是“唯生产力论者”，尤其重视生产关系的公平性，因此，把“消灭剥削、消除两极分化，最终实现共同富裕”确立为社会主义的根本目标。消灭剥削和消除两极分化的根本方法是让劳动者掌控生产力、占有生产资料，防止生产力被少数人控制而走向压迫劳动人民的对立面，缩小贫富差距，防止两极分化，减小“人民主体”间的张力，实现共同富裕。

再次，理想决定高度，信念决定胸怀。中国共产党人以实现共产主义作为远大理想，把实现中华民族伟大复兴中国梦作为向共产主义进军的新起点，中国历史的“火车头”绝对不会把2050年的站台当作自己的终点，中国历史也不会因中华民族实现伟大复兴而终结。

最后，勤劳勇敢的中华民族历来崇尚“实干兴邦”，这是中华民族伟大复兴不断超越历史周期率的现实基础。以毛泽东同志为代表的中国共产党人在“进京赶考”前，就曾发出“决不当李自成”的警示，“夺取全国胜利，这只是万里长征走完了第一步。如果这一步也值得骄傲，那是比较渺小的，更值得骄傲的还在后头。在过了几十年之后来看中国人民民主革命的胜利，就会使人们感觉那好像只是一出长剧的一个短小的序幕。剧是必须从序幕开始的，但序幕还不是高潮。中国的革命是伟大的，但革命以后的路程更长，工作更伟大，更艰苦。这一点现在就必须向党内讲明白，务必使同志们继续地保持谦虚、谨慎、不骄、不躁的作风，务必使同志们继续地保持艰苦奋斗的作风”①。毛泽东提出的两个“务必”，是中国共产党人同人民群众保持血肉联系的法宝，历代领导人都高度重视。邓小平曾强调：“艰苦奋斗是我们的传统，艰苦朴素的教育今后要抓紧，一直要抓六十至七十年。我们的国家越发展，越要抓艰苦创业。提倡艰苦创业精神，也有助于克服腐败现象。”② 随着历史活动的深入，中国共产党执政

① 《毛泽东选集》第4卷，人民出版社，1991，第1438~1439页。

② 《邓小平文选》第3卷，人民出版社，1993，第306页。

环境的复杂性前所未有，自由主义思潮入侵与传统腐朽思想沉渣泛起搅乱人们的思想，利益固化的藩篱制约社会活力的释放，贫富差距持续扩大增大了“人民主体”间的张力，私有化浪潮的扩张吞噬着社会主义的经济基础，一些党员干部的形式主义、官僚主义、享乐主义和奢靡之风损害着党和人民之间的血肉之情，等等。党的十八大以来，面对“前所未有”的复杂执政环境，以习近平同志为核心的党中央以高屋建瓴的政治智慧和伟大的政治勇气，毅然承接全面建成小康社会的历史任务，开启全面建设社会主义现代化国家新征程，表明中国共产党人对“人民主体”高度负责的历史态度。优化“顶层设计”，全面深化改革，推进国家治理体系和治理能力现代化，释放社会活力和改革红利，拓宽了中国特色社会主义发展道路，为“人民主体”开展创造历史的“自主活动”开辟更宽更稳固的舞台。推进全面依法治国，把权力关进由“人民主体”意志编织、由“人民主体”监督的制度笼子，巩固人民民主专政的国体，保障人民群众生命财产安全，为“人民主体”实现人生出彩提供基本规范。推进全面从严治党的伟大斗争，深入开展群众路线教育实践活动，补足共产党人精神上的“钙”，开展“老虎苍蝇一起打”的反腐败斗争，重塑中国政治生态。“四个全面”是新时代坚持和发展中国特色社会主义的战略布局，是坚持和强化人民主体性的战略布局，是引领中华民族走向复兴的顶层设计。只要我们党认真贯彻落实新时代坚持和发展中国特色社会主义的“四个全面”战略布局，落实创新、协调、绿色、开放、共享的新发展理念，搞好“以经济建设为中心”背景下的意识形态工作，围绕人民主体性思想处理党群、干群、党政关系，依法打破利益固化藩篱释放改革红利，确立“以人民为中心”的价值评价机制，就一定能够激发“人民主体”的创造热情，带领“人民主体”全面建设社会主义现代化国家，向着实现中华民族伟大复兴中国梦的奋斗目标稳步前进。实现中华民族伟大复兴是实现中华民族“五位一体”及其他领域的全面复兴，它必将是“人民主体”的全面胜利，也一定能够不断超越历史周期率。

中华民族的昨天，是铁血考验的峥嵘岁月，可谓“雄关漫道真如铁”；中华民族的今天，是继续扎实苦干凝聚力量，实现跨越式大发展的历史新阶段，可谓“人间正道是沧桑”；中华民族的明天，一定会“直挂云帆济沧海”，实现伟大复兴。

人民群众是历史的主体，是历史的创造者，是推动历史前进的根本动力，人民群众的总体意志代表着历史前进的方向。历史已经证明，也必将继续印证，坚持和提升人民主体性，是中国共产党领导人民夺取新时代中国特色社会主义伟大胜利、实现中华民族伟大复兴中国梦的根本途径。中国共产党领导的中国特色社会主义必将是“人民主体”的全面胜利，必将是正义的全面胜利，我们党只有带领“人民主体”不断从胜利走向新的胜利，才能在实现中华民族伟大复兴的道路上不断超越历史周期率，迎接全人类胜利的曙光。正如习近平所言，中国人民是具有伟大创造精神、伟大奋斗精神、伟大团结精神、伟大梦想精神的人民，“有这样伟大的人民，有这样伟大的民族，有这样的伟大民族精神，是我们的骄傲，是我们坚定中国特色社会主义道路自信、理论自信、制度自信、文化自信的底气，也是我们风雨无阻、高歌行进的根本力量!”“我们必须始终坚持人民立场，坚持人民主体地位，虚心向人民学习，倾听人民呼声，汲取人民智慧，把人民拥护不拥护、赞成不赞成、高兴不高兴、答应不答应作为衡量一切工作得失的根本标准，着力解决好人民最关心最直接最现实的利益问题，让全体中国人民和中华儿女在实现中华民族伟大复兴的历史进程中共享幸福和荣光!”① 只有“人民主体”不断获得胜利，中华民族伟大复兴才会闪现“现实的多数人”的历史光辉，才会在社会基本矛盾运动中不断超越历史周期率。习近平指出：“我们党的百年历史，就是一部践行党的初心使命的历史，就是一部党与人民心连心、同呼吸、共命运的历史。历史充分证明，江山就是人民，人民就是江山，人心向背关系党的生死存亡。赢得人民信任，得到人民支持，党就能够克服任何困难，就能够无往而不胜。要教育引导全党深刻认识党的性质宗旨，坚持一切为了人民、一切依靠人民，始终把人民放在心中最高位置、把人民对美好生活的向往作为奋斗目标，推动改革发展成果更多更公平惠及全体人民，推动共

① 习近平：《在第十三届全国人民代表大会第一次会议上的讲话》，《人民日报》2018 年 3 月 21 日，第 2 版。

同富裕取得更为明显的实质性进展，把 14 亿中国人民凝聚成推动中华民族伟大复兴的磅礴力量。”① 习近平在庆祝中国共产党成立 100 周年大会上强调：“新的征程上，我们必须紧紧依靠人民创造历史，坚持全心全意为人民服务的根本宗旨，站稳人民立场，贯彻党的群众路线，尊重人民首创精神，践行以人民为中心的发展思想，发展全过程人民民主，维护社会公平正义，着力解决发展不平衡不充分问题和人民群众急难愁盼问题，推动人的全面发展、全体人民共同富裕取得更为明显的实质性进展！”② 只有始终坚持人民主体性价值追求和实践原则，我们党才能始终站在历史正确的一边，才能带领中国人民在实现中华民族伟大复兴中国梦的历史进程中不断超越历史周期率，站在世界历史发展前沿迎接全人类实现共产主义的胜利曙光。

① 习近平：《学党史悟思想办实事开新局 以优异成绩迎接建党一百周年》，《人民日报》2021 年 2 月 21 日，第 1 版。

② 习近平：《在庆祝中国共产党成立 100 周年大会上的讲话》，《人民日报》2021 年 7 月 2 日，第 2 版。

参考文献

著作类

1.《马克思恩格斯选集》第1~4卷，人民出版社，2012。

2.《马克思恩格斯文集》第1~10卷，人民出版社，2009。

3.《列宁选集》第1~4卷，人民出版社，1995。

4.《毛泽东选集》第1~4卷，人民出版社，1991。

5.《毛泽东文集》第1~8卷，人民出版社，1993/1996/1999。

6.《邓小平文选》第2~3卷，人民出版社，1994/1993。

7.《江泽民文选》第1~3卷，人民出版社，2006。

8.《胡锦涛文选》第1~3卷，人民出版社，2016。

9.《习近平谈治国理政》第1卷，外文出版社，2018。

10.《习近平谈治国理政》第2卷，外文出版社，2017。

11. 习近平：《决胜全面建成小康社会 夺取新时代中国特色社会主义伟大胜利——在中国共产党第十九次全国代表大会上的报告》，人民出版社，2017。

12.《习近平关于全面建成小康社会论述摘编》，中央文献出版社，2016。

13.《习近平关于科技创新论述摘编》，中央文献出版社，2016。

14.《习近平关于协调推进“四个全面”战略布局论述摘编》，中央文献出版社，2015。

15.《习近平关于全面深化改革论述摘编》，中央文献出版社，2014。

16.《习近平关于实现中华民族伟大复兴的中国梦论述摘编》，中央文献出版社，2013。

17. 王伟光主编《新大众哲学》，中国社会科学出版社，2017。

18. 陈先达等《被肢解的马克思》，上海人民出版社，1990。

19. 陈先达：《走向历史的深处——马克思历史观研究》，中国人民大学出版社，2010。

20. 李捷主编《坚持和发展中国特色社会主义》，社会科学文献出版社，2013。

21. 胡鞍钢等：《人间正道》，中国人民大学出版社，2011。

22. 房宁：《民主的中国经验》，中国社会科学出版社，2013。

23. 郭建宁：《中国特色社会主义论》，高等教育出版社，2014。

24. 郑永年：《大格局：中国崛起应该超越情感和意识形态》，东方出版社，2014。

25. 成思危、厉以宁等：《改革是中国最大的红利》，人民出版社，2013。

26. 李河君：《中国领先一把——第三次工业革命在中国》，蓝天图书2014。

27. 陈延武：《万水朝东》，生活·读书·新知三联书店，2011。

28. 李德顺：《价值论——一种主体性的研究》（第3版），中国人民大学出版社，2020。

29. 杨耕：《为马克思辩护》，北京师范大学出版社，2004。

30. 俞吾金：《实践诠释学：重新解读马克思哲学与一般哲学理论》，云南人民出版社，2001。

31. 任平：《创新时代的哲学探索——出场学视域中的马克思主义哲学》，北京师范大学出版社，2009。

32. 俞宣孟：《本体论研究》，上海人民出版社，2012。

33. 周清林：《主体性的缺失与重构：权利能力研究》，法律出版社，2009。

34. 铁锴：《公民政治及其在当代中国的逻辑建构：主体性视域下的

理性思考》，人民出版社，2010。

35. 尹岩：《现代社会个体生活主体性批判》，上海人民出版社，2009。

36. 贺来：《“主体性”的当代哲学视域》，北京师范大学出版社，2013。

37. 高岸起：《利益的主体性》，人民出版社，2008。

38. 陈新汉、邱仁富：《坚持核心价值体系的人民主体性》，东方出版中心，2011。

39. 赵海英：《主体性：与历史同行》，首都师范大学出版社，2008。

40. 迟福林编《改革红利——十八大后转型与改革的五大趋势》，中国经济出版社，2013。

41. 黄苇町：《苏共亡党二十年祭》，江西高校出版社，2013。

42. 田先红：《治理基层中国》，社会科学文献出版社，2012。

43. 任晓驷编著《中国为什么能?》，新世界出版社，2015。

44. 谢春涛主编《历史的轨迹：中国共产党为什么能》，新世界出版社，2011。

45. 俞可平主编《治理与善治》，社会科学文献出版社，2000。

46. 《中国梦：中国的奋斗与复兴》，人民日报出版社，2013。

47. 衣芳等：《人民群众主体论》，人民出版社，2008。

48. 吴冷西：《十年论战》（下），中央文献出版社，1999。

49. 王荣栓：《重读马克思》，人民出版社，2007。

50. 赵剑英、叶汝贤主编《马克思哲学的当代意义》，社会科学文献出版社，2006。

51. 孙伯鍨、张一兵主编《走进马克思》，江苏人民出版社，2008。

52. 俞可平、黄卫平主编《全球化的悖论》，中央编译出版社，1998。

53. 徐友渔：《“哥白尼式”的革命——哲学中的语言转向》，上海三联书店，1994。

54. 丰子义：《马克思主义社会发展理论研究》，北京师范大学出版社，2012。

55. 李崇富、姚小泉主编《历史唯物主义与中华民族复兴之路》，中国社会科学出版社，2014。

56. 周丹：《马克思主义现代性思想研究》，中国社会科学出版社，2015。

57. 许倬云：《我者与他者：中国历史上的内外分际》，三联书店，2010。

58. 郝立新、周康林：《新时代中国发展观研究》，辽宁人民出版社，2019。

59. 王新颖主编《奇迹的建构——海外学者论中国模式》，中央编译出版社，2011。

60. 吕增奎主编《民主的长征——海外学者论中国政治发展》，中央编译出版社，2011。

61. 吕增奎主编《执政的转型——海外学者论中国共产党的建设》，中央编译出版社，2011。

62. 周艳辉主编《增长的迷思——海外学者论中国经济发展》，中央编译出版社，2011。

63. 孙伯鍨：《探索者道路的探索》，南京大学出版社，2002。

64. 〔德〕黑格尔：《历史哲学》，王造时译，三联书店，1956。

65. 〔美〕罗伯特·布伦纳：《马克思社会发展理论新解》，张秀琴等译，中国人民大学出版社，2015。

66. 〔法〕弗朗索瓦·佩鲁：《新发展观》，张宁、丰子义译，华夏出版社，1987。

67. 〔印度〕阿马蒂亚·森：《以自由看待发展》，任赜、于真译，中国人民大学出版社，2002。

68. 〔英〕伯特兰·罗素：《我们关于外间世界的知识》，陈启伟译，上海译文出版社，2006。

69. 〔英〕伯特兰·罗素：《逻辑与知识》，苑莉均译，张家龙校，商务印书馆，1996。

70. 〔法〕雅克·德里达：《马克思的幽灵》，何一译，中国人民大学出版社，1999。

71. 〔美〕丹尼尔·贝尔：《后工业社会的来临：对社会预测的一项探索》，高铦等译，新华出版社，1997。

72. 〔美〕乔·萨托利：《民主新论》，冯克利、阎克文译，东方出版社，1998。

73. 〔英〕罗素：《西方哲学史》上，何兆武等译，商务印书馆，2020。

74. 〔英〕戴维·麦克莱伦：《马克思传》，王珍译，中国人民大学出版社，2008。

75. 〔日〕望月清司：《马克思历史理论的研究》，韩立新译，北京师范大学出版社，2009。

76. 〔德〕弗兰克等主编《世界体系：500年还是5000年?》，郝名玮译，社会科学文献出版社，2004。

77. 〔德〕贡德·弗兰克：《白银资本》，刘北成译，四川人民出版社，2017。

78. 〔意〕维柯：《新科学》，朱光潜译，商务印书馆，1989。

79. 〔美〕伊曼纽尔·沃勒斯坦：《现代世界体系》第1~4卷，郭方等译，社会科学文献出版社，2013。

80. 〔美〕斯塔夫里阿诺斯：《全球通史——从史前史到21世纪》上、下，吴象婴等译，北京大学出版社，2006。

81. 〔埃及〕萨米尔·阿明：《全球化时代的资本主义》，丁开杰等译，中国人民大学出版社，2013。

82. 〔埃及〕萨米尔·阿明：《不平等的发展：论外围资本主义的社会形态》，高铦译，社会科学文献出版社，2017。

83. 〔埃及〕萨米尔·阿明：《世界规模的积累——欠发达理论批判》，杨明柱、杨光、李宝源译，社会科学文献出版社、重庆出版社，2016。

84. 〔英〕安东尼·吉登斯：《资本主义与现代社会理论》，郭忠华、潘华凌译，上海译文出版社，2007。

85. 〔英〕安东尼·吉登斯：《现代性的后果》，田禾译，译林出版社，2000。

86. 〔美〕弗朗西斯·福山：《历史的终结及最后之人》，黄胜强等译，中国社会科学出版社，2003。

87. 〔美〕丹尼尔·贝尔：《资本主义文化矛盾》，严蓓雯译，人民出版社，2010。

88. 〔美〕乔万尼·阿瑞吉等：《现代世界体系的混沌与治理》，王宇浩译，三联书店，2003。

89. 〔德〕尤尔根·哈贝马斯：《交往行为理论》第1卷，曹卫东译，上海人民出版社，2004。

90. 〔德〕尤尔根·哈贝马斯:《重建历史唯物主义》，郭官义译，社会科学文献出版社，2013。

91. 〔美〕伊曼努尔·华勒斯坦:《历史资本主义》，路爱国、丁浩金译，社会科学文献出版社，1999。

92. 〔美〕大卫·哈维:《希望的空间》，胡大平译，南京大学出版社，2006。

93. 〔英〕大卫·哈维:《新帝国主义》，初立忠等译，社会科学文献出版社，2009。

94. 〔美〕大卫·哈维:《新自由主义简史》，上海译文出版社，2010。

95. 〔英〕卡尔·波普尔:《历史决定论的贫困》，杜汝楫、邱仁宗译，上海人民出版社，2009。

96. 〔英〕阿诺德·汤因比:《历史研究》上、下卷，刘北成、郭小凌译，上海人民出版社，2000。

97. 〔美〕爱德华·W. 萨义德:《文化与帝国主义》，李琨译，生活·读书·新知三联书店，2003。

98. 〔巴西〕特奥托尼奥·多斯桑托斯:《帝国主义与依附》，杨衍永等译，社会科学文献出版社、重庆出版社，2016。

报纸期刊类

1. 习近平:《决胜全面建成小康社会 夺取新时代中国特色社会主义伟大胜利——在中国共产党第十九次全国代表大会上的报告》，《人民日报》2017年10月28日。

2. 习近平:《学党史悟思想办实事开新局 以优异成绩迎接建党一百周年》，《人民日报》2021年2月21日。

3. 习近平:《在纪念孙中山先生诞辰150周年大会上的讲话》，《人民日报》2016年11月12日。

4. 习近平:《关于〈关于新形势下党内政治生活的若干准则〉和〈中国共产党党内监督条例〉的说明》，《人民日报》2016年11月3日。

5. 习近平:《在纪念红军长征胜利80周年大会上的讲话》，《人民日报》2016年10月22日。

6. 习近平：《构建创新、活力、联动、包容的世界经济》，《人民日报》2016 年 9 月 5 日。

7. 习近平：《中国发展新起点全球增长新蓝图》，《人民日报》2016 年 9 月 4 日。

8. 习近平：《在庆祝中国共产党成立 95 周年大会上的讲话》，《人民日报》2016 年 7 月 2 日。

9. 习近平：《为建设世界科技强国而奋斗》，《人民日报》2016 年 6 月 1 日。

10. 习近平：《在哲学社会科学工作座谈会上的讲话》，《人民日报》2016 年 5 月 19 日。

11. 习近平：《在省部级主要领导干部学习贯彻党的十八届五中全会精神专题研讨班上的讲话》，《人民日报》2016 年 5 月 10 日。

12. 王伟光：《切实尊重人民的主体地位和首创精神》，《求是》2011 年第 24 期。

13. 王伟光：《论坚持人民主体地位》，《求是》2013 年第 3 期。

14. 田心铭：《为什么“必须坚持人民主体地位”是首要的基本要求?》，《红旗文稿》2012 年第 24 期。

15. 胡鞍钢、胡联合：《中国梦的基石是中华民族的国族一体化》，《清华大学学报》（哲学社会科学版）2013 年第 4 期。

16. 侯惠勤、辛向阳：《中国梦与中国特色社会主义共同理想》，《红旗文稿》2013 年第 12 期。

17. 任平：《论马克思主义哲学研究的出场学视域》，《中国社会科学》2008 年第 4 期。

18. 辛向阳：《中国梦一刻也没有脱离过马克思主义》，《党建》2013 年第 10 期。

19. 辛鸣：《把中国梦的理论逻辑讲清楚》，《中国高等教育》2013 年第 11 期。

20. 艾四林：《中国梦与中国软实力》，《中国特色社会主义研究》2013 年第 3 期。

21. 王一程：《共产党的阶级性、革命性与先进性》，《马克思主义研究》2005 年第 2 期。

22. 吴丕：《王朝消亡的真实原因与历史借鉴》，《人民论坛》2014 年第 7 期。

23. 胡联合、胡鞍钢：《中国梦：中国每一个人的公平发展梦》，《探索》2013 年第 3 期。

24. 石仲泉：《十八大发展了的中国特色社会主义与中国梦》，《中国特色社会主义研究》2013 年第 3 期。

25. 李君如：《实现中国梦的辩证逻辑》，《中国特色社会主义研究》2013 年第 3 期。

26. 郭广银：《习近平关于人民主体地位的思想》，《中共中央党校学报》2014 年第 5 期。

27. 陈新汉：《论社会主义核心价值体系的人民主体性》，《哲学研究》2011 年第 1 期。

28. 李长征：《关于坚持四项基本原则的思考》，《探索》2011 年第 2 期。

29. 秋石：《革命理想高于天——学习习近平同志关于坚定理想信念的重要论述》，《求是》2013 年第 21 期。

30. 罗文东、瞿会宁：《人民主体思想的历史演进及其在科学发展观中的运用》，《重庆社会科学》2012 年第 9 期。

31. 金民卿：《全面推进依法治国与坚持人民主体地位》，《江西社会科学》2015 年第 1 期。

32. 何海根：《坚持人民主体地位与全面推进依法治国》，《科学社会主义》2014 年第 6 期。

33. 陈新汉：《关于"人民主体"的一些思考》，《哲学研究》2014 年第 2 期。

34. 原魁社：《人民主体性：中国梦的现实基础与价值指向》，《中国特色社会主义研究》2013 年第 3 期。

35. 周淑真：《以政党转型促进中国民主政治发展》，《探索与争鸣》2012 年第 10 期。

36. 许志功：《加强社会主义意识形态建设与坚持四项基本原则》，《南京政治学院学报》，2015 年第 1 期。

37. 张元隆：《辛亥革命与国民意识的崛起》，《探索与争鸣》1991 年第 6 期。

38. 王浦劬：《全面准确深入把握全面深化改革的总目标》，《中国高校社会科学》2014 年第 1 期。

39. 俞可平：《科学发展观与生态文明》，《马克思主义与现实》2005 年第 4 期。

40. 张勇：《实现“两个一百年”目标必须跨越“三大陷阱”》，《理论月刊》2015 年第 2 期。

41. 潘峻岭、圣章红：《论社会进步的生产力标准》，《社会主义研究》2012 年第 6 期。

42. 陆燕春：《重新认识生产力标准》，《江汉论坛》2012 年第 12 期。

43. 叶麒麟：《臣民 · 群众 · 公民——个体政治角色变迁与中国现代国家成长》，《浙江社会科学》2011 年第 3 期。

44. 石冀平：《执政党与革命党之辨》，《马克思主义研究》2012 年第 4 期。

45. 蒋菊琴、董显堂：《中国特色社会主义理论体系的人民主体思想研究》，《当代世界与社会主义》2009 年第 5 期。

46. 许小主：《从人民公社到经济特区——毛泽东、邓小平关于人的主体性思想之比较》，《湖南师范大学社会科学学报》2009 年第 1 期。

47. 郑雁雄：《发展中国特色社会主义必须坚持人民主体地位》，《学术研究》2013 年第 2 期。

48. 刘真金：《马克思人民主体思想研究》，中南大学博士学位论文，2012。

49. 李德顺：《毛泽东的价值观——人民主体论初探——纪念毛泽东同志诞辰 100 周年》，《哲学研究》1993 年第 6 期。

50. 章越松：《邓小平人民主体思想的价值特征》，《探索》2007 年第 4 期。

51. 叶启绩：《为了中国人民的“站起来”和“富起来”——毛泽东、邓小平人民主体思想比较》，《学术研究》1998 年第 11 期。

52. 任新民：《提高党建工作科学化水平研究——以人民主体性价值

准则为视角》，《社会主义研究》2012 年第 1 期。

53. 罗文东：《论人民主体观的理论基础和现实意义》，《马克思主义理论学科研究》2018 年第 5 期。

54. 蔡晓良、谢强：《论习近平的人民主体思想》，《思想理论教育导刊》2017 年第 4 期。

55. 肖贵清、田桥：《人民主体地位：习近平治国理政思想的核心理念》，《思想理论教育》2016 年第 12 期。

56. 李德顺、王金霞：《论当代中国的“人民主体”理念》，《哲学研究》2016 年第 6 期。

57. 王伟光：《马克思主义的世界历史理论与中国特色社会主义道路——学习马克思 1879—1882 年期间研究笔记札记》，《哲学研究》2015 年第 6 期。

58. 王永贵、郭晓禄：《改革开放以来中国共产党坚持人民主体地位的内在理路》，《当代世界与社会主义》2015 年第 3 期。

59. 周康林等，《论依法治国背景下人民改革主体地位的基本问题》，《毛泽东思想研究》2015 年第 2 期。

60. 金民卿：《全面推进依法治国与坚持人民主体地位》，《江西社会科学》2015 年第 1 期。

61. 李包庚：《马克思“人民主体性”思想解读》，《马克思主义研究》2014 年第 10 期。

62. 郭广银：《习近平关于人民主体地位的思想》，《中共中央党校学报》2014 年第 5 期。

63. 李包庚、周康林：《论中国梦视域下的人民主体地位》，《中国矿业大学学报》（社会科学版）2014 年第 2 期。

64. 张云贵：《人民主体地位是中国特色社会主义实践的“活的灵魂”》，《思想理论教育导刊》2014 年第 5 期。

65. 郑礼平、周康林：《论人民主体地位与群众路线的关系》，《马克思主义研究》2014 年第 5 期。

66. 曹根记：《论中国梦的人民主体性》，《湖南师范大学社会科学学报》2014 年第 2 期。

67. 陈新汉:《关于"人民主体"的一些思考》,《哲学研究》2014年第2期。

68. 张晓东:《人民主体论:从群众史观到群众路线》,《中共中央党校学报》2013年第5期。

69. 杨明:《人民主体思想内涵的四维解读》,《中共中央党校学报》2013年第5期。

70. 刘真金、肖铁肩:《从〈法兰西内战〉看马克思的人民主体思想及其当代价值》,《马克思主义研究》2011年第5期。

71. 陈锡喜:《社会发展规律与人民历史主体地位的一致性》,《华东师范大学学报》(哲学社会科学版)2001年第6期。

72. 何颖:《马克思的世界历史理论》,《马克思主义研究》2003年第2期。

73. 侯衍社:《马克思社会发展理论的性质定位》,《烟台大学学报》(哲学社会科学版)2003年第2期。

74. 吕世荣:《马克思的世界历史思想与经济全球化》,《哲学研究》2002年第10期。

75. 张云飞:《马克思社会发展理论的结构向度》,《中国人民大学学报》2000年第6期。

76. 丰子义:《马克思"世界历史"思想的方法论意义》,《北京大学学报》(哲学社会科学版)2000年第4期。

77. 叶险明:《马克思世界历史理论建构的方法和逻辑》,《中国社会科学》1998年第6期。

78. 于幼军:《马克思的社会发展理论及其当代价值》,《中国社会科学》1998年第4期。

79. 曲萌、孟根龙:《论〈资本论〉时代马克思的世界历史思想》,《山东社会科学》1996年第5期。

80. 吴兆雪、杨耕:《马克思的社会发展理论研究述评》,《中国社会科学》1996年第1期。

81. 叶险明:《马克思的社会发展理论与社会形态的演变规律》,《清华大学学报》(哲学社会科学版)1990年第2期。

82. 郝立新：《历史唯物主义的理论本质和发展形态》，《中国社会科学》2012 年第 3 期。

83. 郝立新、李红专：《论唯物史观的实践精神》，《马克思主义研究》2004 年第 1 期。

84. 郝立新：《认识“普世价值”问题应注意区分几个层面》，《政治学研究》2008 年第 6 期。

85. 顾海良：《新发展理念的马克思主义政治经济学探讨》，《马克思主义与现实》2016 年第 1 期。

86. 顾海良：《新发展理念与当代中国马克思主义经济学的意蕴》，《中国高校社会科学》2016 年第 1 期。

87. 韩庆祥：《习近平治国理政思想的四大基础》，《中国特色社会主义研究》2016 年第 2 期。

88. 韩庆祥：《习近平以人民为中心的政治经济学说》，《人民论坛》2016 年第 1 期。

89. 韩庆祥：《从哲学视阈理解“国家治理现代化”》，《马克思主义与现实》2015 年第 3 期。

90. 王岩、竟辉：《以新发展理念引领人类命运共同体构建》，《红旗文稿》2017 年第 5 期。

91. 齐卫平：《五大发展理念融入高校思想政治教育：新任务和新要求》，《思想理论教育》2016 年第 5 期。

92. 双传学：《论新发展理念的理论升华与实践指向》，《南京社会科学》2016 年第 4 期。

93. 张辉：《贯彻协调发展新理念，构筑均衡融合新格局》，《北京大学学报》（哲学社会科学版）2016 年第 2 期。

94. 董振华：《共享发展理念的马克思主义世界观方法论探析》，《哲学研究》2016 年第 6 期。

95. 方世南：《论绿色发展理念对马克思主义发展观的继承和发展》，《思想理论教育》2016 年第 5 期。

96. 方世南：《领悟绿色发展理念亟待拓展五大视野》，《学习论坛》2016 年第 4 期。

97. 杨玉成:《开放发展理念与对外开放转型升级》,《湖南社会科学》2016 年第 2 期。

98. 吴潜涛:《协调发展理念与社会主义核心价值观》,《中国高等教育》2016 年第 6 期。

99. 庄友刚:《准确把握绿色发展理念的科学规定性》,《中国特色社会主义研究》2016 年第 1 期。

100. 叶南客:《共享发展理念的时代创新与终极价值》,《南京社会科学》2016 年第 1 期。

101. 王金利:《略论马克思生产合力思想及管理学启示》,《理论学刊》2007 年第 10 期。

102. 宋文新:《发展的伦理规范》,《自然辩证法研究》2001 年第 8 期。

103. 刘怀光:《发展伦理的伦理反思》,《自然辩证法研究》2001 年第 8 期。

104. 刘福森:《可持续发展观的哲学前提》,《人文杂志》1998 年第 6 期。

105. 周康林:《论新时代中国特色社会主义发展的阶段性特征》,《广西社会科学》2018 年第 12 期。

106. 周康林:《科学把握"人民主体"的发展规律》,《中国社会科学报》2018 年 8 月 30 日。

107. 周康林:《新时代中国特色社会主义战略布局的"人民主体"论析》,《中共宁波市委党校学报》2018 年第 3 期。

108. 周康林:《基于人民主体观的政府责任伦理研究》,《浙江伦理学论坛》2014 年第 1 期。

109. 周康林、郝立新:《新时代中国马克思主义实践观论析》,《中国特色社会主义研究》2019 年第 2 期。

110. 周康林、郝立新:《马克思"人民主体"思想的内在逻辑与当代价值》,《马克思主义研究》2019 年第 7 期。

111. 李包庚:《世界普遍交往中的人类命运共同体》,《中国社会科学》2020 年第 4 期。

112. 李包庚、张婉:《论中国共产党长期执政历史方位中的革命性》,《马克思主义研究》2018 年第 6 期。

113. 李包庚：《中国共产党对马克思“真正的共同体”的百年探索实践与原创性贡献研究》，《西南大学学报》（社会科学版）2021年第2期。

114. 李包庚：《从“八八战略”到“重要窗口”历史性飞跃的基本经验与意义》，《浙江工商大学学报》2021年第1期。

图书在版编目(CIP)数据

民族复兴视域下人民主体性研究 / 潘志良著. -- 北京：社会科学文献出版社，2022.10
国家社科基金后期资助项目
ISBN 978-7-5228-0612-9

Ⅰ.①民… Ⅱ.①潘… Ⅲ.①中国特色社会主义-社会主义建设模式-研究 Ⅳ.①D616

中国版本图书馆 CIP 数据核字(2022)第 157686 号

·国家社科基金后期资助项目·
民族复兴视域下人民主体性研究

著　　者 / 潘志良

出 版 人 / 王利民
责任编辑 / 王小艳
责任印制 / 王京美

出　　版 / 社会科学文献出版社 · 马克思主义出版分社(010)59367004
地址：北京市北三环中路甲 29 号院华龙大厦　邮编：100029
网址：www. ssap. com. cn
发　　行 / 社会科学文献出版社（010）59367028
印　　装 / 三河市龙林印务有限公司

规　　格 / 开 本：787mm × 1092mm　1/16
印 张：18. 5　字 数：293 千字
版　　次 / 2022 年 10 月第 1 版　2022 年 10 月第 1 次印刷
书　　号 / ISBN 978-7-5228-0612-9
定　　价 / 98. 00 元

读者服务电话：4008918866